카리브의 누에, 쿠바

매가 날지 않는 쿠바 하늘은 마침표 빠진 문장이다

김득진 지음

작가의 말

커피에 미쳐 유기농 산지로 이름난 쿠바를 알게 됐다. 그 먼 곳을 누가 가나 했더니 숱한 발자취가 남겨져 있었다. 가슴 떨림을 억누르고 지칠 때까지 걸었다. 다리를 주무르며 주위를 둘러봤지만 악어의 이미지는 찾아볼 수 없었다. 쿠바노들은 죄다 김기택 시인이 '순한 감옥'이라고 명명한 소의 눈과 닮아 있었다. 인간에게 이롭기만 한 생명체는 없을까. 고심 끝에 누에라는 단어를 찾아냈다. 이름을 짓고 난 뒤엔 흡족해서 아이스크림을 마구 퍼먹었다.

쿠바라는 서사시의 행간에는 은유와 상징이 널려 있다. 차곡차곡 쟁여둔 서사를 밑천 삼아 키보드를 두드렸고, 동양일보 연재를 거쳐 사진을 곁들인 책을 출간하기에 이르렀다. 커피에 미쳤다는 걸 증명하려고 펴 낸 시집 『커피를 훔친 시』와 등단작과 수상작을 곁들인 소설집 『아디오스 아툰』에 이어 산문집 『카리브의 누에, 쿠바』를 선보인다. '늦기 전에 쿠바'를 써 두지 않으면 크게 후회스러울 것 같아서다. 쿠바에 갈 계획을 하고 계신 분들께는 예비지식을, 다녀 온 분이라면 아련한 추억을 안겨드리려는 뜻으로 엮었다.

행간에 감춰야 할 이름이며 섣불리 흘려보낸 얘기에 안타까움이 앞선다. 애써 호명하기엔 가슴 아픈 일이지만 새롭게 맞이할 또 다른 가족에게 손을 내밀며 위로를 삼는다. 김수우 시인이 발간한 『춤추는 악어, 쿠바』가 도움이 되었다는 걸 밝혀둔다. 편집에 애를 쓰신 전망의 서정원 대표님께도 감사드린다.

2020년 11월

김득진

차례

타임캡슐 속으로

쿠바노가 사는 법

빛나지만 눈부시지 않은 별

피델 카스트로 가족사

1) 피델의 연인이며 혁명 동지인 나탈리아 레부엘타가 죽음을 앞두고서 피델을 원망하지 않느냐는 물음에 대답한 말.

2) 피델의 딸 알리나 페르난데스를 낳은 여인.

"장미 꽃잎으로도 그를 때리고 싶지 않다."[1)]

쿠바 혁명을 성공시키기까지 힘을 보탠 나탈리아 레부엘타[2)]가 피델에게 남긴 유언이다. 쿠바 귀족 가문에서 태어난 그녀는 미국에서 교육을 받고, 귀국해서 미국 대사관 근무 중 20살 연상인 의사 오를란도 페르난데스와 결혼했다. 그녀는 바티스타 정권의 실정을 알고부터 쿠바 인민당을 창당한 치바스 상원의원과의 회합 장소에서 처음 피델을 만났다. 그녀는 피델의 남다른 카리스마에 한 눈에 반했다. 피델을 유혹해서 밀회

라울 카스트로(오른쪽), 혁명 영웅들과 대화

를 즐기던 그녀는 혁명을 결심한 그에게 자신의 집을 본부로 쓰라고 내주고 결혼 예물이며 6천 페소의 현금까지 바쳤다. 혁명 전 이혼한 피델과 밀회를 이어나가던 레부엘타는 피델 모르게 임신을 했다. 그녀는 피델이 혁명을 하다가 죽을까봐 그의 한 부분을 영원히 간직하려는 뜻으로 혼자 딸을 키웠다. 피델은 레부엘타가 기르던 딸이 자신의 핏줄이란 걸 뒤늦게 알았고, 알리나 페르난데스도 열 살이 되어서야 친부가 피델이란 걸 알게됐다.

알리나 페르난데스는 생후 12년이 지나서야 아버지와 만났지만 성을 카스트로라고 하라는 피델의 권유를 뿌리쳤다. 쿠바 의류업체에서 모델 겸 홍보 담당으로 일하던 알리나 페르난데스는 1980년 중반에 여행객으로 가장하여 스페인으로 망명했다. 그 뒤 뉴욕, 조지아주에서 지내다가 2001년에 마이애미에 정착해서 피델 카스트로의 정책을 비판하는 일에 앞장섰다. 1997년에 발간한 『카스트로의 딸: 한 망명자의 쿠바 회고록』이란 저서에서 피델 카스트로는 독재자라며 아버지에게 비난을 퍼부었다. 망명자에게 입국을 허용하지 않는 정책에 따라 그녀는 쿠바에 돌아올 수 없었다. 피델이 동생 라울[3]에게 정권을 이양한 뒤 레부엘타의 병세가 나빠졌다. 엄마가 위중하다는 소식을 들은 알리나 페르난데스는 평소 사이가 좋았던 라울에게 부탁해서 일시 귀국을 허락받았다. 레부엘타는 알리나 페르난데스가 자신을 만나고 떠난 지 1년이 되지 않아 세상을 등졌다. 그녀가 남긴 유언만으로도 피델을 향한 사랑을

피델의 혁명동지(女) 세리아 산체스(1920~1980)

3) 피델 카스트로 동생.

짐작할 수 있다.

피델 카스트로는 스페인에서 이민 온 중산층 집안에서 태어났다. 초등학교 다닐 때부터 야구 선수를 꿈꿨고 치열한 경쟁을 통해 야구 교육을 전담하는 스포츠 학교에 입학했다. 투수로 활약하던 그는 미국 미네소타 팀 입단을 위한 오디션을 받았지만 피칭 속도는 빠른 반면 컨트롤이 좋지않아 탈락하고 만다. 그가 오디션을 무사히 통과했다면 쿠바 혁명은 어떻게 되었을지. 보통 사람이었던 피델이 혁명의 길로 접어들었던 건 바티스타 정권[4]의 부정부패 때문이었다. 당시 미국에는 금주법이 발효되어 있었다. 향락에 목말랐던 그들은 천국이나 다름없는 쿠바로 몰려들었다. 미국 마피아가 바티스타 정권과 손잡은 게 우연이 아니었다. 마피아로부터 거액의 뇌물을 받은 바티스타는 대규모 도박 산업 유치 서류에 도장을 찍었다. 결과, 아바나에 270여 개의 호텔과 천여 개의 나이트클럽이 생겨났고 마피아 비호를 위해 권력을 동원한 국민 탄압이 시작됐다.

피델의 정치적 활동 방향을 정해준 것은 호세 마르티[5] 사상을 따르는 쿠바 인민당이다. 혁명 이념으로 농지 개혁, 노동자 문제 등을 제시할 수 있었던 것도 호세 마르티 사상이 모티프가 된 덕분이다. 혁명 성공 후 토지 국유화에 착수한 피델은 어머니 소유의 토지도 빼앗았다. 졸지에 땅을 빼앗긴 모친은 아들에게 욕을 퍼붓고서 미국 망명길에 올랐다. 법 집행에 예외가 있을 수 없다는 혁명 정신에 따라 피델은 가족이며 지인들의 토지도 몰수했고, 신독(愼獨)을 생활화하여 자신에게 더욱 엄격한 삶을 이어갔다. 그가 군복이나 운동복 차림으로 대중 앞에 나서던 모습은 우리도 자주 봤던 사실이다. 그는 장황한 연설을 하는 중에도 경호에 그다지 신경 쓰지 않았고, 소련의 원조가 끊어져 들끓는 민심을 다독일 무렵에는 불만이 있으면 나에게 돌을 던지라고 국민들 앞에 나서서 소리쳤다.

4) 스페인 지배에서 벗어난 뒤 들어 선 친미 정권. 1959년 피델 카스트로 혁명으로 무너짐.

5) 쿠바의 독립 영웅이자 시인. 국부로 추앙 받고 있다.

레 미제라블 동판 조형물과 도슨트(문화 해설사)

쿠바에 처음 발 들였을 때 누군가가 겪었던 얘기를 들려줬다. 시골의 한적한 식당에 중년 남자가 낡은 차를 타고왔다. 그는 말없이 식사를 끝낸 뒤 밥값을 지불하고 홀연히 떠났다. 알고 봤더니 그가 피델 카스트로의 큰 아들 디아즈 발라트[6]였다. 그런 사람이 혼자서 한적한 식당을 들렀다가 사라지리라곤 어느 누구도 상상을 못했던 것이다. 실권자 가족에게 어김없이 경호원을 붙여주는 나라에서 온 사람에겐 신선한 충격이었다. 피델을 빼닮아 피델리토란 애칭으로 불린 디아즈 발라트는 소련에서 핵물리학을 전공했다. 그 이면에는 미국의 위협으로부터 쿠바를 지켜달란 피델의 뜻이 담겨있었다. 미국의 암살 위협에 시달려왔던 피델로선 당연한 선택이었는지도 모른다. 피델은 638번의 암살 위협을 피해 명대로 살다간 독재자로 기억에 남았다. 소련 출신 아내 사이에서 자녀 둘을 둔 디아즈 발라트도 극심한 우울증 때문에 2018년 2월 1일 68세의 나이로 아버지를 뒤따랐다.

6) 피델 카스트로의 아들

1) 피텔 카스트로가 이끄는 게릴라들이 정부군과 싸운 산악 지대.

2) 혁명의 도시라 일컫는 쿠바 동쪽의 도시

3) 바티스타의 실정에 맞서 싸운 반정부 지도자.

빌마 에스핀과 라울 카스트로

여느 정치사라도 여자 얘기는 빠지지 않는다. 어떤 이는 권력 주위를 어슬렁거리는 여자라면 독충일 거라고 비하하기도 한다. 선입견을 떨쳐내도록 해 준 인물은 빌마 에스핀이다. 쿠바 최초의 화학공학석사인 그는 쿠바 혁명에 발 벗고 나섰으며 여성 해방 운동의 대모 노릇을 하기도 했다. 1960년에 쿠바 여성 연맹(FCM)을 결성하고 여성 인권신장을 위해 애썼다. 쿠바 여성 85%가 가입한 여성 연맹은 남자들에 뒤지지 않게 활동해 나가고 있다. 빌마 에스핀은 빼어난 미모에도 총을 메고 시에라 마에스트라[1] 산악을 누볐다. 권좌에 앉은 피델이 이혼한 뒤에는 실질적인 퍼스트레이디 역할을 떠맡았다.

라울 카스트로 아내 빌마 에스핀

1930년 4월 7일 산티아고 데 쿠바[2]의 법률가 집안에서 태어난 빌마 에스핀. 어릴 때부터 음악이며 발레를 배웠고 1955년에는 미국 MIT석사 학위를 받았다. 귀국 후 폴헨시오 바티스타 정권의 실정에 반대해서 혁명 지도자인 프랑크 파이스[3]와 친분을 맺게 되었고, 그와 피델 사이의 연락책으로 활동하다가 산악 게릴라전에 참여했다. 예술적 자질이며 빼어난 미모에다 혁명의 선두에 선 그였으니 라울의 날카로운 성정을 누그러뜨리는 건 어렵지 않았을 것 같다. 누가 먼저 제안을 한 건지 알 순 없지만 혁명을 완수한 다음 달 두 사람은 결혼식을 올리게 된다. 여성 편력이 심한 피델과 달리 빌마 에스핀의 미모에 빠져 든 라울은 48년 동안 변함없이 아내만 바라보며 4명의 자녀와 오붓한 가정을 꾸려나갔다.

간첩혐의로 미국에 잡혔다가 2015년 석방 된 안토니오 게레로와 아내.

빌마 에스핀은 2007년 6월 18일 77세의 나이로 생을 마감한다. 사인은 심각한 순환기 장애라고만 알려져 있다. 그가 죽은 뒤 혁명 동지들과의 약속을 지키기 위해 정부 주관의 장례식은 생략했다. 그로부터 12년이 지난 2019년 6월 18일 뒤늦게 조촐한 추모 행사를 가졌다. 지도자를 떠받들지 말라고 한 피델의 유언이 빌마 에스핀에게까지 이어졌으니 개인의 영달을 쫓지 않는 그들 혁명 정신은 높이살만하다.

라울 카스트로가 정권을 물려받은 건 형 피델의 심각한 위장병 때문이었다. 라울이 국가 평의회 의장이 된 뒤에도 형의 병은 낫지 않아 대통령직까지 물려받았다. 마르크스 레닌 사상에 빠져든 학창 시절에는 형에게 혼이나기도 했던 라울이 권력을 잇는 건 당연한 귀결이었다. 혁명 중에도 형의 현실주의 정치며 체 게바라[4]의 이상주의에 가려 존재감을 드러내기 힘들었을 라울. 여자로부터 자유롭지 못했던 피델이며 체 게바라를 지켜 본 그는 오직 빌마 에스핀을 가슴에 품기로 다짐한 건지 모른다.

4) 아르헨티나 출신 의사로 피델 카스트로와 함께 쿠바 혁명을 이끈 인물.

산티아고 데 쿠바 국립묘지의 피델 카스트로 묘비

라울은 아내를 잃은 후에도 온갖 유혹을 물리치고 네 자녀와 오붓한 노후를 보내고있다.

피델은 마지막 연설 '쿠바 민중은 승리할 것이다.' 라는 말을 끝으로 권좌에서 물러났다. 그를 뒤이어 쿠바 공산당 제1서기가 된 라울은 약속대로 2018년 대통령직에서 물러났다. 현실 정치에 공을 들였던 그가 모난 성정을 드러내지 않았던 이면에는 빌마 에스핀의 보이지 않는 힘이 크게 작용했다.

1호 시민권자 체 게바라

인간의 욕망이 물질로부터 자유롭고 노동이 유희가 되는 경제를 꿈꾼 체 게바라. 수단이 비열하다면 결코 목적이 정당화될 수 없다고 한 그를 두고 장 뽈 사르트르[1]는 우리 시대의 가장 완전한 인간이라 칭했다. 아르헨티나 출신인 체는 막강한 자본의 힘으로 신제국주의 정책을 펼친 미국의 압제에서 쿠바를 구하고자 피델과 함께 혁명의 대열에 뛰어들었다. 혁명 성공 후에도 그는 물질이며 인간의 존엄성에 굶주린 라틴 아메리카 민중을 구하려는 뜻을 굽히지않았다. 피델이 안겨줬던 권력을 그물에 걸리지 않는 바람으로 여기고서.

1) 프랑스 소설가. 노벨문학상 수상. 실존주의 사상가.

체 게바라 동상과 기단에 조각된 혁명 동지들의 활약상.

전투 중 팔을 다쳐 깁스한 채 산타클라라에 입성한 체 게바라 동상.

안락함을 추구하지 않았던 체 게바라는 페루, 칠레, 아르헨티나, 브라질, 파라과이와 국경이 맞닿아 게릴라전을 펼치기에 적합한 볼리비아로 홀연히 떠났고 더위와 습기에 시달려야 하는 라구니아스[2]를 혁명 근거지로 삼았다. 거기는 기후가 나쁜 데다 시설도 허술해서 게릴라 모집에 어려움이 컸다. 52명의 게릴라들과 혁명을 모의하던 중 적에게 발각되고 만다. 미국 CIA에서는 볼리비아 정부군이 보낸 정보에 따라 그린베레를 파견했고, 이천 여 정부군이 포함된 적에게 체 게바라는 체포된다.

볼리비아 정부군 손에 이끌려 라 이구에라[3]라는 학교로 이송된 체 게바라는 어린아이가 앉는 나무 의자에 손발이 묶여있었다. 그의 처지를 안타깝게 여기고 다가갔던 사람은 학교에 갓 부임한 여교사 훌리아 코르테즈 오시우아가[4]였다. 교사 신분인 그녀는 젊고 예뻤던 덕분에 군인들의 제지를 당하지 않았다. 체 게바라와 얘기를 나눈 훌리아는 집에 가서 음식을 정성껏 만들어 와서 그에게 먹인다. "이 식사는 근래에 내가 먹어본 것 중 가장 맛있는 것이다. 나는 당신의 이름을 잊지 않겠다." 라는 말을 남겼다. 집으로 돌아간 그녀가 식사를 하다가 총소리를 듣고 학교로 달려왔을 땐 체는 이미 총살을 당한 뒤였다. 눈을 뜬 채 죽은 체의 모습은 살아 있을 때랑 전혀 다르지 않았다고 전한다.

CIA의 지령에 따라 결정된 체 게바라의 총살. 사형 집행인을 물색하던 중 볼리비아 출신 하사관 마리오 테란이 자임하고 나섰다. 입회인으로는 볼리비아 출신 알 카사르와 프랑스인 레지 드브레였다. 체 게바라는 처형을 당한 뒤 인구 8천 명의 작은 도시 바예그란데 병원의 세탁장에서 일반에 공개되었고, 그런 사실을 확인시켜 주려고 그의 손목을 잘라 피델 카스트로에게 보냈다. 아바나의 혁명 박물관에 걸린 그림을 통해 체의 잘려진 손 두 개를 받쳐 들고 오열하는 여자를 봤다. 혁명군을 태운 요트 그란마 그림이 나란히 걸렸지만 붙박이 된 시선을 옮길 수가

2) 볼리비아 밀림지역. 체 게바라가 미국 CIA와 볼리비아 정부군과 교전을 벌인 곳.

3) 체 게바라가 잡혀 있다가 처형당한 곳.

4) 체 게바라에게 마지막 식사를 제공한 여교사.

체 게바라 처형 후 피델 카스트로에게 보내 온 그의 손목.

5) 칠레 시인, 1971년 노벨문학상 수상. 라틴 아메리카 대표 시인.

6) 페루 시인, 고통의 시인, "나는 신이 아픈 날 태어났다." 라는 명언을 남겼다. 인디오 문화 부활 운동가.

7) 쿠바의 혁명 시인, 사탕수수 농장의 애환과 바티스타 정권 비판에 앞장 섬.

8) 스페인 시인, 프랑코 정권과 맞서 싸우다 멕시코 망명.

없었다. 잘린 손목을 받쳐 든 여자 몸에서 흘러내리던 피눈물을 오래도록 지켜봐야 했던 참담함이 아직도 가슴을 오벼낸다.

볼리비아에서 처형당한 체 게바라는 라틴 아메리카 민중의 뇌리에 깊이 박혔다. 의사가 되어 환자를 돌보는 일에 앞서 인간의 존엄성을 지켜야 한다는 그의 뜻을 모르는 사람은 없다. 시에라 마에스트라에서 게릴라전을 펼치면서도 마르크스와 엥겔스의 저서를 손에서 놓지 않았다고 한다. 그가 보물처럼 지니고 다녔던 녹색 노트에는 현실 참여 작가로 이름난 파블로 네루다[5], 세사르 바예호[6], 니콜라스 기옌[7], 레온 펠리페[8]가 쓴 69편의 시가 필사되어 있다. 피델은 그에게 제1호 시민권을 부여했다. 체는 볼리비아로 떠날 무렵 피델에게 시민권을 반납한다고 편지에 썼다. 그에게 주어졌던 시민권은 쿠바 하늘에 떠돌고 있는 셈이다. 피델은 3페소 지폐에 베레모를 쓴 체 게바라 얼굴을 새겼다. 은색 동전에는 그의 얼굴과 함께 PATRIA O MUERTE(조국이 아니면 죽음을) 이라는 글자가 각인되어 있다.

청동 갑옷 차림의 영웅

쿠바노[1] 두 사람과 빨간 원피스 차림 쿠바나[2]가 얘길 나눈다. 피부 색깔은 달라도 구김살 없는 건 마찬가지다. 고개를 돌려 바라본 성당 정문, 갑옷 차림의 남자가 고개를 숙인 채 한쪽 구석에 서있다. 누굴까 싶어 조심스레 다가가 살펴본다. 손은 어디에도 없는데 음각 글씨 새긴 책 한 권이 허공에 붕 떠 있다. 표정을 읽으려고 음영 속을 더듬는 순간, 얼굴 대신 검은 공간이 시선을 훅 빨아들인다. 블랙홀이 무섭다는 얘기를 들은지라 몸을 뻗대며 주춤 뒤로 물러선다. 사람은 빠져 나가고 청동 갑옷만 덩그러니 놓여 레 미제라블[3] 글씨가 더 크게 도드라진다. '아하, 빅톨 위고[4]가 여길 다녀가며 흔적을 남겼구나.' 빵이 넘쳐나서 그림자마저 배불러 춤추며 노래하고 있으니 불쌍한 사람이 우화한 한 겹 갑옷 속 기의(記意)만 오랜 풍경처럼 일렁이고 있다. 검은 공간 속에 시선을 떨구고 암순응을 거치면 장발장이 걸었던 길이 보일지 모른다.

갑옷 속에 갇혔던 공기를 깊이 들이마시고서 레 미제라블 서사 속으로 빨려든다. 빛바랜 파리 시가지 뒷골목에서 인품이 남다른 디뉴 교구장 미리엘 주교[5]를 만난다. 장발장의 휴머니티는 하느님을 대신한 그에 비해 초라하다. 소설가의 영혼을 껴입은 장발장, 그가 밝힌 촛불의 따스함은 그 때문에 돋보인다. 떠나간 사람을 불러들이는 건 어렵지만 아직

1) 쿠바 사람의 총칭.

2) 쿠바 여자.

3) 빅톨 위고의 대표작.

4) 프랑스 대문호.

5) 장발장을 옳은 길로 이끈 신부님.

쿠바의 국부 호세 마르티 동상.

6) 레 미제라블 여주인공 꼬제뜨의 엄마.

7) 비운의 여인 빵띠느에게서 태어난 딸.

도 어딘가를 서성거릴 불쌍한 사람을 찾으려고 눈에 불을 켠다. 안타까운 시선에 화답하듯 낡은 흑백 영화 필름이 눈앞을 스쳐간다. 얽힌 실타래 쥔 듯 막막할 무렵 오랜 왕정으로 억눌린 파리를 뒤집을 피비린내가 코로 스며든다. 빵띠느[6]는 혼란 속에서도 허기를 때우려고 사창가에 뛰어들고, 온갖 멸시를 받아가며 어둑한 뒷골목을 끝없이 헤맨다. 환등기로 비춘 그림을 해독하려고 미간을 좁히는 동안 빵띠느가 임종을 맞는다. 그녀는 장발장에게 어린 딸 꼬제뜨[7]를 맡아 달라는 유언을 남긴 뒤 눈을 감는다. 혁명은 각본에 지나지 않는다고 마인드 컨트롤 하지만 무대 위의 군중들 삶은 차마 눈 뜨고 볼 수 없을 만치 처참하다.

뒤이어 군중이 일으킨 불길이 파리 시내를 뒤덮는다. 전쟁에 버금가는 혼란 속에서 자라난 꼬제뜨는 부르주아 집안 출신 마리우스와 사랑에 눈 뜨고, 계층의 벽을 허문 두 사람이 그들만의 울타리를 쌓는다. 거리가 불길에 휩싸여도 둘이 쌓은 성 안으로는 불길이 스며들지 못한다. 그들 사랑을 꾸려가는 과정에는 장발장의 힘이 컸다. 미리엘 주교가 베푼 자비를 빵띠느와 꼬제뜨에게 아낌없이 전해준 덕분이다. 파리 시장이 되어 시민의 손과 발 노릇을 다했지만 자베르[8]는 장발장의 죄를 용서하지 않는다. 꼬제뜨를 위해 혁명 대열에 섰던 마리우스를 구출하려던 장발장은 자베르에게 체포된다. 증기선 노를 저을 사람이 필요하단 어이없는 구실 때문에 무고한 죄인을 만들어 내던 때, 시민들 배고픔 하나 해결하지 못하는 권력이 불쌍한 사람에게 누명까지 씌우다니.

레 미제라블을 즐겨 읽었다는 피델 카스트로. 가진 자들이 가난한 사람 주머니 노리는 게 부당하다고 외친 빅톨 위고가 그의 혁명 정신에 불을 지핀 걸까. 돈 걱정 없이 교육을 받은 아이들이 쌓은 지혜를 씩씩함의 바탕이 되도록하란 얘기도 흘려들었을리 없다. 진실을 품은 분노만큼 위대한 웅변은 없다는 걸 알고 평생 군복차림으로 혁명 대열에 앞장선 피델 카스트로. 혁명은 모든 걸 끌어안는 이해심이 앞서야하고, 때론 지은 죄를 용서할 줄 알며, 훌륭한 목수가 되어 마음의 집을 지을 줄 알아야한다고 입버릇처럼 말했다는 그, 쥐었던 권력을 주저 없이 내려놓고 세상을 떠났으니 라틴 아메리카의 전설이 된 체 게바라 못지않게 국민들 가슴에 잊히지않는 또 하나의 신화가 될 거라 믿는다.

프랑스와 쿠바 혁명 현장, 왼쪽 오른쪽으로 나뉜 상상 속 무대 두 칸을 꾸린다. 내로라하는 인재들이 수없이 죽어간 왼쪽과 달리 오른쪽에선 피해가 그다지 크지 않았다. 혁명 초기 그란마호[9]를 타고 상륙하면서 총 맞아 죽은 건 내전이라 치더라도 패권을 쥔 미국이 정부군을 쥐락펴락하던 시기였으니 프랑스 혁명과 양태가 사뭇 달랐다. 아르헨티나 태생 체 게바라가 혁명에 뛰어든 걸로 봐선 라틴 아메리카 연합군이 맞는다. 조국과 의사라는 상징성을 저버린 체 게바라는 피델의 불타는 사명감에 끌려 총을 잡았다. 체는 산악지역에 설치한 방송국 라디오 레벨데[10]로 바티스타 정권에 휘둘리던 주민들을 세뇌시켰고 청취자들 도움을 받아

8) 장발장을 뒤쫓아 다니는 형사.

9) 쿠바 혁명에 사용된 요트.

10) 체 게바라가 민중을 설득시키기 위해 운영한 방송국.

피델 카스트로 사후에 체 게바라 동상 곁에 세운 유일한 표지판 "승리의 그날까지".

혁명에 필요한 인력, 물자를 모았다. 심리전에 밀린 정부군은 점차 힘을 잃었고, 게릴라들이 산타 클라라[11]를 지나는 정부군 무장열차를 빼앗으며 혁명에 마침표를 찍었다. 썩어가던 허수아비 정권을 하나로 뭉쳐 몰아내고 그들만의 세상을 꾸렸으니 가난하긴 해도 불쌍하다거나 비참하달 수는 없다. 성 프란시스코 대성당 입구 레 미제라블 곁에 선 쿠바인들 환한 웃음이 그걸 증명해 보인다. 레 미제라블 조형물을 만든 피델이지만 자신의 흔적을 어디에도 남기지 말라 유언했고, 그의 뜻대로 화장해서 산티아고 데 쿠바 공동묘지에 유골함을 안장했다. 그는 혁명이 완성되는 걸 지켜보고 말겠다는 결심으로 동판 조형물에 영혼을 숨긴 건 아닐까. 형의 뜻을 거역할 수 없었던 동생 라울은 산타클라라 체 게바라 동상 앞에 군복 입은 피델 입간판을 세웠다. 거기엔 HASTA LA VICTORIA SIEMPRE, FIDEL! 이란 구호를 자기최면처럼 적어 놓았다. 〈승리의 그날까지, 피델!〉

11) 쿠바 혁명의 결정적 전승지.

체 게바라 동상 감싼 지진운

이름만으로도 부담 백배인 체 게바라, 흔적이나마 쫓으려면 몸을 혹사시켜야 맘이 가볍다. 택시를 마다하고 두 시간 기다린 뒤 시내버스에 올라 이리저리 흔들리는 사람들 틈에 낀 게 그토록 편할 줄이야. 터미널에 도착해서 시간표를 봤더니 산타 클라라행 버스는 세 시간 뒤에 출발한다고 적혀 있었다. 비아술[1] 버스가 뜸한 건 체 게바라가 쉬 다가오는 걸 거부해서인 것 같다. 티켓 끊은 뒤 대합실에서 죽치다가 산타클라라행 버스에 올랐다. 막연한 기대 땜에 백팩은 빵빵해졌고, 버스는 그가 뿜어낸 자장의 힘으로 매연과 먼지 풀썩거리는 길을 내달렸다. 오월의 고속도로는 몽환적인 풍경을 만들려고 아지랑이를 자욱 품은 채 참배객을 맞아들였다.

체 게바라를 처음 만난 건 〈모터사이클 다이어리〉 영화에서다. 의과대학 다니던 23살의 그가 생화학도 알베르토 그라나도[2]와 오토바이 여행하며 벌어지는 일을 다큐멘터리로 재구성했고, 스페인 식민 통치를 겪어 피폐해진 라틴 아메리카를 속속들이 들여다볼 수 있게 그렸다. 그러는 동안 체 게바라는 가난과 질병에 시달리는 민족을 구해야겠다고 결심했다. 나환자촌에서 의료봉사를 하던 중 간호 수칙인 장갑 끼는 것조차 거부하고 그들과 축구한 뒤엔 서로 껴안기도 했다.

1) 쿠바의 외국인용 시외버스.

2) 체 게바라와 오토바이로 라틴 아메리카를 함께 여행한 친구.

시에라 마에스트라 산악을 누비는 피델 카스트로

쿠바 혁명 영웅 안토니오 마세오 장군 기마상.

3) 서울대 라틴 아메리카 연구소에서 발간한 웹진 『트랜스라틴』에서 인용.

4) 아메리카 대륙에 서식하는 거대 맹금류

멕시코 아스카 문명이나 칠레 마야 문명, 그리고 페루 잉카 문명이 같은 뿌리에서 출발했다는 걸 알고 있는 체 게바라는 쿠바 혁명을 성공시킨 뒤 피델 카스트로가 내 준 권좌를 물리친 채 편지 한 통만 남기고서 또 다른 혁명의 길로 접어들었다. "길이 체 게바라를 만들었고, 체 게바라는 길이 되었다"[3]는 전설 같은 얘기가 전해지는 것도 그런 탓이다. 라틴 아메리카를 떠도는 콘도르[4]는 체 게바라의 영혼이라 부르는 게 옳다. 에르네스토 게바라는 죽었지만 친구 알베르토 그라나도는 그가 설립한 산티아고 데 쿠바의 약물학교에 오랫동안 머무르며 못다 이룬 체의 꿈을 펼치려 애쓰다 친구 곁으로 떠나갔다.

네 시간 걸린다는 버스가 산타클라라 터미널에 도착한 건 다섯 시간 만이다. 어딜 가나 요금이 만만찮은 택시여서 주위를 서성거리던 네 사람을 끌어 모아 체 게바라 기념관으로 향했다. 저만치 우뚝 선 체 게바라 동상이 보여 광장에 내려 선 순간, 찌는 듯한 더위가 지친 발목을 친친 휘감았다. 경치 중에서도 두드러지는 건 지진운 속을 유유히 날아다니는 솔개떼다. 높게 뜬 맹금류는 쿠바노의 자존감을 지켜 준 영웅을 돌보려고 날아든 용병이다. 목을 꺾어 올려다봐야 하는 체 게바라 동상은 25미터 높이여서 어지간한 거리에선 아랫부분 밖에 보이지 않았다. 짙은 구름이 끼다가도 고개를 들면 햇살이 시야를 가로막았고 동상을 둘러막은 야자나무를 피해 관람 위치를 잡는 일도 만만치 않았다. 가까스로 찾아낸 뷰포인트에선 정작 체 게바라의 모습이 작달막했다. 그의 자태를 가까스로 포착한 순간 층을 이룬 구름이 몰려들었다. 영웅의 오래된 상처를 겹겹이 에워싸려는 듯 구름이 퍼포먼스 펼치는 게 눈부셔 고개를 숙였다. 기단에 조각된 글씨는 역광 때문에 쉬 읽기 어려웠다. 한 곳에 초점을 맞추면 다른 곳이 흐려지고 다른 포인트를 잡은 순간 배경이 허술해지며 조각된 글씨를 뒤덮었다. 기단과 동상 전체를 카메라에 담는 건 글렀다는 생각에 어깨를 늘어뜨리고 영웅이 드리운 숭고한 그늘로 몸을 숨겼다.

쿠바 어딜 가더라도 마주치는 게 체 게바라지만 산타클라라는 오롯이 체(Che)의 도시라 칭해야 한다. 교통의 요지이며 철도의 교착지이기도 하지만 체 게바라가 정부군 전의를 꺾은 혁명의 중추 도시로 더 알려졌다. 시가지 중심에는 전적지인 비달광장이 마련되어 열차 탈취하기 위해 썼던 불도저며 선로 이탈한 화물열차가 유물처럼 전시되어 있다. 인근 공장 굴뚝에도 포탄자국이 선명하게 남아있지만 시가지는 가족과 연인, 주말을 즐기러 온 사람들의 눈부신 웃음 덕분에 환하다. 동지며 친구라는 뜻이 담긴 체, 미소 띤 채 시가를 문 베레모의 혁명가는 젊은이들의 우상이기도 하다.

기념관을 둘러보려고 광장 뒤편으로 접어들었다. 관리인이 돈이며 여권이 든 크로스백까지 맡겨야한다고 근엄하게 말했지만 망설이지 않았다. 어린 시절부터 볼리비아에서 전사하기까지의 사진들이 전시된 기념관을 빼 먹어선 안 된다. 피델을 비롯한 여럿 지인들과 주고받은 편지, 마에스트라 산악을 누비며 전투를 벌이던 틈틈이 펼쳐보곤 했을 녹색 노트 속 69편 시는 체 게바라 미소 띤 모습을 복기하기에 모자라지 않았다.

세계 노동절 퍼레이드, 혁명광장.

메이데이 퍼레이드에 돼지를 업고 참가한 쿠바노.

쿠바 혁명을 성공시킨 뒤 떠나간 체 게바라를 기리기 위해 피델 카스트로가 세운 청동상은 쿠바인들의 가슴 속에 곧고 환한 길을 만들어준다. 군복차림으로 팔에 깁스를 한 채 총을 든 그. 동상 아래 꽃을 바치고 우러러보는 눈길에 경외감이 가득하다. 쿠바를 혁명의 반석 위에 올려두고 볼리비아에서 죽어간 그는 라틴 아메리카를 아우르는 신화로 남겨져 하늘 높이 떠돌고 있다.

마법의 거리에 드리운 그림자

쿠바에선 헤밍웨이 흔적부터 찾아야 한다. 암보스 문도스 호텔[1]은 그의 집필 장소를 가리키는 이정표다. 좀비가 되어 미로를 헤매다가 길을 잃으면 돌아오게 되는 자리. 햇살 따가운 한낮이면 호텔에 성큼 들어서도 좋다. 철 구조로 된 엘리베이터에 발을 들이면 간수 차림의 남자가 두 겹 철창을 철커덕, 잠근다. 느린 속도로 5층에 멈춰 설 즈음이면 더위는 어느 새 달아나고 없다. 땀이 식은 걸 눈치 챈 걸까. 철창이

1) 헤밍웨이가 「누구를 위하여 종은 울리나」를 집필한 곳.

성 프란시스코 대성당에서 내려다 본 마법의 거리

천천히 열리고 건물을 자를 듯 햇살이 비쳐든다. 갈라진 복도에 발을 내딛으면 맞은 편 벽에 걸린 부조가 시선을 끈다. 이웃집 할아버지 같이 너털웃음을 머금은 헤밍웨이다. 그의 흔적이 고스란히 남겨진 511호는 언제나 문이 잠겨 있다. 제복을 입은 관리인이 느지막이 나타난다. 입장료를 받은 그녀는 천천히 열쇠 꾸러미를 꺼낸다. 헤밍웨이가 호텔에서 흘려보냈던 시간만큼 기다리라는 뜻일까. 등에 진땀이 배어나올 즈음 문이 스르르 열린다. 열려진 창문을 통해 성 프란시스코 성당의 종소리가 환청으로 울려 퍼진다. 「누구를 위하여 종은 울리나」를 집필한 흔적들 위에 은은한 종소리가 사뿐히 내려앉는다.

방안을 차근차근 둘러본다. 그의 대표작 「노인과 바다」가 여러 나라 언어로 출간되어 있다. 그걸 집필한 코히마르 저택[2]이며 낚시할 때 썼던 보트 사진도 걸려 있다. 알고 보면 헤밍웨이는 관광객을 끌어 들이는 미끼 상품이다. 쿠바가 감추고 있던 속살을 좀 더 파헤쳐 본다. 혁명을 위해 피 흘린 영웅들이 하나 둘 실체를 드러낸다. 체 게바라, 피델 카스트로 형제, 까밀로 시엔푸에고스… 중심에는 쿠바의 정신적 지주인 호세 마르티가 자리하고 있다. 호세 마르티를 알리려고 헤밍웨이며 체 게바라를 엑스트라로 고용한 그들 지혜는 놀랍다.

헤밍웨이 흔적을 머리에 새기고 호텔을 나선다. 종소리의 환청이 성 프란시스코 성당으로 발을 끌고 간다. 오백 년 세월의 더께를 울러 맨 아바나가 헐릴 뻔했다는 기록을 읽는다. 그 곳에 디즈니랜드를 지으려했다는 건축가가 있었다. 고비를 무사히 넘기고 세계문화유산으로 등재된 올드 아바나. 성 프란시스코 대성당[3] 내부만 둘러보더라도 세계문화유산으로 손색없다. 레 미제라블 형상을 동판으로 만든 예술적 가치는 돈으로 환산하기조차 힘들다. 아무리 들여다봐도 찾을 수 없는 불쌍한 사람. 형체를 더듬는 손길이 허허롭다. 성당 바깥, 쿠바 최초의 노숙자

2) 쿠바 수도 아바나 외곽 핑카 비이하에 위치한 헤밍웨이 별장.

3) 아바나 비에하(구 도심)에 지어진 성당.

마약 밀매 조직의 근거지 또는 첫사랑을 나눈 장소라는 상징.

상은 예술적 재기가 고스란히 담겨 있다. 안이든 바깥이든 자세히 봐야 진가가 드러난다. 오래 들여다봐서 아름답지 않은 건 없다

성당을 벗어나 아바나 오비스뽀 거리[4]를 무작정 걷는다. 낯선 일상 속으로 뛰어들고픈 욕망이 있어서다. 골목에 들어서기만 하면 보이지 않는 힘이 솟는다. 셀 수없이 많은 문이 제각각의 색깔로 여행자를 유혹한다. 파스텔 톤의 문짝들은 카드 섹션을 펼치기에 제격이다. 동시에 열리는 법이 없는 문짝으로 저들끼리 암호를 주고받는다. 열리고 닫히는 에니그마[5] 암호가 있을 것 같은데 그걸 해독해 낼 앨런 튜링은 없다. 미지의 힘에 끌려 좀비처럼 흐느적거리며 걸음을 옮긴다. 미로를 따라 얼마나 끌려갔을까. 발가락에 물집이 생겨 따끔거린다. 가이드북 펼치기에도 시간은 모자란다. 잠시 다른 곳에 시선을 두면 진귀한 장면들이 순식간에 흘러가버린다. 그때 온 몸을 검게 도배한 남자가 불쑥 나타나고, 지나치는 사람 목에다 쇠사슬을 던져 올가미를 씌운다. 포로가 된 여자가 겁에 질려 몸을 웅크린다. 잠시 후 퍼포먼스란 걸 안 여자의

4) 아바나를 대표하는 관광 명소.

5) 세계 2차 대전 당시 독일군이 사용했던 암호기계.

권총을 차고서 강도 퍼포먼스를 벌인다.

얼굴이 환하게 펴진다. 둘러선 사람들은 그 장면을 사진이나 동영상으로 남긴다. 여기가 사회주의 국가가 맞나싶어 고개가 갸웃거려지는 순간이다. 돈 들이지 않고 빛바랜 바로크식 건물에 예술혼을 입히는 그들 노력이 애처롭다.

골목길 카드 섹션

무대는 빅톨 위고 동상 앞, 관객은 시간과 돈을 주체 못하는 헤밍웨이 팬들이다. 별 다섯 개 호텔 못잖은 유람선이 부려놓은 관광객은 가이드 깃발 따라 퍼포먼스 무대를 찾아든다. 미국에서 아바나까지 직항 노선은 골목 극장의 관객이 모자랄까봐 생겨났다. 헤밍웨이의 집필 공간에서 번뜩이는 영감을 얻어가는 건 덤이다. 객실을 잠깐 들여다보는데 5달러, 그 외에도 돈 버는 수단은 셀 수 없다. 굳이 퍼포먼스가 아니라도 사진 모델이나 라이브 공연을 펼쳐 관객들 주머니를 턴다. 질 낮은 시가를 길에 내놓고 팔거나 가게를 안내해 주고 뒷돈을 받아 챙기는 것도 관광 수입에 보탬이 된다. 주머니 그득 달러를 채워온 관광객은 즐길 거리만 있다면 돈을 아끼지 않는다. 쿠바 정부에서도 몇 년 전부터 그걸 알고 민간인에게 숙박, 음식, 택시 영업을 허가했다.

관광객에게 팁을 받으면 영수증을 써주는 퍼포먼스를 벌이는 남자.

관광객 끓는 곳마다 교묘한 상술이 등장한다. 호텔 앞을 서성거릴 무렵 괴상한 차림의 남자가 세숫대야 크기의 나무 등걸 위에 올라선다. 머리에 쓴 고깔과 옷이며 들고 있는 바구니까지 야자나무 수피로 만들었다. 칡넝쿨로 옷을 여미고 오른손과 목엔 염주 모양 팔찌며 목걸이를 걸쳤다. 얼굴에 바른 위장 크림도 자연의 산물이다.

뭘 하려고 저러는 걸까, 한참 동안 지켜봐도 남자는 미동도 없다. 가까이 다가가서 얼굴을 빤히 들여다보지만 눈 하나 깜짝하지 않는 남자, 마네킹이라 해도 믿을 것 같다. 나른함이 밀려들 때 쯤 지나치는 어린이가 동전 한 개를 바구니에 떨어뜨린다. 그 소릴 신호로 남자 오른손이 옆구리에 낀 바구니로 옮겨가고, 한 줌의 곡물이 바닥 여기저기로 굴러간다. 뭘까 싶어 허리를 숙여보니 콩이다. 남자의 퍼포먼스가 신기해서 폰으로 찍다가 미안한 마음이 앞선다. 모델료를 내지도 않고 사진을 찍다니, 염치없다며 고함이 날아들겠다. 떳떳한 게 맘 편해 주머니를 뒤지다가 남자 눈치를 살핀다. 콩을 몇 차례 뿌려대던 남자, 동영상을 찍으라는 제스처인지 길에 쪼그려 앉아 콩을 주워 바구니에 담는다. 곁에서 천사의 미소를 짓고 있던 꼬마도 고사리 손으로 그를 돕는다.

호텔 입구에 온 몸을 검게 칠한 또 다른 남자가 등장한다. 터번을 쓴 머리며 얼굴과 손, 옷도 죄다 새까맣다. 부동자세로 꼿꼿이 선 남자, 가만히 서 있어도 푹푹 찌는데 두꺼운 옷을 입고 꼼짝 않고 서 있을 수 있다니. 길 가운데 세워진 동상을 색다르게 여긴 건지 여자 한 명이 다가온다. 손이나 다리를 건드려 본 여자는 눈동자를 살핀 뒤 눈꺼풀이라도 깜빡거릴까 봐 시선을 고정시킨다. 그 무렵 눈을 번쩍 뜨는 남자, 여자에게 검은 손을 내밀며 윙크를 날린다. 깜짝 놀라 뒤로 물러서는 여자를 보고서 제 역할을 끝냈다는 듯 치아를 드러내고서 두 손을 흔들어 보인다. 여자는 그때서야 남자의 행동이 퍼포먼스라는 걸 알고 바구니에 지폐를 넣은 뒤 물러선다. 남자는 프로그램이 끝나려면 아직 멀었다며 여자를 붙들고, 옆에 끼고 있던 클러치 백에서 뭔가를 꺼낸다. 곧이어 종이 한 장과 볼펜이 정체를 드러내고, 허벅지를 받침 삼아 정성스레 글씨를 적는다. 가까이 다가가 살펴보니 종이에 적힌 글씨가 영수증인지 차용증서인지 애매하다. 차용증서라도 남자의 표정으로 봐서 되갚을 것 같진 않다. 그는 어떤 순간에도 서두르는 법이 없다. 쿠바가 또 한 번 혁명을 해도 될 만큼 지루한 시간이 흘러간다. 그런 건 아랑곳없다는 듯 남자는 여자 손등의 파리가 달아나기라도 할까 봐 느리게 고개 숙여 키스를 해서 퍼포먼스가 끝났다는 걸 알린다.

1) ARTE, 아트(ART)의 스페인어.

2) Collaboration, 협업.

쿠바노가 벌이는 퍼포먼스를 상술이라 치부하는 건 그들 아르떼[1]를 폄훼하는 말이다. 어떤 장르든 자세히 들여다보고 낱낱이 뜯다 보면 어느 순간 훅 빨려드는 게 예술의 묘미 아닐까. 작가의 의중을 알아챘을 때 비로소 관객과 배우의 소통이 이뤄지고, 인간과 자연이 하나 되는 뭉클한 느낌에 사로잡힌다. 땡볕 아래 갑옷 차림으로 일하는 그들이지만 수입은 일정하지 않다. 관광객이 던져주는 돈보다 쿠바의 예술혼을 알리기 위해 맡은 역할에 몸과 마음을 불사르는 프로 근성, 그걸 지닌 배우여서 허기지더라도 연기를 너끈히 소화해 낸다. 예술혼의 갑옷을 걸친 쿠바노의 행위 예술은 마스터피스처럼 골목을 밝힌다. 보이지 않는 곳에서 용기를 불어넣는 쿠바 정부와 콜라보레이션[2]을 이룬다. 예술의 다양성

쿠바 원주민 퍼포먼스

'대화'라는 제목의 동상. 뇌와 가슴이 없이 대화를 나누고 있다.

을 인정해 주고, 제각각의 기량을 발휘할 수 있도록 도와주는 것도 장르를 달리한 또 하나 아르떼다. 쿠바를 정신이 살아있는 선진국이라 부르더라도 하등 문제가 없어 보인다.

헤밍웨이가 사랑한 칵테일

오비스뽀 거리로부터 시작되는 쿠바 여행, 낡아 빠진 건물 사이에서 페인트 칠 곱게 된 라 플로리디따는 이정표로 손색없다. 어두워지길 기다렸던 칵테일 바는 네온사인을 밝히고서 여행자를 빨아들인다. 「노인과 바다」로 노벨문학상 받은 헤밍웨이 발자취 더듬으러 온 사람들이라면 유혹을 이겨낼 수 없는 장소다. 체 게바라가 죽어 길이 된 것처럼 헤밍웨이는 노벨문학상으로 라 플로리디따 칵테일 다이끼리[1]를 유명하게 만들었다.

1) 오비스뽀 거리 입구 라 플로리디따의 대표적인 칵테일, 흑인 바텐더가 당뇨로 고생하는 헤밍웨이를 위해 개발했다고 알려짐.

헤밍웨이 집필 공간 '암보스 문도스 호텔 511호'

홀을 기웃거린 순간 구레나룻 텁수룩한 헤밍웨이가 벙근 웃음으로 꼬드긴다. 쿠바 혁명에 생애를 바친 피델 카스트로도 그를 거든다. 헤밍웨이가 개최한 낚시대회에서 수상한 피델은 혁명 성공 후 그를 미국으로 쫓아버렸지만 라 플로리디따는 헤밍웨이가 호객꾼 역할을 해 줄 거라 믿고서 다이끼리를 개발했다. 결국 다이끼리는 아바나 다운타운에서 헤밍웨이 대신 호객꾼 노릇을 톡톡히 하고 있다. 홀의 웃고 떠드는 소리가 퍼져나는 골목. 대문호 발자취를 더듬으려고 홀에 발을 들인다. 문을 열자마자 터져 나오는 공기. 가죽 냄새가 설핏 밴 것 같더니 차츰 견과류 냄새로 바뀌며 코 점막을 후벼 판다. 생산지나 숙성도에 따라 꿀맛이 나기도 한다는 시가, 헤밍웨이는 그 맛과 향기를 차마 잊기 어려울 것 같아 호객꾼 노릇을 자청한 게 틀림없다.

2) 역삼각형 모양의 칵테일 잔.

서성거리는 동안 시선이 붉은 유니폼 입은 직원 세 사람 손놀림을 쫓아간다. 마티니 잔[2]을 일렬로 늘어놓은 바텐더가 아바나 클럽 라벨이 붙은 럼주 병을 한 동안 믹서에 기울인다. 또 다른 바텐더는 라임 주스를 덧따른 뒤, 각 얼음을 그득 채운다. 곧이어 요란한 소리가 헤밍웨이 호탕한 웃음인 양 홀을 둥둥 떠다닌다. 믹서가 뿌옇게 된 걸 신호 삼아 스위치가 꺼지고, 마티니 잔에다 한 동작으로 걸쭉한 액체를 따르는 바텐더. 워낙 빠른 손놀림 탓에 시선이 움직임을 따라 잡지 못한다. 뒤에 선 여직원은 빈티나는 빨대를 핀셋으로 집어 다이끼리 잔에 꽂는다. 손님들이 헤밍웨이를 기억하는 한 칵테일 품격에는 문제가 없다는 듯. 바텐더 두 명은 헤밍웨이에게 바쳤다는 걸 강조하려고 줄곧 다이끼리만 만들어 낸다. 헤밍웨이가 어떤 칵테일을 마셔야만 건강을 해치지 않을까 고심한 흑인 바텐더에게 뒤통수를 맞을까봐 걱정스럽다는 듯.

카페 '라 플로리디따'의 다이끼리.

한참 만에 차지한 의자에 엉덩이를 걸치고 메뉴판을 살펴본다. 다이끼리 한 잔에 6쿡. 헤밍웨이 유명세를 업은 탓인지 가격이 장난 아니다. 빨라다르 식당[3]에서 피자 20판을 먹을 수 있는 가격인데도 손님이 미어터지는 게 신기하다. 칵테일을 주문하려다 말고 홀을 한 바퀴 둘러본다. 천장엔 쿠바에서 흔해빠진 별 모양 샹들리에가 누렇게 변색된 채 걸려 있다. 시가를 오래 피우면 기관지며 폐가 저렇게 망가질 수 있다고 경고한다. 시가는 입안에 머금었다가 향기만 음미하고서 뱉어내는 건데도. 등 뒤 기념품 코너엔 죽은 헤밍웨이를 불러들일 듯 시끌벅적하다. 헤밍웨이는 그에 화답하듯 티셔츠 속에 능청스레 자리 잡고있다. 한국에선 천덕꾸러기가 된 재떨이, 열쇠고리에도 그의 사인이 들어 있고, 야구 모자와 머그잔에도 인심 후한 그의 모습이 박혀 있다.

바텐더 뒤로는 바로크풍 돌기둥 두 개 사이에 코발트빛 바다가 범선 몇 척을 보듬고있다. 우뚝 솟은 등대를 끼고 아바나 항구를 벗어나는 범선은 성 프란시스코 대성당과 성 크리스토발 대성당 위용이 두려워 속도를 줄인다. 설탕에다 시가며 커피를 헐값에 싣고 가니 찔렸던 모양이다. 홀에 앉은 사람들은 그림 따윈 관심 밖이라는 듯 헤밍웨이 얘기로 바쁘다. 그때서야 다가온 바텐더에게 다이끼리 한 잔을 주문하고, 손님들 모습을 머릿속에 그려나간다. 시가를 물고 호탕한 웃음을 흘리거나 헤밍웨이 흉상을 배경 삼아 촬영에 바쁜 그들도 청새치를 낚아 올린 산티아고[4] 못지

헤밍웨이 단골 칵테일 바 '라보떼기따'.

3) 쿠바 내국인용 식당.

4) 「노인과 바다」에 등장하는 노인.

않게 밝다. 바텐더 세 사람은 다이끼리 명성을 해치기라도 할까봐 주방과 홀을 바삐 오가며 쉴새없이 손을 놀린다.

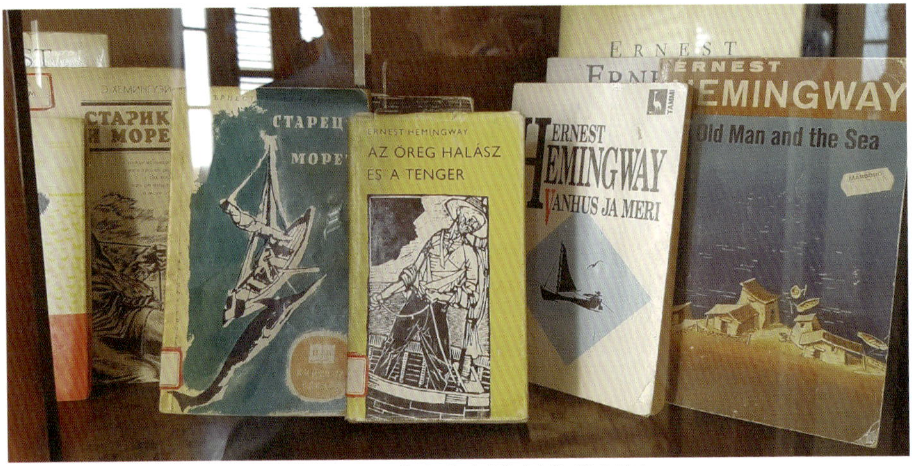

세계 각국 언어로 출간 된 헤밍웨이의 「노인과 바다」.

한참 만에 온 다이끼리, 스트로로 한 모금 빨아들였을 뿐인데 얼굴이 찌푸려지면서 머리가 지끈거린다. 흑인 바텐더는 얼마나 많은 시행착오를 거쳐 이토록 짜릿하고 머리 띵한 칵테일을 고안해 냈을까. 취기가 적당히 오른 헤밍웨이를 일으키려면 이 정도는 돼야한다고 무릎을 쳤을 테고, 맑아진 정신으로 글쓰기에 매달리게 될 거라고 엄지를 치켜 올렸겠지. 집필에 몰입해서 노벨문학상을 받게 한 칵테일 한 잔 값이 6쿡이니 뒤늦게 비싸단 생각을 지운다.

핑카 비이하에 심은 세이바 나무

헤밍웨이 별장인 핑카 비이하, 마다가스카르[1]에 흔히 있는 바오밥[2] 사촌인 세이바 나무가 있단 말에 솔깃했다. 아바나에서 그리 멀지 않지만 교통이 불편하다는 핑계로 미뤘더니 거기를 둘러볼 가족이 있다고 누군가 귀띔해 준다. 브라질로 이민 가서 기반을 잡은 가족이 렌트한 승합차니 부담 갖지 말라고 한다. 까사[3] 입구에서 10분을 기다려 얻어 탄 승합차, 민폐를 끼쳐선 안 된다는 생각에 맨 뒷자리로 숨어든다. 가족이 묵고 있는 까사 골목에 주차하니 한 사람이 지나치기에도 힘들 지경이다. 미안한 마음에 몸을 숨기긴 했지만 창밖을 내다보는 것조차 조심스럽다. 골목 어귀에서 매연을 뿜어내는 승합차를 보고도 얼굴 찌푸리는 쿠바노는 한 사

헤밍웨이 별장 핑카 비이하에 심어진 '세이바 나무'.

1) 아프리카 남동쪽 섬나라, 마다가스카르 공화국.

2) 마다가스카르에 자생하는 수목.

3) '집'의 총칭이지만 외국인용 민박이라는 뜻으로 통용 됨.

람도 없다. 불안한 마음을 다독거리며 흘려보낸 20분이 2시간보다 더 길게 느껴진다. 그 순간 검게 그을린 동양인 가족이 나타났다. 묵직한 삶의 굴레를 내려놓고 떠나왔을 텐데 그다지 들뜬 모습이 아닌 건 의아하다. 이민 생활이 여전히 어깨를 짓누르고 있는 탓일 거라 여기면서도 에어컨 바람이 덥게 느껴진다.

페리 터미널 건너다보이는 핑카 비이하까지 가는데 시간이 꽤 걸렸다. 서먹함이나 미안함을 떨치려고 딸, 아들에게 초코파이며 뽀빠이를 내밀었다. 다 큰 아이들과 아내는 고향의 맛을 기억하고서 탄성을 질러댄다. 남편은 하찮은 일 따위에 휘둘리지 않겠다는 듯 반응을 보이지 않는다. 사소한 일로 흔들렸다면 낯설고 물 설은 곳에서 어찌 뿌리를 내릴 수 있었을까. 허리케인이 불어와도 쓰러지지 않을 듬직함이 고목처럼 여겨져 한결 마음이 놓인다. 이민 가족을 통해 라틴 아메리카에 흩어져 살아가는 동포들 모습을 유추해 본다. 영화 〈애니깽〉의 슬픈 이야기를 떠올리는 동안 고국 소식에 목말랐던 아내가 질문을 쏟아낸다. 요즘 국내 정세가 어떤지, 북한 때문에 불안하진 않은지 묻고 나서 문예창작과 졸업한 조카 이야기를 꺼낸다. 작가 되기가 쉽지 않더라는 얘기를 푸념처럼 털어 놓는 그녀 눈망울에 부러움이 일렁거린다. 연이은 질문에도 유난히 대답이 짧다는 걸 느꼈는지 주제를 바꾼다. 브라질에서 흔히 마시는 칵테일 까이삐링야[4] 얘기다. 브라질 전통주 까샤샤에다 열대 과일 과라나며 노니를 섞으면 효능이 뛰어나다고 은근한 미소를 섞어 말꼬리를 흐린다. 입이 마르도록 강조하는 걸 보면 칵테일 효과를 본 것 같다. 까샤샤를 구하기가 쉽지 않은 한국에선 보드카로 까이삐로스카를 만들기도 한다지만 술을 즐기지 않는 탓에 귀한 정보를 흘려 버린다.

이야기가 끊어질 때쯤 공사가 한창인 울타리 안으로 들어선다. 입간판을 읽어보니 헤밍웨이 별장 핑카 비이하다. 헤밍웨이가 글을 쓰다가

4) 브라질에서 즐겨 마시는 칵테일.

카페 라 플로리디따의 헤밍웨이 흉상

쿠바 숲 속에서 흔히 볼 수 있는 붉은 개미.

낚시나 사냥으로 머리를 식히던 별장이 좁아선지 별채를 짓고 있다. 오바마 대통령이 보낸 제스처에 라울 카스트로가 그를 쿠바로 초청했고, 보스턴의 핑카 비이하 재단에서 헤밍웨이 유품을 보관할 집을 지으라고 공구며 건축 자재 86만 2천 달러 어치를 보내왔다. 자재를 쌓아둔 주차장 곁에선 현지인들이 동원된 공사가 한창이다. 미국의 건축 자재가 쿠바로 들어온 건 1959년 혁명 후 56년 만에 처음이라고 한다. 헤밍웨이의 마지막 20년이 담겨질 공사가 끝나면 9천 권의 책과 수많은 원고, 수천 장의 사진에다 편지가 온전히 보존된다. 죽어서도 미국과 쿠바를 이어주는 다리 역할에 바쁜 헤밍웨이. 그의 뜻을 받들어 양국 정부의 힘을 합친 공사가 진행되고 있다. 지금도 추가 공사에 필요한 자재며 돈을 재단에서 대고 있는지 걱정스럽다. 쿠바 곳곳에 나붙은 오바마와 라울이 손잡은 포스터가 뙤약볕에 바래지 않기를, 50년 넘게 적대 관계를 이어오던 두 나라에 드리운 화해 무드에 바이든이 찬물을 끼얹지 않기를 빌었다.

대왕야자 군락이 여행자를 반기는 핑카 비이하, 박물관 바로 앞 프렌치 빤 나무[5]는 가지마다 색깔 다른 꽃을 피우는데 제철이 아니어서 장관을 보여줄 수 없다며 관리인은 아쉬운 표정이다. 청새치며 동물 박제에다 망원경, 책이 잔뜩 꽂힌 책장에다 널따란 침대와 욕실까지 갖춘 건물은 재벌 별장 같다. 수영장 곁에는 비석까지 세운 강아지 무덤 네 개가 있다. 고향에 있을 때 아꼈던 고양이 못지않게 여기서는 강아지를 친구 삼았나 보다. 그를 지켜주던 강아지는 죽어서도 임무를 다하려는 듯 주인이 돌아오기만 기다리고 있다. 동물 천국 쿠바에서 사냥을 즐기고 청새치 잡는 일을 취미 삼았다는 게 뜨악하다. 떨떠름한 표정으로 박물관을 빠져 나온 순간 우람한 세이바 나무가 반긴다. 데면데면하던 이민 가족이 세이바 나무를 보고 함성을 지르며 나에게 폰을 건넨다. 액정 가득 들어차는 네 명 가족과 우람한 나무가 닮아 보이는 건 삶의 여정이 엇비슷한 탓이 아닐까.

5) 가지마다 각기 다른 색깔의 꽃을 피우는 나무.

허리케인 이르마가 새겨 놓은 미담

미국 마피아가 자국 여행객을 끌어들이려 문 연 나시오날 호텔. 외부와 단절된 바다 풍광을 감싸 안은 정원은 투숙객 마음 사로잡기에 모자라지 않다. 호텔 설계 당시 미국은 금주령이 내린 시기였고, 싸고 질 좋은 럼주[1]가 넘쳐나는 쿠바는 천국이나 다름없다. 1930년에 심은 대왕야자 두 그루가 내려다보는 호텔 정원, 오래된 나무를 잘라 생긴 둥치 위에 팻말이 붙어 있다. 〈호텔 건축의 상징인 나무가 강풍을 동반한 허리케인 이르마에 잘려 나갔습니다. 베어내긴 했지만 그걸 지켜본 700여 명 투숙객과 종업원 마음속에 늘 푸르게 일렁거릴 것입니다〉 카리브 해를 품은 별 다섯 개짜리 호텔은 시설만 빼어난 게 아니란 걸 금빛 팻말이 말해준다.

설탕, 시가, 럼주로 유명한 쿠바는 중남미 해상 교통의 요충지다. 시계 방향으로 도는 북대서양 해류는 멕시코 만 난류를 만나 유럽 뱃길을 쉽게 터준다. 대서양에서 태어난 허리케인은 이름에 걸맞게 카리브 해 섬나라 쿠바를 늘 할퀴고 지나간다. 차가운 바다를 떠돌던 허리케인이 숯불로 볶은 듯한 커피 향기가 그리웠던 걸까. 중남미 커피 중에서 으뜸으로 꼽히는 쿠바 크리스털 마운틴[2], 세계 3대 커피 블루마운틴을 따라

1) 사탕수수 찌꺼기를 발효시켜 만든 술.

2) 세계 4대 커피로 알려진 쿠바산 유기농 커피.

잡아 또 하나의 스페셜티 커피[3]로 남기기 위해 티피카[4] 품종을 옮겨심었다.

쿠바에 불어 닥친 최대 시속 260킬로미터의 허리케인, 폭우까지 거느린 이르마 때문에 말레꽁[5]이 무용지물이 됐고 넘쳐난 바닷물은 어른 허리 높이만큼 차올랐다. 9미터 파도에 4,200채 주택이 침수되고 1,200채가 부서졌다. 주택 20만 채를 더 지으려고 계획했던 차에 물에 휩쓸리거나 염분 침식을 당했으니 대략난감인 처지가 되었다. 눈망울 초롱초롱한 까르멘이 바닷물이 허리까지 차오른 주방에서 요리하는 주부들 모습을 동영상으로 보여준다. 연인을 안고서 바닷길을 춤추듯 걸어가는 쿠바노와 고무대야 보트를 만들어 피신하는 주민들 모습이 묘한 대비를 이룬다. 국토의 70%가 평지여서 해일 피할 곳이 마땅찮았던 결과다.

플로리다나 마이애미에선 재난 방송에 따라 차에 비상물품을 싣고 피신했다. 미국과 달리 쿠바는 무너지거나 염분 침식된 건물을 복구할 예산이 턱없이 부족하다. 그들이 칠한 수성 페인트는 일 년만 지나면

3) 전체 커피 생산량 중 상위 10%에 부여하는 이름.

4) 개량되지 않은 아라비카 커피의 원종으로 병에는 약하나 밝은 산미, 꿀맛, 꽃향기가 두드러진 커피 품종.

5) 아바나 해변에 설치 된 8㎞ 길이의 방파제.

허리케인 이르마에 부러진 나무를 추모하기 위해 세운 안내문.

오래된 절간 단청처럼 변하고 만다. 가까스로 페인트를 구해 칠한 집들마저 물에 잠기고 말았으니 무슨 돈으로 다시 페인트를 사며, 낡은 도시에 수채화 물결이 일렁거리도록 할런지. 의료 사업에, 교육 정책에 나랏돈을 써버려 포트 홀[6]을 메울 예산마저 없나 보다. 전 세계를 쥐락펴락하는 미국도 긴장하는 허리케인. 중부 지방 산타 클라라 쯤에서 방향을 튼 덕분에 아바나가 피해를 적게 입은 게 여간 다행스럽지 않다.

가난한 나라의 자연 재해는 후유증으로 두렵다. 이르마 때문에 오래전 유행한 아메바가 다시 번성할지 모른다는 소식도 들렸다. 네글레리아 파울러리[7]는 코를 통해 뇌로 침입해서 두통과 열이 나고 메스껍다. 그게 뇌척수막염으로 진행되면 발작, 환각이 뒤따르고 심하면 죽음에 이르기도 한다. 이번 허리케인은 차오른 물이 즉시 빠지지 않아 긴장감을 부추겼다. 물이 빠지기 바쁘게 주민들이 집 안팎을 씻어내고 가재도구를 씻어 말려 허리케인 흔적을 지웠다. 가족이 힘 모아 몇 날 며칠 쉬지 않고 침구나 옷을 빨아 말렸으니 아메바가 번식을 멈춘 걸까. 의료 체계가 완벽하다고 자랑하지만 자급자족이 습관 된 나라에서 부족한 의약품이나 생필품은 어떻게 마련했을지.

1990년 무렵 철석같이 믿고 있던 소련이 붕괴되고 특별시기를 건너뛰느라 생필품이 부족해서 애를 먹었다. 잦은 허리케인에 대비하기 위해 이재민 임시 대피소를 마련하는 게 급했다. 근근이 살아가는 국민들을 위해 국영 러브 모텔 뽀사다스[8]를 임시 대피소로 정했다. 모텔 기능의 뽀사다스가 값싸서 자주 들락거리던 서민들은 사설 모텔 체인을 이용해야 했다. 침대, 냉장고, 에어컨을 갖춘 방 세 시간 사용료가 5달러. 그건 쿠바 근로자 평균 임금의 20%를 차지한다. 최근 들어 서민들 부담을 줄여 출산율을 높이려고 뽀사다스를 다시 열겠다고 한다. 남미에서 가장 낮은 가임여성 1인 당 1.6명인 출산율 때문이다. 아바나 지역 국영주택

6) 아스팔트 도로가 빗물이나 타이어의 진동으로 패인 곳.

7) 뇌를 파먹는 아메바로 치사율 97%에 이른다.

8) 국가에서 운영하는 러브호텔.

담당자는 5곳인 뽀사다스 체인 요금을 싸게 받아도 이익이 많을 거라고 점친다. 하지만 자본주의의 폐단 중 하나인 러브 모텔이 인구 감소를 막아주는 효과를 낼지, 15세부터 50세까지 콘돔을 무료로 나눠주는 쿠바인데….

이르마 피해는 꽤 오랫동안 계속됐다. 계란이며 바나나가 귀해 값이 엄청 뛰었다는 소문이 들렸다. 2월이 되기 바쁘게 바나나가 거짓말처럼 트럭 가득 실려 왔고 여기저기서 계란이 모습을 드러냈다. 승용차 뒷좌석에는 사람 대신 계란을 모시고 다녔다. 가난한 쿠바를 살리려고 조물주는 바나나며 닭을 창조한 것 같다. 부자 나라와 등 맞댄 쿠바, 밀려드는 자본주의 물결에 맞서라고 보낸 신의 선물. 티피카 품종 커피나무가 눈송이를 빼곡하게 매달고 재스민 향기를 소독약처럼 뿌려댄다. '너의 아픔까지 사랑해'라는 커피 꽃말[9]처럼.

허리케인에 가장 취약한 바나나. 나뭇가지에 앉은 새 모양으로 장식 돼 있다.

9) 김득진 시집 『커피를 훔친 시』에서 인용.

시에고 데 아빌라 여류시인

시골 냄새가 풀풀 나는 시에고 데 아빌라(CIEGO DE AVILA)[1)]에 발을 들인다. 터미널에서 물으니 죄다 둘러봐도 다리 아프진 않을 거라고 알려준다. 얘길 듣고 난 순간 호객을 해 대던 택시나 마차가 연극 소품처럼 보인다. 비틀리거나 아찔한 풍경은 없을까 목을 빼고 시가지를 더듬지만 이십 분 만에 익숙한 풍경과 맞닥뜨린다. 곧이어 다운타운과 업 타운을 갈라놓는 철로에 가닿는다. 어디든 철길은 보이지 않는 울타리 역할을 한다. 시가지에서 볼거리를 찾는 건 힘들 것 같아 변두리로 방향을 튼다. 말끔하던 길이 울퉁불퉁하게 바뀌면서 샌들이 돌부리에 턱턱 걸린다. 바닥에 시선을 둔 채 걷는 동안 여기저기서 부엔디아[2)], 라는 말이 들려온다. 설마, 하며 고개를 들었더니 지나치는 사람들마다 아침 인사를 건넨다. 나는 뒤늦게 그들에게 손을 들어 보이며 올라[3)], 라고 화답한다. 지나치는 사람들 얼굴에서 피어난 열꽃이 밋밋한 길을 밝힌다. 그럴 때 열을 식혀주려고 코발트색 건물이 나타난다. 아치형 대문 위에 적힌 혁명 구호는 아찔하다.

코발트색 건물을 지나친 순간 낡은 나무 대문이 발목을 턱 잡는다. 안에서는 유채색과 무채색, 명암마저 분간되지 않는 적막 한 무더기가 뿜어져 나온다. 암순응을 거치려고 눈을 찡그렸다가 안쪽을 기웃거려

1) 쿠바 중부의 한적한 도시.

2) 아침 인사 '부에노스 디아스'를 줄인 통용어.

3) 가장 흔한 인사말.

본다. 철근을 이어 만든 책꽂이에 낡은 책이 빼곡하게 꽂혀 있고, 중년 여자가 소품인 듯 책꽂이에 기대섰다. 그녀의 백발에는 낡은 지식과 혁명 구호가 묘한 대비를 이뤄 얹혀있다. 그녀 머리 위, 아슬아슬하게 걸쳐둔 판자 틈으로 카리브 해 햇살이 스며든다. 커피 흘린 듯한 자국이 회벽을 따라 찰지게 매달려 있다. 음습함을 말리려는 햇살의 몸부림이 애틋해서 전선마저 배배 꼬인 걸까. 햇살은 여자 머리칼을 금발로 바꾼다. 나는 환상 속으로 걸어가서 여자의 표정을 살펴본다. 그녀는 입 꼬리를 늘이며 나를 지그시 바라본다. 그녀는 몇 천 년 전부터 나를 기다리고 있었다는 듯 보인다. 나는 호기심보다 두려움의 무게가 커서 조심스레 입을 연다. 엉겁결에 튀어 나온 말은 팔려고 내 놓은 책이 맞느냐는 엉성한 의문문이다. 그런 질문 할 줄 알았다는 듯 고개를 끄덕이는 여자, 삶에 찌들어 보이긴 해도 눈빛은 그지없이 맑다. 나는 꽂힌 책을 건성으로 훑은 뒤 벽에 걸린 수채화 두 점에 시선을 고정시킨다. 화폭 속 낡은 주택은 언제 그린 건지 알 수 없지만 말 탄 소녀는 그녀를 모델 삼았다.

생계를 잇기 위해 평생 모은 책을 내다 파는 여류시인 '까르멘'.

여자의 지난 얘기가 두 개의 액자 너머로 흘러나온다.

미혼인 데다 양친까지 잃어 외톨이가 되었다는 그녀. 정부에서 배급을 주긴 하지만 모자란 생필품을 구하려고 읽었던 책을 내다 판다고. 얘기를 듣는 동안 그녀 눈썹에 매달린 슬픔이 읽혀진다. 나도 모르게 여기를 오게 된 까닭을 그녀에게 털어놓고, 그녀 또한 이름 없는 시인이라고 자신의 신분을 밝힌다. 그 순간 액자에 머물던 시선이 그녀에게로 가고 마주 선 둘은 상대방 눈동자 속 돌부처 찾아내는 일에 몰입한다. 혼자 한 평생을 산다고 얼마나 힘들었느냐, 몇 만 년 전 약속을 잊지 않고 찾아와줬구나 하는 말들이 서로 부딪친다. 삶에 지친 표정을 읽는 건 어렵지 않지만 그녀를 도울 길은 막막하다. 주머니를 탈탈 털어도 모자랄 것 같아 애처로운 눈길만 금발 위에 얹는다.

그걸 눈치 챈 여자가 걱정 말라는 듯 책꽂이 뒤편으로 돌아가 책 한 권을 꺼내온다. 그녀가 건넨 시집은 진열해둔 책과 달리 표지가 말끔하다. 반환표(BOLETO DE RETORNO)라는 책 제목을 들여다 본 뒤 겉장을 넘겨본다. 목차에서 VISA USA라는 시가 시선을 붙잡는다. 내용이 예사롭지 않을 듯해서 그녀에게 조심스레 물어본다. 멈칫하던 그녀 눈망울이 뿌옇게 바뀌고, 두 손으로 얼굴을 가리기 바쁘다.

눈물을 훔친 여자가 얘기를 찬찬히 풀어낸다. 결혼하기로 한 남자가 미국 대사관에서 비자를 받아 나오다가 차에 치어 죽은 걸 모티프 삼았다고. 그 때문에 40년 동안 한 남자만 가슴에 품고 지냈구나 싶어 코끝이 찡해진다. 남은 눈물을 손바닥으로 훔치고 난 여자가 깜빡 했다는 듯 첫 장을 펼쳐 사인을 한다. 오래 전 기억을 잊지 못해 눈썹 끝 이슬방울이 햇살에 반짝이고, 눈이 제대로 떠지지 않아선지 글씨는 유난스레 구불구불하다.

헌책방의 음울함을 지우려는 듯 중년 여자가 들어서고 커피 한 잔

하러 가자면서 시인의 손을 잡아끈다. 끌려가던 시인이 그녀 눈치를 살펴가며 나더러 따라가지 않겠느냐 묻는다. 나는 식사 전이어서 커피 마실 생각이 없다고 별뜻 없는 대답을 건넨다. 나는 잠시 만에 아차, 싶어서 앞서가는 두 사람을 뒤따른다. 시무룩한 표정으로 돌아보는 시인 입 꼬리가 순식간에 올라간다. 서서 마셔야 하는 좁다란 카페, 모카 포트[4)]에서 솟아오른 수증기가 유럽풍 그림 한 폭을 그려 나간다. 판자를 잘라 만든 메뉴판에는 한 잔에 1페소라고 적혀 있다. 그걸 보고서 시인에게 10페소를 쥐어준다. 나는 손을 높이 들어 보인 뒤 걸음을 다잡지만 왠지 몸이 휘청거리기만 한다. 시에고 데 아빌라는 까르멘이라는 시인의 이름만으로도 아찔함을 선사한다.

모카포트를 재활용한 설치미술.

4) 커피를 끓이는 알루미늄 주전자. 1933년 이탈리아의 알폰소 비알레티가 개발했다.–위키백과 인용.

상처가 돋보이는 나라

1) 일본어로 겉보기의 마음.

2) 일본어로 속내라는 뜻.

여행의 목적이라면 숱하게 돌아다니며 낯섦과 맞닥뜨리기 위해서다. 쿠바가 돋보이는 건 역사가 낸 숱한 생채기 위에 우뚝 선 탓이다. 어둡고 습한 아바나의 골목이지만 어디든 활기가 넘쳐난다. 칙칙하다 싶으면 맑고 환한 아이들 웃음소리가 생기를 되살려 낸다. 어딘가에는 구슬이며 딱지치기 하는 모습도 보일 것 같아 두리번거린다. 그때 일본 청년 다이끼의 갈라진 음성이 고막을 두드린다. '표정이 흡사 어린이 같아 보여요.' 타인의 시선에 그게 드러났다니 왠지 쑥스럽다. 브리가다에 참가해서도 외톨이로 지내는 것 같아 다이끼에게 접근했다. 그와 일주일을 함께 하면서 아무에게나 마음을 열지 못하는 성격이란 걸 알게 됐다. 다이끼는 열흘이 지나고부터 내게 관심을 보였다. 하지만 일본 청년인 그에게 마음을 열어 보이는 게 여간 조심스럽지 않다. 그도 말을 아끼며 내 의견에 입 꼬리만 살짝 움직이곤 했다. 보름이 지날 때쯤 그가 입을 활짝 벌리고 웃어 보였다. 그게 다떼마에[1]의 가면을 벗어던져 속내를 드러내 보이겠다는 제스처였다. 다이끼가 혼네[2]를 내보여도 되겠다고 판단한 계기는 캠프 청소며 농촌 체험을 하고난 뒤부터일 것 같다. 부실한 식사를 마친 뒤 연장조차 없이 작업하면서도 투덜거림 대신 노래를 불러 고된 시간을 마무리한 걸 지켜봤을 테니까. 그때부터 다이끼가 다물었던 입을 열었다. 본격적으로 속내를 털어놓은 건 혁명 전적지 가는 버스에서였다. '개인의 탤런트로 사람 됨됨이를 분간하는 일본에서도 괜찮은 직장 얻긴 힘들어요.' 스페인 식민지였던 쿠바를 둘러본다면 스스로를 돌아보는 데 도움이 될 것 같아 브리가다 캠프에 참가했다고 말한다. 스펙 쌓을 겸 사진 촬영을 배웠다는 그가 카메라 뷰파인더를 열어 보인다. 정성들여 찍은 사진 중에서 상처 입은 대나무며 잘려진 야자나무 뿌리가 먼저 눈에 띈다. 나는 밋밋한 것보다 상처 난 게 더 아름답지 않느냐며 얘기하려다 입을 꾹 닫는다.

다이끼와 장인 정신에 대해 많은 얘기를 주고받는다. 그들 장인 교육 방식과 우리의 기술 전수 사례를 비교해 본다. 우리가 국가 차원에서 장인을 길러내기 시작한 건 고려시대다. 기술을 으뜸으로 쳐준 사회분위기 덕분에 세계 최초로 금속활자를 주조했다. 장인들 피땀 어린 노력으로 기름먹과 변질되지 않는 종이를 만들었고, 한 땀 한 땀 제본된 직지심체요절이 탄생됐다. 귀중한 문화유산은 직지의 어머니 박 병선 박사가 프랑스 국립 도서관 폐지 창고를 뒤지다가 찾아냈다. 하지만 프랑스 공사 꼴랭 드 쁠랑시가 헐값에 사서 가져간 걸 여태 돌려받지 못한 건 못내 아쉽다. 검증 되진 않았지만 직지보다 138년 앞서 발간된 남명천화상송증도가 주자본이 어느 절에 보관되어 있다는 얘길 들었다. 영인본을 살펴봐도 주조한 활자로 찍어낸 흔적은 뚜렷했다. 서지학계와 골동품상 주장이

자연이 만든 예술품인 대나무 상처.

혁명 광장 앞의 장갑차며 폭격 당한 성벽도 하나의 예술품이다.

엇갈려 세계 출판 역사를 바꿀 유물이 빛을 보지 못하고 있다는 얘기가 속을 아리도록 한다. 구텐베르크가 금속활자 발명자라는 걸 고쳐 쓰지 못하는 것도 내부의 알력 탓이 아닌가 싶다. 세계 어디에나 전쟁과 침략의 역사는 숱하고, 정복민과 피정복민의 입장은 서로 다르다. 쿠바를 정복한 스페인 사람들도 그들을 짐승처럼 다뤘다. 데려 온 사냥개로 달아나던 선주민 씨를 말리려 했던 얘기는 지워지지 않을 상흔이다. 쿠바에 혼종 문화, 아프로쿠반[3]이 생겨난 게 우연이 아니다. 미국이 저질렀던 만행이나 불평등 조약으로 점령한 관타나모도 뇌리에서 지워질 리 없다. 그들이 틈만 나면 춤추고 노래하는 게 치이고 짓밟힌 아픔을 덮으려는 몸짓이다.

3) 아프리카와 쿠바의 혼종 문화.

망막에서 지워지지 않을 혁명의 아이콘 체 게바라의 잘린 팔목을 떠올리며 비 그친 들판을 다이끼와 걷는다. 피사체를 점찍은 그가 카메라 뚜껑을 열고 숨을 참은 채 셔터를 누른다. 나는 어디에 초점을 맞추던지

디테일에 신경 쓰라고 말한다. 뭐든 건성으로 보고 섣불리 판단하다 실패를 거듭했던 스스로를 타이르는 말이기도 하다. 빗물에 씻긴 대나무나 야자수에 다가가 오래, 자세히 살피면 구름 걷힌 하늘에서 쏟아져 내린 햇살이 상처를 데워 주는 걸 볼 수 있다. 빛의 군무 따라 벌레 먹거나 상처 땜에 자양분 닿지 않은 부분을 더듬는 동안 따스한 기운이 몸에 스민다. 쿠바가 천혜의 유기농 환경을 품은 덕분에 동화되는 시간도 짧다.

쿠바 여행의 장점이라면 삶의 상처를 치유하려는 사람에게 더없이 좋은 곳이란 점이다. 정전, 단수가 잦아 변기 물을 제때 못 내리지만 올드카[4] 매연을 들이켜는 광경으로 우리를 동심의 세계에 빠뜨린다. 침략자들이 선주민 추장 아뚜에이[5]를 죽인 일을 용서하되 잊지 않겠다는 뜻으로 춤추며 노래하는 모습에서 가슴 찡한 감동을 얻는다.

피로 얼룩진 쿠바의 역사를 상징하는 그림.

그들이 만들어가는 디테일 속에는 아픔으로 점철된 역사가 감춰져 있다. 지난날 상흔을 꿰매려고 만들어가는 쿠바 아르떼와 한국의 고려청자 비색이 엇비슷하단 걸 다이끼는 알고 있을까.

4) 쿠바 아바나에서 관광용으로 운행하는 1960년 전후 생산된 승용차.

5) 쿠바의 원주민 추장으로 스페인 정복자들 손에 처형됐다.

빛나지만 눈부시지 않는 별

브리가다 캠프 컨퍼런스 룸, 낯선 화풍의 팝업창이 열린다. 룸 절반을 의자로 칸 지르고, 가운데 2미터 길이의 테이프를 걸쳐두었다. 하나 둘 모여드는 대원들 틈으로 훤칠한 키에 준수한 용모의 육십 대 남자가 들어선다. 그때 낭랑한 사회자 목소리가 귀를 쫑긋하게 한다. 그녀가 막 도착한 남자를 소개하고, 아내로 보이는 여자의 온화한 미소가 뒤를 따른다. 그걸 지켜보던 일본인들이 수군거리다가 힐끔 내 눈치를 살핀다. 옆에 앉은 마끼꼬가 그들이 나눴던 얘기를 귓속말로 전해준다.

저 사람이 바로 쿠바 영웅 안토니오 게레로예요. 1998년 플로리다에서 간첩 활동을 했다는 혐의로 미국 교도소에 수감되었다가 풀려나 귀국한 사람이죠. 쿠바 정부에서 영웅 칭호를 붙여줬는데, 그런 사람이 경호원 없이 혼자 차를 몰고 왔대요. 체 게바라 마지막을 보더라도 CIA가 그를 따라 다닐 게 뻔한 데 말이에요.

마끼꼬 얘길 듣고서 깜짝 놀랐다. 미국인들의 쿠바 입국을 허용했으니 안토니오 게레로가 위험에 빠질 것 같다. 사회자가 마이크를 안토니오 게레로에게 건넨다. 꼿꼿하면서도 웃음 잃지 않는 그의 입에서 낭랑한 목소리가 흘러나온다. 온화한 목소리가 홀을 메운 지 십여 분, 에어컨 상태가 별로여서 앉아 있기 힘들다. 안토니오 게레로는 그까짓 열기쯤

쿠바의 혁명 영웅. 카밀로 시엔푸에고스, 피델 카스트로, 체 게바라.(왼쪽부터)

별 거 아니라는 듯 미소를 흘려가며 연설을 끝맺는다. 그는 아내와 손을 잡은 채 테이프 걸어둔 곳으로 다가간다. 사회자가 그에게 다가와 가위를 건네준다. 가위를 받아든 그는 고개를 돌려 청중을 둘러본다. 내 앞자리에 앉았던 브라질 아가씨 아만다 산토스와 그의 눈이 마주친다. 그는 망설이지 않고 아만다 산토스를 불러내서 가위를 쥐어준다. 아만다는 새카만 눈을 크게 뜬 채 쑥스러운 듯 손을 가랑이 사이에 감추고 허리를 꼰다. 둘 사이에 어떤 짬짜미도 없었다는 제스처다. 그가 쥐어준 가위를 손에 쥐고서 어쩔 줄 몰라 하는 아만다 산토스. 안토니오 게레로 아내가 그녀 등을 테이프가 걸린 쪽으로 떠민다. 머뭇거리던 아만다가 조심스레 앞으로 나서서 테이프를 자른다. 홀에서는 곧바로 박수 소리가 터져 나온다. 그녀는 안토니오 게레로와 머쓱하게 악수를 나눈 뒤 전시장으로 나란히 들어선다. 역할을 맞바꾼 주연과 조연이 통로를 열고, 대원들은 안토니오 게레로에게 달아준 코사지처럼 붙어선다.

쿠바 혁명 유공 훈장을 단 모습.

전시된 그림을 둘러본 안토니오 게레로가 자리에 앉는다. 티셔츠 차림인 내가 그와 시선이 마주치고, 찬스를 놓치기라도 할까 봐 그에게 성큼 다가선다. 내가 한국에서 쿠바며 체 게바라를 배우려고 온 킴이라고 어눌하게 소개한 순간 그가 벌떡 일어선다. 호수 같은 그의 눈망울이 나를 빨아 당기고, 그에게 뺨을 맞댄 순간 뜨거운 열기가 건너온다. 한동안 등을 두드리

쿠바 혁명의 깃발을 펴 든 일본 청년 다이끼.

던 안토니오 게레로에게서 떨어지기 바쁘게 지니고 있던 수첩을 그의 앞에 펼쳐 보인다. 그의 정성스런 필체의 행간에는 구바를 위해 몸 바쳤던 올곧은 정신이 선연하게 새겨져 있다. 한껏 벌어진 내 입을 바라본 대원들이 너나없이 다가와 줄을 선다. 뿌듯한 감동을 함께 느끼려고 옆에 앉았던 마끼꼬를 찾으니 보이지 않는다. 목을 뽑아 살폈더니 맨 뒤에서 손을 들어 휘젓는다.

안토니오 게레로 사인이 든 수첩을 품에 감추고 그림이 전시된 홀을 둘러본다. 친필 사인을 품었으니 그림 따윈 하찮게 보인다. 그보다 쿠바가 감춘 또 다른 별들에 시선을 옮겨간다. 훈남인 체 게바라며 군복 차림의 빌마 에스핀이 고혹적인 모습으로 망막을 장식한다. 그녀가 라울 카스트로를 빛나게 한 까닭을 알 것 같다. 그들을 아울러, 빛나지만 눈부시지 않은 인물이라고 떠받든다. 라울이 쿠바 민중들에게 존경받는 것도 다른 여자에게 시선을 두지 않아서다. 자신보다 먼저 하늘나라로 간 아내를 기리며 여생을 국민 위해 헌신하는 자세에서 의연함이 드러난다.

쿠바 영웅 5인의 표상. 그들 이름이 별의 꼭지점에 새겨져있다.

안토니오 게레로의 작품 전시회 개막 행사는 한 시간이 못 돼 끝난다. 쿠바 영웅 다섯 중 한 명인 안토니오 게레로는 언제 사라졌는지 보이지 않는다. 쿠바의 별, 다섯 꼭지 중 하나인 그가 올 때나 마찬가지로 홀가분하게 떠나버린 것이다. 빛나되 눈부시지 않으니 경호원 또한 필요하지 않나보다. 그가 남긴 온기 위에 피델의 유언이 오버랩 된다. 아무런 흔적을 남기지 말라는 마지막 부탁이 반딧불이처럼 반짝거린다. 안토니오 게레로의 그림에 빠져있던 대원들이 묘한 포만감을 안고 식당으로 향한다. 이름만 그럴 듯하게 레스토랑이라고 투덜거렸던 식사가 미슐랭 별 세 개를 단 요리처럼 맛깔스럽다. 여태 입이 귀에 걸려 미각 따윈 관심 없어 보이는 아만다 산토스, 안토니오 게레로가 보여준 광이불요(光而不耀)의 선연한 기억을 곱씹느라 밤잠을 설칠 것 같다.

팔레스타인 여전사 후아야

이름을 잘 까먹는다고 했더니 〈후아 유?〉 라고 기억하면 된다던 후아야. 먹는 거, 씻는 거, 잠자리까지 불편한 캠프에 딸과 함께 참가한 팔레스타인 모녀다. 이스라엘과 다툼에서 지지 않으려고 세계 각지에서 모여든 팔레스타인 출신 대원은 마흔 명이다. 브리가다 캠프, 연대의 힘을 빌리려는 그들은 띠 모양 국기를 들고 다니며 무늬가 같은 팔찌까지 찼다. 나라의 표상을 펼쳐 보이는 그들 눈빛은 예사롭지 않고, 그들을 지지해 달라고 머리를 조아리는 모습에서 비장함이 드러난다.

그들과 어울려 농장 실습을 갔을 때다. 딸과 함께 자갈밭에 들어선 후아야는 영판 시골 아낙이었다. 하지만 이목구비가 뚜렷해서 멀리서도 눈에 띄었다. 두 사람은 몸을 아끼지 않고 흙을 헤집어 돌을 골라낸 뒤 트랙터에 던져 넣었다. 나도 돌을 주워 트랙터에 던져 올렸다. 그때 누군가 내 어깨를 툭 쳤다. 뭘 잘못했나 싶어 돌아봤더니 후아야가 이맛살을 찌푸리며 얘기했다. 작은 돌은 여자 몫으로 남겨두라고. 나는 아차, 싶어서 겸연쩍은 표정으로 돌아서서 큰 돌을 골랐다.

일을 끝낸 뒤 땀을 훔치고 고개를 들어 후아야를 살폈다. 그녀 이마에도 땀이 송알송알 맺혀 있었다. 설렁설렁해도 될 텐데 몸을 던져 일에 매달리는 모습이 애잔해 보였다. 그녀뿐만 아니라 딸이며 팔레스타인 사람들 눈에서 남모를 결기가 느껴졌다. 그걸 본 나는 핍박받는 팔레스타인 민족이 이스라엘과 싸움에서 승리할 것 같은 믿음이 생겼다. 작고 하찮은 노동을 통해서 그들 미래 모습을 점칠 수 있었고, 그녀를 팔레스타인 여전사라 부르기로 맘먹었다. 저녁 무렵, 브리가다 대원들 친목을 다질 시간이다. 떨판 찢어진 스피커 소리를 듣고 마당으로 나갔더니 시에스타 의자를 팔레스타인 대원들이 죄다 차지하고 있었다. 앉은 사람들 중 잘 생긴 곱슬머리 청년이 나무 상자를 열어 시가 한 개를 내밀었다. 나는 담배를 피우지 않아 받지 않겠다고 말했지만 그의 호의는 끈질겼다. 하는 수없이 시가를 받아 손가락에 끼웠다. 그는 불을 붙여줘야 임무가 끝난다는 듯 라이터를 켰다. 나는 기겁 하며 손을 내젓고 그에게서 멀어졌다.

태극기를 들고 혁명 광장에서 높다랗게 선 후아야.

칠레 팀에서 나를 발견하고 그들 술자리에 끌어들였다. 에스프레소에 럼주를 섞어 마시는 동안 행사장이 웅성거렸다. 팔레스타인 팀이 띠 모양 국기를 높이 펼쳐들고 구호를 외치고 있었다. 가만히 지켜봤더니 모여든 그들이 세미나실로 갔다. 어디선가 후아야가 다가와 나랑 팔짱을 꼈고, 본의 아니게 그들에 끼어 세미나실로 향했다. 이스라엘과 미국을 반대한다는 자기네 주장을 지지해 달라거나 서명해 달라고 강요하면 어쩌나 고민스러웠다. 나는 그들의 구호에 맞춰 몇 차례 팔을 치켜 올리다가 화장실에 간다며 빠져 나왔다.

농장 체험 후 트랙터 위에서 스스럼없이 키스하는 스위스군 출신 부부.

다음 날은 메이데이 행사에 참여하려고 새벽부터 서둘렀다. 각자 다른 버스를 타고 간 팔레스타인 팀과 혁명광장에서 만났다. 관람객 의자를 딛고 올라선 후아야가 구호를 외쳤다. 그걸 신호로 앉아 있던 일행들이 죄다 일어섰고 띠 모양 국기를 펼쳐 들고서 구호를 우렁차게 따라했다. 어느 나라보다 그들 목소리는 높아 혁명 광장이 쩌렁쩌렁 울렸다. 나는 그들 틈에 끼어 작은 태극기를 흔들었다. 그건 이스라엘과 팔레스타인에 갇힌 예루살렘 꼴이나 마찬가지였다. 그걸 본 후아야가 내 쪽으로 주먹을 높이 쳐들며 웃어보였다. 그건 나의 지지에 대한 품앗이일 것 같았다. 후아야 응원에 힘을 낸 나는 그녀에게 다가가 태극기를 쥐어줬다. 그녀는 허리며 팔목에 그들 국기를 감은 채 활짝 웃는 얼굴로 태극기를 펴 들었다. 체 게바라 조형물을 배경으로 태극기를 든 채 인증샷을 찍는 후아야가 얼마나 예뻐 보였는지 모른다. 쿠바의 혁명광장에 휘날리는 태극기는 이제껏 본 것 중 가장 아름다웠다. 나라의 표상인 태극기가 혁명의 탑이며 호세 마르티 동상을 배경으로 휘날리는 건 가슴 버거운 감동이었다.

트럼프가 예루살렘을 이스라엘 수도라고 선언하고 미국대사관을 거기로 옮길 거라는 얘기가 나돌 무렵 혁명광장에 휘날린 팔레스타인 국기를 바라본 후아야의 심정을 알 것 같았다. 그들 편에 유엔이 있다는 건 다행이지만 거대 패권 세력을 이겨내기엔 역부족일 것 같아 마음이 아렸다. 강소국 이스라엘과 언제까지 감정 대립을 이어가게 될지. 늦게나마 세미나실에서 후아야와 함께 목소리 드높게 구호를 외치지 않았던 게 후회스럽다.

독일 이민 2세 로베르토

1) '여기'라는 뜻의 스페인어.

2) '예'라는 뜻의 스페인어.

낙엽 지는 계절이 따로 없는 쿠바, 풀숲에는 망고며 야자나무 잎사귀가 어지러이 굴러다닌다. 브리가다 캠프 청소는 조경 책임자인 로베르토 몫이다. 혼자서 감당하기 어려울 땐 입소자들을 불러 모아 팀을 짠 뒤 구역을 나누고 빗자루를 쥐어준다. 젊은이 몇 명을 골라 뽑아 빛바랜 페인트를 새로 칠하라고 시키기도 한다. 보름 동안 먹고 자는 곳을 스스로 깨끗하게 가꾼다는 뿌듯함 때문에 보람 또한 크다. 나무 위 새들도 빗자루 든 나를 따라다니며 청소할 곳을 알려준다. 까마귀 닮은 새가 내는 소리 '아끼[1], 아끼'는 스페인어로 여기란 뜻이다. 그쪽으로 걸음을 옮겨가면 기다렸다는 듯 '씨[2], 씨' 라고 또 다른 새가 소릴 내서 여기가 맞는다며 화답해 준다. 스페인어 강사보다 발음이 또렷한 새소리, 야자나무 스쳐가는 바람 소리를 벗 삼아 즐겁게 땀 흘려가며 빗자루를 휘두른다. 두 시간 남짓 비질하는 동안 온 몸이 땀으로 흠뻑 젖는다. 그럴 줄 알았다는 듯 벙긋 미소를 지은 로베르토가 오케이 사인을 보낸다. 모아 둔 쓰레기를 리어카에 담아 소각장으로 옮기고, 페인트 붓 씻은 물은 통에 모아 다음번 재활용을 위해 갈무리한다. 그는 일을 끝낸 대원들과 기념 촬영을 한다. 폰을 쳐다보는 대원들 얼굴에 그득한 미소는 노동의 가치를 돋보이게 하는 오브제다. 에스프레소 한 잔으로 피로를 녹일 무

브리가다 캠프 청소를 마치고 로베르토와 기념 촬영.

렵 어딘가 다녀온 로베르토가 손바닥을 들어 올리며 나를 부른다. 커피 잔을 내려놓고 달려가 보니 난생 처음 보는 열매를 건네준다. 대원들은 눈을 동그랗게 뜬 채 내 손에 쥐어진 열매에 시선이 붙박이 된다.

로베르토에게 얻은 건 지리모아[3]란 과일이다. 과육은 시루떡처럼 잘 부스러져서 나눠 먹기에 그저 그만이다. 대원들이 지리모아에 몰입한 걸 틈 타 주머니를 뒤지는 로베르토. 뭘 꺼내는 걸까 지켜봤더니 주민등록증이다. 거기엔 말끔한 차림의 사진과 함께 양친의 출신 국가도 인쇄되어 있다. 그걸 떳떳이 내밀어 혈통이 남다르다는 걸 자랑한다. 느낌대로 아버지는 독일 국적, 엄마는 아일랜드다. 혼혈이 일상이 된 나라에서도 은연중에 핏줄을 내세우는 로베르토. 그가 언제부터 훌리오 안토니오 메야 캠프에서 일하게 된 건지는 알 필요 없다. 눈빛만 보더라도 일의 경중 따윈 가리지 않고 몸을 오롯이 던질 건 뻔하다.

브리가다 캠프에 두 번째 참가하면서 가장 먼저 로베르토가 보고 싶었

3) 모과처럼 생긴 과일. 속살이 시루떡처럼 부스러지다.

다. 차에서 내리자마자 직원들에게 그의 안부를 묻고 캠프를 돌아다니며 찾았다. 지난 번 추억이 뇌리에 짙게 새겨져 잊히지 않아서다. 돌아본 캠프는 저번과 달리 어수선하고, 풀숲엔 휴지며 낙엽이 어지럽게 굴러다녀서 손질한지 오래 된 느낌마저 든다. 여기저기를 한참 동안 찾아 다녔더니 농기구 보관창고 부근에 로베르토가 맥없이 앉아 있다. 지난번과 달라진 거라곤 청소를 거드는 대원이 한 사람도 없다는 것뿐인데.

로베르토에게 다가가서 나를 알아보겠느냐며 서툰 스페인어를 건넸다. 그는 쓸쓸함이 깃든 눈동자를 천천히 굴리며 고개를 끄덕였다. 그를 도와 누구보다 열심히 비질이며 페인트칠 했으니 모를 턱이 없겠지. 곁에 나란히 앉아 백팩을 열고 준비해 온 물건을 꺼냈다. 맥가이버칼과 예쁘게 포장된 볼펜을 그의 손바닥에 얹었다. 레갈로[4], 라고 말한 순간 절반이 잘려나간 왼쪽 엄지가 시선을 사로잡았다. 그악한 산업현장에서 자주 봐 왔던 일들이 동영상처럼 스쳐가고, 천원 벌려고 철판을 자르다가 절단기에 손가락 잃은 노동자가 떠올랐다. 나는 손을 내밀어 그의 상처를 감싸 쥐었다. 험한 일을 하느라 생긴 손등의 주름이나 수세미 질감 따윈 뒷전이다. 그가 고맙다며 고개를 숙일 때 눈가가 젖어 드는 걸 봤고, 요양원에 병문안 온 기분이 들었다.

캠프 참가비가 인상된 까닭을 알게 됐다. 대원들 대신 관리인 로베르토가 캠프 관리를 도맡게 된 탓이다. 캠프 활동을 하면서 두리번거렸지만 그를 보기는 어려웠다. 대원들 스스로 하던 일을 혼자 떠맡았으니 눈코 뜰 새 없었던 것이다. 그에게 도움이 될 일이 없을까 궁리해 봤다. 나는 캐리어를 뒤엎어 쓸모없어진 물건들을 골라냈다. 그 중 강력테이프나 펜 종류가 로베르토의 일손을 덜어줄 것 같았다. 캠프의 영선업무를 맡은 그가 물자가 부족한 탓에 제때 수리를 못하는 걸 더러 지켜봤으니까.

4) '선물'이라는 뜻의 스페인어.

브리가다 캠프 관리인 독일인 2세 로베르토와 함께.

그보다 로베르토의 아버지는 어쩌다가 쿠바로 건너와 결혼해서 그를 쿠바노로 살아가도록 했을까. 독일에서 태어나 자랐더라면 손가락이 잘리는 불운을 겪을 턱이 없었을 텐데. 작업도구를 건네며 애틋한 마음으로 잡아 본 그의 엄지가 유난스레 차갑게 느껴진다. 엄지에도 체온이 제대로 전해지라고 두 손을 꼭 움켜쥐고서 말한다. '당신은 캠프의 쁘레시덴떼[5]야.' 그는 대통령이란 내 말에 표정이 환해지며 한참 동안 고개를 끄덕인다. 그에게 연민의 정이 느껴지는 건 쿠바를 아끼는 마음과는 또 다른 아쉬움이다.

5) '대통령'이란 뜻의 스페인어.

페루인 히랄도

부족한 걸 견뎌내는 것도 혁명의 일환이라는 듯 쿠바 정부가 주관한 캠프는 부실하기 짝이 없다. 화장실은 물이 모자라서 볼일을 마친 사람을 허탈하게 한다. 세면장은 물이 제대로 빠지지 않아 빨래를 치대기도 힘들다. 세숫비누 한 장, 두루마리 휴지 한 개로 보름을 버텨내는 걸 혁명의 일환으로 여긴 듯 보였으니까. 어려움을 이겨내는 동안 같은 민족끼리 더 뭉쳐질 수 있다는 걸 가르치려는 것 같다. 덕분에 나는 페루인 히랄도를 만났고 그와 차츰 가까워졌다. 그는 소개를 끝내기 바쁘게 뛸 듯이 내게 다가와 친한 척했다. 야마 장식 달린 열쇠고리를 억지로 쥐어 주며 등을 두드렸다. 그에겐 몇 명의 일행이 있었는데도 내 주위만 맴돌았다. 나는 촌티 나는 히랄도의 지나친 친절이 부담스러웠다. 그가 저만치 보이면 일부러 몸을 숨겼다. 그 뒤부터 그는 스토커로 돌변해서 여기저길 뒤지는 것 같았다. 어떨 땐 하이네켄 병 속을 빤히 들여다보거나 스푼으로 에스프레소를 휘젓기도 했다.

수렵으로 생계를 이어가던 몽골족이 빙하기를 맞은 건 2만 5천 년 전이다. 초식동물 이동로를 따라 남쪽으로 이주하던 그들 중 일부는 에스키모족이 되고 나머지는 안데스 산맥까지 도달해서 잉카 문명을 일으키기도 했다. 스페인의 정복자 프란시스코 피사로의 침공 때는 2,800미

지명 대신 거리가 적힌 휴게소 풍경.

터 높이 마추픽추로 피신한 뒤 돌산을 깎아 공중 도시를 건설했다. 그들은 도둑질, 거짓말, 게으름을 3대 범죄로 규정하고 완전 자급자족 생활을 해 왔다. 그러다보니 조상이 누굴까 하는 의문이 들었다. 생긴 건 아시아인 비슷한데 견줘볼 만한 마땅한 상대가 없었다. 잉카 문명[1]에 버금갈 만큼 문화와 기술을 발전시킨 곳을 찾다보니 일본이 눈에 띄었고, 정가를 떠돌던 일본인 2세 후지모리가 두각을 나타내고 있다는 걸 알았다. 얼마 후 그는 신자유주의를 외치며 출사표를 던진 작가 바르가스 요사[2]와 대통령 선거에서 맞붙었다. 호화판 선거운동을 펼치던 바르가스 요사와 달리 후지모리는 트랙터와 트럭을 몰고 다니며 지지를 호소했다. 당시 외환위기에 시달리던 페루 국민들은 후지모리를 대통령 자리에 앉히면 일본 재정 지원이 뒤따를 걸 기대했고, 같은 핏줄일 거란 믿음이 더해져 그에게 표를 던졌다. 대통령에 당선된 후지모리는 오히려 일본으로 자본을 빼돌렸다. 두 번 연임한 뒤에도 영구 집권을 위해 야당

1) 페루의 고대문명. 스페인 정복자 프란시스코 피사로에 의해 멸망.

2) 2010년 노벨문학상 수상자. 페루의 소설가.

휴게소 하토 데 히카리타 입간판.

의원을 매수했고, 원주민 인디오를 살해한 것까지 밝혀져 탄핵됐다. 그 뒤 일본으로 도주한 그는 칠레에 몰래 입국한 뒤 발각되어 페루 경찰이 잡아와서 구속시켰다. 25년 형을 선고받고 옥살이 하던 그는 최근 들어 정계에서 이름 떨치던 자녀들이 힘 쓴 덕분에 가까스로 사면되었다.

중남미 수출 길을 트려면 FTA 체결만한 지름길은 없다. 그 중 칠레는 구리 채굴량이 많아서 반도체 생산에 심혈을 기울이던 우리가 목을 매달아야 할 처지였다. 가까스로 칠레와 FTA 체결이 이뤄졌고, 칠레산 포도며 와인이 컨테이너에 실려 오면서 구리 또한 광석 그대로 수입되었다. 그 일로 와인을 싼 값에 마실 수 있었고 구리를 이용해서 반도체 생산이 원활해졌다. 하지만 그들은 컨테이너 그득 실린 와인이 자국의 구리로 만든 핸드폰 한 개랑 맞바꿔진다는 사실에 땅을 쳤다. 그런 다음부터 중남미 국가를 돌며 한국과 FTA를 맺으면 망한다는 소문을 냈다. 발 빠른 우리 무역상들이 그들 감정을 누그러뜨릴 방법이 없을까 고민했다. 바닷가를 거닐던 그들 중 누군가가 애써 잡은 홍어를 바다에 내다버리는 걸 목격했다. 어부에게 물었더니 인상을 쓰면서 홍어는 먹는 게 아니라서 버린다는 얘기를 듣게 됐다. 옳다구나 싶었던 무역상이 칠레 정부에 제안을 했다. 바다에 내다버리는 홍어를 우리가 처리해 주겠다고. 그 일로 그들의 감정을 어느 정도 가라 앉혔다. 칠레인에겐 쓰레기인 홍어로 우리 뱃속을 채우고 있다는 사실이 자못 흥미롭다.

메스티조[3]가 많은 여타 남미 국가와 달리 페루는 우리와 DNA가 같다고 알려져 있다. 급속도로 발전된 유전공학의 힘을 빌려 페루 정부에서 조상의 유골을 아시아 각 나라와 견주어봤다. 결과, 한국인의 DNA가 그들과 거의 일치한다는 걸 알아냈다. 유전자 기술의 발전이 페루인의 오랜 궁금증을 풀어준 것이다. 게다가 페루인 만이 몽골에서 유래한 순수 혈통을 이어왔다는 걸 혈액형 검사로 밝혀내기도 했다고 구광렬 교수가 강연 자리에서 얘기했다.

2만 5천 년 전부터 피를 나눠 온 민족의 힘을 합치려고 연 브리가다 캠프. 에콰도르, 칠레며 볼리비아나 파라과이, 에스키모도 우리와 DNA가 거의 같다고 알려져 있다. 그 때문에 히랄도가 나에게 유독 정을 베푼 것 같다. 이번을 기회 삼아 매듭 문자인 키푸[4]를 유산으로 간직하던 페루에 스페인어 대신 한글을 보급하고, 새마을 운동의 씨앗을 그들 마음속에 퍼뜨리면 어떨까. 대북 제재 탓에 개성공단 재가동이 난관에 봉착했고, 애타게 부르짖던 통일에 다가서지 못하고 있다. 반전의 기회로 삼기 위해 시야를 넓혀 대영제국 못지않은 민족 공동체를 형성하는 건 어떨지 조심스런 의견을 내놓는다.

브리가다 캠프에 두 번이나 참가하는 동안 유독 나에게만 친절을 베풀었던 히랄도 생각에 빠져든다. 불가사의한 잉카 문명의 후예인 그와 한강의 기적을 이룬 내가 한 핏줄이란 사실이 꿈만 같다. 여정을 마치고

3) 라틴 아메리카에서 히스패닉계 조상과 원주민의 피가 섞인 사람.-역사용어사전에서 인용

4) 끈으로 매듭을 지어 문자를 대신했던 잉카문명의 유물. 최근 하버드대 학생 메드라노가 키푸 판독에 성공했다고 중남미 언론에 보도 됐다.

중부지방 시엔푸에고스의 광장 풍경.

휴게소에서 페루인 히랄도와 함께.

돌아와서 일기장을 읽던 중 세계 지도를 펼쳐본다. 그들 삶의 터전이 되었던 공중도시 마추픽추가 눈앞에 선연하게 드러난다. 돌을 이용해서 독창적으로 꾸민 주거지는 신의 손이 아니라면 조성할 꿈도 꾸지 못했을 정도다. 마추픽추를 그윽하게 내려다보는 봉우리인 와이나픽추[5]는 푸마를 빼닮았다. 그건 사냥감을 쫓는 모습을 하고 있어 페루인들은 성역으로 삼고 있다. 게다가 와이나픽추를 품은 골짜기는 날개를 펼친 콘도르 형상이다. 기상 이변으로 뿔뿔이 흩어지긴 했지만 기상을 오롯이 간직하고 있는 민족이 하나로 뭉쳐질 그 날을 손꼽아 기다린다.

5) 페루의 공중도시 마추픽추를 지켜주는 형상의 산봉우리. 푸마를 닮았다.

산티아고 데 쿠바

버스로 17시간 반 걸려 도착한 동쪽 끝 도시. 흔한 지명인 산티아고는 매스컴에 단골로 등장했던 탓에 낯설다는 느낌이 들지 않는다. 예약해 둔 까사에 택시로 도착한 게 새벽 네 시. 몇 시간 머물면서 하루치 숙박비를 줘야 한다는 게 억울하다. 씻고 잠을 청하려는데 바깥에서 주민들이 고함을 질러댄다. 게다가 배기통을 떼버린 듯한 낡은 차들이 굉음을 울려대기도 한다. 버스에 오래도록 시달렸지만 도무지 잠을 이룰 수가 없

산티아고 데 쿠바 항구에 설치된 홍보용 조형물.

다. 여행 내내 제대로 배를 채우지 못한 것도 잠 쫓는 걸 거든다. 비상식량 꺼내 먹을까 생각하다가 아침 식사가 맛 없을까 봐 꾹 참는다. 그러니 잠은 더 멀리 도망을 치고 만다. 눈을 뜨고 살펴 본 까사의 구조는 안팎을 나무 차양막으로 구분지어 놓았다. 그러니 바깥 소음이 손톱만큼도 걸러지지 않은 채 곧장 귀로 흘러든거겠지. 방음창 하나 달지 않았는데 숙박업 허가를 내 준 쿠바 정부가 원망스럽다.

누워 있어봐야 잠자긴 글렀으니 샤워를 하고서 식당으로 간다. 그들의 데사유노[1)]는 속이 편안한 것들만 차려져 있어서 천만 다행이다. 식사를 마치고나니 그때서야 졸음이 쏟아진다. 나는 눈을 비비며 다운타운을 향해 걸어간다. 흐릿한 시선에 군것질거리를 어깨에 멘 남자가 보인다. 이방인이 드물어서 그런 걸까. 나를 째려본 그가 나무 상자에 붙은 양철조각을 망치로 세게 두드리고, 뒤따르던 여자 행상은 입에 문 호루라기를 핵, 핵 불어댄다. 두 사람을 만난 뒤부터 가물거리던 눈이 번쩍 떠진다. 낯선 사람이 보이면 신고를 해야 하는 시스템이 갖춰져 있을지 모른

1) 아침 식사.

가정집 벽에도 쿠바 국기와 체 게바라 얼굴을 볼 수 있다.

다는 지레짐작 때문이다. 나는 서둘러 그들 곁을 벗어난다. 잠시 후 차선 하나를 막고서 펼친 난전이 보인다. 아바나에선 좀처럼 보기 드문 풍경이어서 사진 몇 컷을 찍는다. 그럴 때 뒤통수에 대고 빽, 고함을 지른 남자. 반짝이는 눈빛으로 봐서 정신 이상자는 아니다. 내가 뭣 땜에 그러냐고 째려보자 그가 손을 내민다. 여길 구경하려면 돈을 내야한다는 것이다. 아바나를 둘러보며 정신 무장이 되었다는 걸 전혀 모르는 모양이다. 그는 찌를 듯 손가락질하는 나를 본 뒤 슬그머니 꼬리를 감춘다. 강단이 있는 것처럼 보여 여행자 주머니를 털어보겠다는 어설픈 사기 행각에 속아 넘어갈 내가 아니다.

이십 분 쯤 더 걸으니 다운타운이 나타난다. 횡단보도가 귀한 곳이어서 도로를 가로질러 건너는 게 다반사다. 나도 그들을 따라 무단 횡단을 한다. 아바나에선 그러지 않았는데 차 몇 대가 연이어 경적을 울리며 미친 속도로 달려온다. 안전거리가 넉넉한데도 경적을 마구 울려댄다. 그러지 않으면 범칙금을 물기라도 하는지 예의라곤 없다. 시커멓게 내뿜는 매연이나 경음기 고장 난 오토바이의 소음은 보너스다.

보행자 전용도로에 들어서니 우체국 간판이 반갑게 맞이한다. 산티아고 방문 기념으로 엽서나 부쳐야겠단 생각에 빠끔 열린 문 앞에 줄을 선다. 한참 만에 문지기가 길을 터줘 들어선 우체국, 다른 곳에선 진열대에 꽂아두고 팔던 엽서가 보이지 않는다. 창구 직원에게 물으니 손가락으로 뒤에 줄 선 사람 가슴팍을 찔러댄다. 다운타운으로 가면 살 수 있다는 뜻이다. 엽서와 우표를 함께 팔면 얼마나 좋았을까. 나는 지친 걸음으로 엽서 파는 곳을 찾아 나선다. 자그마한 공원을 지난 순간 갈증을 달래 줄 아이스크림이 나를 유혹한다. 거기서도 인내심 테스트를 하듯 서른 명 쯤이 줄 지어 있다. 내 차례가 되기 전에 목이 말라 쓰러질 것 같아 엽서를 사기 위해 걸음을 옮겨간다.

좁은 골목을 걷는 동안 앞의 남자가 걸리적거린다. 그는 맞은편에서 누군가를 발견하고서 크게 소리를 지르고, 갈비뼈 몇 개가 부러질 정도로 껴안으며 펄쩍펄쩍 뛴다. 헤어졌던 피붙이가 몇 십 년 만에 만난 것 같다. 나는 이산가족이 상봉한 듯한 현장을 간신히 빠져나온다. 내가 여기 온 걸 매스컴이 알렸는지 장사치들이 죄다 뭔가를 두드리거나 소리를 질러댄다. 낯선 여행자를 적으로 인식한 카리브 해 햇살도 정수리에 불화살을 쏘아댄다. 뒤이어 다가온 오토바이도 내 귀에 대고 꽥, 소릴 지르고 달아난다. 그 또한 누군가로부터 나에게 경고를 보내라는 지령을 받은 것만 같다.

한때 쿠바 수도였고 행정 중심도시인 산티아고 데 쿠바. 1953년 7월 26일 시작된 쿠바 혁명에는 피델 카스트로를 위해 대다수의 시민이 동조했다. 82명의 게릴라를 태운 그란마호가 상륙한 바야모[2)]도 여기서 그리 멀지 않다. 산티아고를 혁명의 요람이라 이름 지을 수밖에 없었을 것 같다.

2) 쿠바 국가 바야모 행진곡이 처음 불려졌던 도시.

잠시 머물렀던 산티아고, 가게 앞에 깨진 거울이 걸려 있다. 그 속에서 피 끓는 산티아고 사람들과 부스럼 군데군데 핀 어릴 적 내 모습이 오버랩된다. 임시 수도였던 부산, 가족과 뿔뿔이 흩어져 피난 온 사람들과 체온을 나누며 살았던 고달픈 순간부터 부마항쟁에 뛰어들어 유신독재를 종식시키려고 애쓰던 일이 혁명 무렵의 산티아고와 겹쳐질 줄이야. 가파른 골목에 던진 주사위처럼 만들어진 피난민 수용소, 어디에 틈이 있어 드센 바람이 밀려들었는지. 얇은 옷으로 겨울 내내 웅크리고 지낸 기억이나 돈 벌러 나간 부모 대신 어린 동생들 돌보면서 주린 배를 움켜쥐고 버텨야했던 기억이 쓰라리다. 소쿠리 속 보리쌀 삶은 걸로도 배가 채워지지 않아 가게에서 훔쳐 먹은 고구마 한 알이 그린 내 유년의 윗목, 그게 산티아고 데 쿠바 깨진 거울 속까지 따라올 줄 누가 알았을까.

오토바이 대결

쿠바는 유기농 천국답게 공기질마저 사뭇 다르다. 낡은 차만 없다면 백사장을 걷는 거랑 별다르지 않다. 매연을 일으키는 주범을 콕 찍어 얘기할 순 없다. 오토바이가 내뿜는 것도 예사롭지 않지만 트럭 개조한 버스, 까미용도 만만하진 않다. 차는 동선이 겹쳐지지 않게 움직이면 되지만 오토바이는 사람 가는 곳이면 어디든 파고드는 탓에 피해봐야 아무런 소용이 없다. 골목을 어슬렁거리는 동안 어디선가 굉음이 들려오

오토바이를 개조해서 손님을 실어 나르는 코코 택시.

고, 시커먼 오토바이가 옆에 달린 바구니에 사람을 태운 채 휑하니 스쳐 지나기 일쑤다. 유달리 시끄러운 소리를 내는 오토바이가 있어 미간을 좁히고 살펴본다. 소련에서 독일 BMW R75를 카피해 만들었다는 기종인데 6. 25 때 북한군이 타고 내려 온 오토바이다. 그러다 보니 수명은 반영구적이라 봐도 무방할 것 같다.

비아술 버스로 중부지방 뜨리니다드에 잠시 들렀다. 가까운 곳에 가려면 미터기 달린 코코 택시를 이용하는 게 싸게 치는데, 아바나엔 그토록 흔하던 게 한 대도 보이지 않는다. 마침 택시 호객꾼 피하려고 다가선 곳에 청년이 오토바이를 대고서 어딜 갈 거냐고 묻는다. 영업용이란 걸 알고 흥정하다 보니 아바나에서 탔던 코코 택시보다 훨씬 싸다. 나 홀로 여행하는 사람이라면 배낭을 메고 뒷자리에 앉으면 되고, 매연이 심해도 탄 사람이 들이마셔야 할 까닭은 없다. 게다가 시끄러운 소리로 내가 왔다는 걸 온 동네에 알리는 것도 장점이다.

뜨리니다드에서 멀지 않은 까마구에이[1]에선 별빛 군무에 기가 죽을 수밖에 없다. 지평선까지 빼곡하게 들어찬 별빛 속을 헤엄치다 보면 사람이 죽어 별이 되었다는 얘기가 거짓 아닌 듯하다. 뜨리니다드에서처럼 터미널에 내려 어느 교통편보다 값싼 오토바이를 찾아 두리번거렸다. 호객꾼 몇 명이 달라붙지만 거머리 떼듯 뿌리치고 오직 오토바이만 찾았다. 저만치 터미널을 향해 다가오는 오토바이 한 대가 보인다. 그쪽으로 바삐 걸어가니 영업하는 오토바이가 아니라며 손을 내저었다. 그러거나 말거나 뒷자리에 엉덩이 걸친 나는 까사로 데려다 달라고 떼를 썼다. 그는 기가 찼는지 눈길 한 번 주지 않은 채 등 뒤로 헬멧을 넘겨줬다. 그의 등에 매달려 달려가는 동안 하늘에 빼곡하게 매달린 별이 신호등을 대신해 준다. 자동소총을 갈겨대는 소리가 밤하늘을 흔들어 대는데 별이 떨어지지나 않을까 조마조마하다. 까마구에이에서 헬멧의 역할은

1) 쿠바 중부지방의 교통 요충 도시.

프렌차이즈 음식점의 배달 오토바이.

떨어지는 별에 다칠까 봐 쓰는 안전모인 셈이다.

요란한 소리를 내며 들어선 골목, 좌우의 가로등이 오토바이를 비춘다. 여분의 빛으로 까사 마크 두 개를 밝히고 있다. 청년은 나더러 어디가 좋을지 선택하라지만 도저히 판단이 서질 않는다. 나는 그에게 어디가 나을지 모르겠다고 말한 뒤 오토바이에서 내린다. 썩 내키지 않지만 가까운 곳으로 걸음을 옮겨간다. 벨을 누른 뒤 굳게 닫혔던 철창이 열려 들어선 까사, 주인 여자 인상이 별로다. 가격을 흥정하고 룸에 들어서자마자 이러면 안 된다, 이건 이렇게 하라며 명령조로 내뱉는다. 여권을 달라고 한 뒤엔 숙박계를 적다가 내 손목을 덥석 쥔다. 보아하니 시계가 탐이 났던 모양이다. 무례한 여자가 욕심마저 지녔다는 사실에 불안하다. 씻고 저녁 먹으러 가면서도 문에 출입금지라는 글씨를 써 붙였다. 그래도 안심이 되질 않는다.

불안한 마음에 자고나서도 개운하지 않다. 식사 시간에 맞춰 차려

낸 데사유노. 테이블을 자세히 살피니 식재료가 죄다 말라비틀어진 것들이다. 일회용 오렌지 잼에도 곰팡이가 시커멓게 번져 있다. 첫 인상이 별로일 때 알아봐야 했는데. 여행 중에 이런 징크스와 맞닥뜨리면 대략 난감이다. 먹는 둥 마는 둥 식사를 마치고 밖으로 나섰다. 오토바이들이 매연 내뿜기 경쟁을 벌이고 있다. 나는 손을 들어 그 중 나아보이는 오토바이를 불러 세운다. 흥정을 끝내고 뒷자리에 앉았더니 헬멧부터 써야한다고 인상을 쓴다. 돌아올 때 탄 오토바이 운전기사는 직접 헬멧을 씌우고 나서 턱 끈까지 걸어줬다. 비록 오토바이 영업을 해서 먹고 살지만 하늘의 별이 늘 우리의 행동을 지켜보고 있다고 가르쳐 준다. 신호 대기 중에는 따가운 햇살에 살갗이 델까 봐 그늘에 정차하는 사람도 있다. 차 살 돈이 없을 뿐이지 예법을 모르는 건 아니란 뜻이다. 쿠바에선 오토바이를 운전할 때 신호를 지키는 건 기본이고 시트에 앉으면 헬멧부터 쓰는 게 습관으로 굳었다. 오토바이가 인도로 뛰어드는 건 상상도 할 수 없는 일이다.

요즘엔 기술이 발달해서 엔진이며 변속기가 없는 차가 생겨났다. 그에 앞서 배터리만으로 움직이는 오토바이가 쿠바 시내를 누비고 있다. 미국 특수부대 네이버 실이 침투할 때 쓰는 스텔스 오토바이 '사이런트 호크'나 '나이트 메어'가 쿠바에 등장한 것이다. 그걸 비웃듯 중국제 전기 오토바이가 하나 둘 수입되어 스텔스의 진면목을 보여주고 있다. 유기농 환경을 오염시킬 걱정이 없는 전기 오토바이는 소리며 매연이 없어 행인들에게 위험하다는 걸 알리지 못한다. 그런 오토바이는 어디서 다가오는지도 모르게 슬쩍 스쳤다가 어느 순간 사라져 버린다. 최악의 소음과 매연을 배출하기로 이름난 소련제와 소리 없는 경쟁을 벌이고 있는 것이다. 중국제 전기 오토바이가 70년 넘게 굴린 소련제나 숫자에서 압도적인 일본 오토바이를 밀어내진 않을까. 강대국 간의 보이지 않는 싸움을

사이드카를 탄 필자.

지켜봐야 하는 여행자의 심정은 조마조마하다. 하지만 쿠바노는 짐작했던 것보다 똑똑해서 배터리가 일회용이란 걸 이미 알고 있다. 쓰고 내다 버리는 게 환경을 더 오염시킨다는 것까지. 이곳은 '아나바다' 운동[2]의 본거지. 아껴 쓰고 나눠 쓰고 받아쓰고 다시 쓰는 게 몸에 밴 쿠바노들이 소련제나 일제 오토바이를 내다 버리고 800% 관세가 붙는 중국제 전기 오토바이를 선뜻 수입할 것 같진 않다.

2) 아껴 쓰고, 나눠 쓰고, 바꿔 쓰고, 다시 쓰자는 환경보호운동.

전차에 실려 가는 풍경

사흘 머물렀던 산티아고 데 쿠바, 항구며 폐선된 전찻길이 낡은 메시지를 전한다. 몬카다 병영[1] 총탄 자국과 피델의 초상화며 군데군데 내걸린 M7-26 깃발이 게릴라전의 무대였다는 걸 증명해 보인다. 고지를 점령한 뒤 깃발을 꽂아야 승리의 함성을 내지를 수 있다는 듯 1,972미터 삐꼬 뚜르끼노[2]에는 혁명의 깃발이 힘차게 나부낄 것 같다. 시에라 마에스트라[3] 정기를 받아 주민들은 누구나 혈기가 넘친다. 카리브해 햇살이 덧씌워진 시가지도 그들 혈기에 힘을 보탠다. 피델이 산티아고 데 쿠바를 철석 같이 믿은 게 사람들 행동거지며 땅 생김새에서 여실히 드러난다. 그걸 알고 난 뒤 땀과 음악이 춤에 뒤섞인 살사 공연장에 가고픈 마음이 단박에 가셨다. 아바나만 해도 열기가 장난 아닌데 산티아고라면 굳이 확인할 필요도 없을 것 같다.

길가다 마주치는 떠돌이 개들의 눈빛도 아바나와 딴판이다. 똑같이 방목하는 개가 어째서 그토록 사납게 짖는지. 숫자를 셀 수 없는 곤충들도 드세긴 마찬가지다. 새벽녘에 짐을 풀고서 설핏 잠이 들 무렵이다. 몸 여기저기가 가려워 누워있기가 힘들 지경이다. 모기가 물은 게 틀림없다며 불을 켜고 살펴도 한 마리도 눈에 띄지 않는다. 혹시나 싶어 모기약을 가방에서 꺼내 머리맡에 두고 다시 자리에 누웠다. 맨살이

1) 산티아고 데 쿠바에서 정부군과 전투를 벌였던 혁명 전적지.

2) 시에라 마에스트라 산맥의 주봉.

3) 쿠바 동부를 아우르는 산악 지역.

드러나지 않도록 이불로 가린 뒤 잠을 청했지만 가려운 곳은 점차 범위를 늘려갔다. 모기가 아닐지도 모른다는 생각에 불을 켜고 이불까지 들춰 샅샅이 훑었다. 졸린 눈을 부릅뜨고 살폈더니 매트리스 위를 기어 다니는 개미 떼가 보였다. 보호색으로 무장한 오르미가[4]가 그들만의 지방색으로 외지인을 공격하고 있다.

다음 날은 가파른 전찻길을 따라 걷느라고 땀을 흘려야 했다. 등성이에 올라서니 구도틀 모양을 한 골목이 항구 풍경을 액자 속에 오롯이 담고 있다. 아지랑이의 커튼을 드리운 화물선도 뿌우, 뱃고동을 울려댄다. 귀에 익은 소리를 따라 공간 이동을 한다. 어선이며 화물선이 빼곡 들어찬 부산 남항이 희부옇게 떠오른다. 위용을 자랑하며 치솟던 영도다리와 바다 한가운데 멈춰 섰던 전차의 느린 기억까지도. 내리막길 끝에는 어물전이 펼쳐지고, 난전의 악다구니 따라 하나둘 손님이 모여든다. 펄떡이는 생선과의 싸움이야 일상이지만 장바구니와 실랑이 하는 일은 매번 새롭다. 어떤 낯섦과 싸움에서도 이겨야만 이문을 챙기는 장사치에

4) '개미'의 스페인어.

쿠바에서 운행 중인 전동차 모습.

게 비단결 같은 성정을 기대할 수 있을까. 장바구니에 담긴 가족 사랑의 따스함이 비린내와 뒤엉킨 수산시장. 아귀다툼에 떨어진 생선 비늘에 어룽거릴 무지개는 힘들지만 삶에 지치지 말라는 응원가에 다름 아니다.

식당은 설마 그럴 리 없을 거라 싶어 장중한 분위기의 레스토랑 문을 연다. 오래된 식당이 즐비하지만 1900년에 문을 열었다는 레스토랑은 인테리어가 호텔 못지않다. 해가 지기까지는 제법 기다려야 하지만 미리 저녁을 먹어둘까 하고 메뉴판을 뒤적거린다. 싼 게 뭐가 있을까 살피는 동안 웨이터가 다가온다. 그때 값싼 메뉴 하나에 시선이 꽂혔지만 내국인용 빨라다르 식당보다 스무 배 비싸다. 나는 주머니를 뒤적거리다가 입맛을 다시며 자리에서 일어선다. 바깥으로 나오니 고등학생들이 드리워진 전깃줄과 철길 사이에서 아이스 바를 빨고 있다. 그들은 예전처럼 전차가 덜컹거리며 달려와 집으로 데려다 줄 거라 착각하는 것 같다.

다시 걸음을 옮기니 해 묵은 오크통[5] 하나가 앞을 막아선다. 그 순간 근처에 럼 박물관[6]이 있다는 얘기가 기억난다. 확인을 해 보는 게 낫겠다

5) 포도주나 럼주를 발효시키는 참나무 통.

6) 바카디 상표의 럼주 생산 시설을 국유화시킨 주조장에 전시 공간을 갖춘 곳.

산티아고 데 쿠바에 남겨져 있는 전차 선로와 전깃줄.

며 가이드북을 펼쳐본다. 눈앞의 건물과 책에 실린 사진이 똑같다는 걸 알고 무릎을 친 뒤 럼 박물관이 보여주는 마술 속으로 훅 빨려 들어간다. 나보다 앞서 단체 관광객 한 무리가 가이드 설명을 듣고 있다. 그들 틈에 섞여 럼 제조법부터 저장법까지 상세하게 설명을 듣는다. 그걸 언제 봤는지 직원 하나가 내게 고함을 친다. '치노, 돈을 내야지' 그가 손을 내미는 걸 봐서 입장료를 내야하는 모양이다. 나는 중국인이 아니라고 손을 내저었지만 입장료는 누구나 똑같다는 의미로 두 손을 벌리며 어깨를 치켜 올린다.

주머니를 뒤져 입장료를 건넨 순간 직원이 럼주 한 잔을 따라주며 씩 웃는다. 술 대신 입장료를 깎아 주면 좋겠는데 스페인어 실력이 모자라 입을 다문다. 벽에 걸린 그림이며 사진을 보니 럼주 제조 공정이 쉬이해가 된다. 백삼목 럼주 통[7]이 전차가 다니던 골목을 삼백 년 넘게 지켜냈다는 사실이 놀랍다. 칵테일용 럼주는 싸지만 벨벳으로 감싸 나무 상자에 넣은 건 엄청 비싼데, 그 중 2005년산 막시모[8]는 2천 달러가 넘어 누가 살까 싶다. 술을 즐겨 마시진 않지만 5년짜리 시음용 럼을 조금씩 입에 넣고 혀를 굴려본다. 단맛에 뒤따르는 노예들 한숨이 켜를 이뤄 목구멍에 턱 걸린다. 몇 백 배 비싼 막시모에는 그들 한 맺힌 피가 응축되어 있을 것 같아 가슴이 먹먹해진다.

땅의 모양새가 심성을 대변한다는 걸 산티아고 데 쿠바를 둘러보며 실감한다. 깎아지른 산비탈에 집을 지어 살아왔으니 그들의 심성이 유순할 리 없다. 전찻길 따라 비탈길을 오르내리며 환경의 지배를 받아 왔다는 걸 새삼 깨닫는다. 악 쓰지 않고선 살아낼 수 없는 처지, 험한 땅에 머리를 대고 잠자면서 부드러운 성정을 갖는다는 게 쉬운 일인가. 남보다 한 발 뒤처지면 가족들을 굶겨야 할지도 몰랐을 산티아고 데 쿠바의 혁명기, 박물관에서 마신 럼주 취기가 근근이 살아낸 시간 속으로 여행

7) 흔히 포도주나 럼주를 발효시킬 때 참나무통을 쓰지만 고급 주류의 발효에는 백삼목 통을 쓴다.

8) 최고급 럼주의 상표명.

로마의 스페인 계단을 본 뜬 정복자의 흔적.

자를 끌어들이낸 어신이 피워 올린 연기는 체 게바라 시가 향기처럼 구수하게 바뀐다. 억척스레 살아낸 사람이라면 혈기만으로도 다가오는 고난 쯤 너끈히 뚫고 나갈 거란 믿음이 상상 속의 전차에 덜컹덜컹 실려 간다.

빠드레 삐꼬 40계단

까사를 산티아고 데 쿠바의 고급 호텔 가까이로 정했다. 랜드 마크가 확실하니 길 잃을 염려 따윈 하지 않겠다는 생각에서다. 짠내 투어를 하는 동안 지쳐 쓰러질 것 같으면 한 끼 쯤 배 불리 먹을 수도 있다는 것도 한몫했다. 호텔 멜리아를 구심점 삼아 다운타운(down town)을 걷는 동안 그들 삶의 구석구석을 들여다볼 수 있었다. 특이한 풍경이 눈에 띄면 걸음을 멈추고 더 세심하게 살피곤 했다. 그 중 화물차를 개조한 시내버스 구아구아[1]며 한국전쟁 때 쓰였던 소련제 오토바이가 여태 다니는 게 낯설었다. 교통수단이 부족하다 보니 염소가 끄는 마차에도 사람들이 빼곡하게 타고 있었다. 포장이 제대로 되지 않아 울퉁불퉁한 도로였지만 거의 다 일방통행이어서 걷기에는 한결 편리했다. 오토바이는 횡단보도나 교차로 신호를 무시하는 법이 없어 깜짝 놀라기도 했다. 며칠 동안 둘러본 산티아고 데 쿠바가 혁명을 위해 만들어진 도시란 걸 확신할 수 있었다. 나는 영화 촬영 명소로 이름났다는 빠드레 삐꼬[2] 계단을 찾으려고 걸음을 다잡았다.

꼬부라진 골목을 헤집는 동안 마주친 장사치들 상술이 나를 혼란에 빠뜨렸다. 물건 사라고 고함을 지르는 건 다반사고, 두드리는 소리를 통탕거리며 내느라 한시도 쉬는 법이 없었다. 또 다른 장사치가 불쑥

1) 화물차를 개조해서 승객을 실어나르는 대중교통수단(까미용).

2) '아빠의 언덕'이란 스페인어.

귀에 고함을 질러댈 것만 같아 조마조마했다. 인파로 들끓는 골목을 벗어나려는 순간 어디선가 나를 지켜보는 예감이 들었다. 주위를 두리번거렸지만 유심히 보는 사람은 없었다. 혹시나 싶어 하늘을 쳐다봤더니 다락방 창문에 반짝이는 몇 개의 시선이 보였다. 그들 면면을 훑어봤더니 하늘색 교복 차림의 여고생들이었다. 장난기가 발동한 나는 주머니에서 폰을 꺼내 그들에게 초점을 맞췄다. 먼저 장난을 걸었으면서도 그들은 수줍어서 그랬는지 깊은 어둠 속으로 몸을 숨겨버렸다. 나는 올라, 라는 인사 몇 번으로 그들을 불러냈지만 얼굴만 빼끔 내밀었다가 다시 숨기를 되풀이했다. 숨바꼭질은 대 여섯 번이나 이어졌다. 그러던 그들은 짬짜미를 한 듯 혀를 쏙 내밀며 손가락으로 브이 자를 그려보였다. 나는 기회를 놓치기라도 할까 봐 모멘또[3], 라고 짧게 끊어 말한 뒤 사진 몇 컷을 찍었다. 기념품을 꺼내려고 슬링백[4]을 뒤지는 동안 그들은 부끄러워서 그랬는지 음영 속으로 사라져 버렸다.

빠드레 삐꼬 계단이 어딘지 물으려면 다른 가게를 들러야 했다. 바로 옆에는 반려동물 사료 가게가 보였다. 가게 앞에는 새장 몇 개를 햇볕 쨍쨍한 곳에 내 놓고 있었다. 별 상관없는 가게에 빠드레 삐꼬가 어딨는지 묻기가 머쓱해서 투계장이 있는 곳을 대신 물어봤다. 주인은 도시 가까이에는 투계장 허가를 낼 수 없다고 대답했다. 닭싸움이 도박의 성격을 띠고 있는 탓인 것 같았다. 나는 허리를

빠드레 삐꼬 계단이 만들어진 유래가 적힌 표지석.

3) 잠깐만, 이란 뜻으로 쓰이는 스페인어.

4) 어깨에 빗겨 걸쳐 매는 여행용 가방.

숙여 새장을 들여다봤다. 안에는 앵무새 두 마리가 폴짝거리며 이리저리 건너뛰고 있었다. 그때서야 새가 피부병이 걸릴까봐 일광욕을 시키는 중이라는 사실을 알았다. 형편이 어려워 후진국 대접을 받긴 하지만 동물을 사랑하는 면에서는 선진국 못지않았다. 닭싸움을 보려면 시골로 가야한다는 말도 가슴에 와 닿았다.

동영상에도 자주 등장한다는 빠드레삐꼬 계단은 가이드북만으로는 찾기가 힘들었다. 오던 길을 되돌아가곤 하느라 발바닥에 불이 날 것 같았다. 배에서 내뿜는 연기가 피어오르는 곳에 다다랐을 무렵에는 무릎이 푹 꺾였다. 어딘가에 쉴 곳이 있을 거란 생각에 주위를 둘러봤다. 전깃줄이 얽힌 골목 끝에 꽤 넓은 계단이 보였다. 깨끗하진 않았지만 앉고 싶다는 생각에 앞서 계단 숫자를 헤아려 봤다. 두 번을 셌지만 정확하게 마흔 개다. 그 순간 부산의 구도심 40계단이 떠올랐다. 좁다란 부산과 달리 가파르지 않은 40개의 계단은 다섯 칸마다 계단참이 설치되어 있었다. 그걸 만들 돈을 낸 사람이 바카디[5]를 만들었던 럼주 회사 사장이었다니 놀랍기만 하다. 하찮은 계단에서조차 럼주 회사 사장의 사회 헌신 정신을 읽을 수 있었다. 어렵사리 찾아 낸 빠드레 삐꼬 계단에서 바카디 회사 사장의 휴머니티를 알게 되어 다리 통증이 금세 사라졌다.

5) 쿠바 럼주의 최초 상표명. 혁명 후 국영이 되며 아바나 클럽으로 바뀌었다.

산에서 바라본 산티아고 데 쿠바 전경.

준비 없이 맞았던 전쟁 탓에 부산은 밀려든 피난민들로 북새통이었다. 가파른 지형으로 이뤄진 부산의 가옥은 주사위를 던져 만든 듯 아무렇게나 지어졌다. 집을 짓고 난 자투리땅을 골목으로 썼으니 사람 하나 빠져나가기 힘들 정도였다. 게다가 골목에는 어디나 계단이 설치되어 오르내리려면 힘에 부쳤다. 지금도 계단 아래에는 피난 시절 삶의 모습을 동상으로 만들어 두었다. 손님을 기다리는 지게꾼이며 물동이를 인 채 젖을 먹이는 여자 모습이 리얼하게 주조되어 있다. 부산 구도심의 40계단은 여러 가지 문화 프로젝트 덕분에 명성을 되찾아가고 있다. 준비되지 않은 재난이어서 더욱 참혹했다는 걸 가파른 기울기로 드러내는 부산의 40계단과 달리, 혁명에 대비해 왔던 빠드레 삐꼬 계단은 안전까지 고려되어 한결 여유로워 보인다.

빠드레 삐꼬 40계단을 내려오는 소녀.

빠드레 삐꼬 계단을 벗어나 또 다른 명소를 찾아간다. 40계단에서 멀지 않은 곳에 지하 요새가 있다는 가이드 북 정보 때문이다. 돌로 만든 지하 요새는 게릴라전을 펼칠 때 요긴하게 쓰였다고 한다. 경찰서로 쓰이던 곳을 혁명군이 접수해서 피델의 상륙을 도왔다는 일화는 꽤 유명하다. 요새 입구에 다가가니 빛바랜 벤치가 놓여 있다. 거기 앉은 남자들 인상은 예사롭지 않다. 외지인들이 함부로 나댈까 봐 일부러 언성을 높이는 듯했다. 내가 벤치에 앉으려는 순간 웃통을 벗어

산티아고 데 쿠바 다운타운의 파스텔 톤 풍경.

젖힌 남자가 고함을 지르며 먼저 앉아 버렸다. 나를 의식해서인지 두 남자는 눈을 희번덕거리며 어떻게든 좇을 모의를 하는 듯 보였다. 다리가 아팠지만 쉬고 싶은 욕구마저 단박에 빼앗았던 두 남자. 산티아고 데 쿠바 사람들은 밤늦게까지 골목에 모여 떠들거나 운송 수단을 총동원한 비상 훈련을 거듭하고 있는 듯 했고, 그들 모두의 눈빛과 몸짓에는 투사의 결기가 오롯이 풍겨나고 있었다.

경찰 에스코트

쿠바로 가려는 사람마다 그곳 치안이 어떠냐고 묻는다. 그럴 때마다 아무 염려 마시라고, 여자 혼자 여행하기에 쿠바보다 안전한 곳은 없다고 자신 있게 대답한다. 아바나 시내는 경찰관 두 명이 한 조가 되어 골목을 순회한다. 그들은 가게를 들러 가며 소란 피운 사람이 없었는지, 물건 값 때문에 실랑이가 벌어지진 않았는지 묻곤 한다. 쿠바에선 내국인 대상으로 벌인 범죄보다 관광객에게 위해를 가하면 죄가 더 무겁다. 재정 수입의 상당 부분을 관광객이 메워주는 탓에 외국인 보호에 더 신경을 쓴다. 강도나 폭행 사건이 없는 건 처벌이 무섭기도 하지만 쿠바인들의 착한 본성이 더 크게 작용한다. 이번에 도착하고 보니 유난스레 경찰들이 많이 깔려 있다. 어찌된 일일까. 긴장을 늦추지 않은 채 골목을 거닐었다. 예전과 달리 혀를 유난스레 굴려가며 영어로 말하는 관광객이 늘었다는 걸 체감한다, 까사 주인에게 물었더니 미국인들이 많이 입국해서 사고가 날까봐 경찰에 비상이 걸렸다고 한다. 자본주의 물결이 우물 속에 갇혀 있는 쿠바인들을 휩쓸어 버릴까봐 경찰을 푼 것 같기도 하다.

치안이 걱정되거나 주머니 사정이 어렵다면 브리가다 캠프 입소를 추천한다. 특이한 서비스라면 일곱 대 버스에 따라붙는 경찰 오토바이 에스코트다. 버스의 대열이 교차로에 다가갈 무렵이면 오토바이 두 대의

브리가다 캠프 대원들이 움직일 때마다 경찰 오토바이가 에스코트를 한다.

작전이 개시된다. 한 대는 버스가 진행하려는 옆 차로의 통행을 막는다. 다른 한 대는 버스 에스코트를 맡는다. 대열이 모두 지나간 뒤에는 도로를 막고 있던 오토바이가 급히 추월해 온다. 나란히 서서 가던 오토바이가 다시 교차로를 만나면 두 대가 서로 역할을 바꾼다. 값싼 도미토리에 지내면서도 버스로 이동할 땐 VIP 대접 받는 게 여간 흐뭇하지 않다. 버스가 고장 나서 갓길에 멈췄을 때다. 경찰관이 고장 난 곳이 어딘가 살피는 동안 그들 어깨를 툭 치고 지나가는 사람도 있다. 그들은 버스 기사와 정겹게 대화를 나누기도 한다. 쿠바 경찰은 언제나 국민 가까이 있다는 걸 그걸로 드러내는 것 같다. 그러면서도 영웅으로 모셔야 할 사람은 에스코트 하는 걸 본 적이 없다.

쿠바에선 경찰들이 많이 깔려 있으면 긴장한다. 치안 상태가 나빠졌다는 신호이기 때문이다. 쿠바인들은 경찰관 지시에 절대 복종한다. 자본주의 나라에서 온 관광객들이 문제다. 클래식 오픈카를 탄 그들은 황야

여자 경찰관들이 모는 오토바이.

의 무법자인 양 매연을 내뿜으며 도로를 질주하고, 떼로 몰려다니며 학교 앞에서도 장난처럼 경적을 울려대곤 한다.

나는 여행사를 찾아가려고 백팩이며 여권과 핸드폰을 끌어안고 길을 나섰다. 손에 가이드북 찢은 걸 쥐었지만 책의 지도로는 여행사를 찾기 어려웠다. 떼 지어 모여 선 경찰 중 한 명에게 성 크리스토발[1] 광장을 물었다. 그는 아바나의 랜드마크인 성 크리스토발 광장을 모르는지 다른 사람에게 묻길 되풀이 했다. 열 명이 넘는 경찰 중 어느 누구도 제대로 길을 알려준 사람은 없었다. 골목을 돌고 돌아서야 상공회의소 건물을 찾을 수 있었다. 경찰관은 치안 유지만 되면 다른 건 아무래도 상관없는 듯했다. 새벽 산책길에는 청년에게 수갑을 채워 끌고 가는 걸 봤다. 경찰 마크 하나 없는 낡은 건물의 음영 속으로 끌려가면 어떤 일이 일어날지 궁금했다. 불쾌해진 표정을 지우지 않은 피의자가 입에 담배를 물고서 끌려가는 모습이 생경스러웠다.

1) 아바나의 이름 난 포토 존.

아바나 도심을 순찰, 탐문하는 경찰.

쿠바에는 여자 경찰관이 오토바이를 모는 경우가 흔하다. 오토바이를 세워 놓고 담소를 나누는 여자 경찰관들 몸매가 장난 아니다. 쿠바의 여자 경찰관 채용 점수에 몸매도 고려되나 보다. 산티아고 데 쿠바에서 트럭을 개조한 버스 까미용을 촬영할 때였다. 지나치는 사람이 인지를 들어 올려 좌우로 흔들어 보였지만 모른 척 하며 촬영을 계속했다. 조금 있으니 여경 한 명이 내게 다가왔다. 그녀는 대뜸 손가락질로 나를 불러 세웠고, 오토바이 근처로 따라오라고 말했다. 그녀는 손바닥을 펴서 폰을 달라는 제스처를 해 보였다. 순순히 폰을 내밀었더니 전원을 켜라고 지시했고 그녀의 명령에 따라 동영상을 하나하나 지우기 시작했다. 자칫하면 애써 찍은 동영상을 죄다 날려야 할지도 몰랐다. 그때 하느님이 도왔던지 더 이상 찍은 게 없다는 해바라기 무늬가 화면을 메웠다. 여경은 굳은 표정으로 그설 시키보다가 폰에서 시선을 뗐다. 태연한 척 했지만 동영상을 손상시키지 않은 게 얼마나 기뻤는지 모른다.

여기저기를 찾아다니며 동영상을 찍었다. 유독 눈에 띄는 건 우리에겐 까마득 잊히고만 풍경들이다. 불순물 그득한 얼음을 갉아내서 색소가 든 물감을 뿌려 파는 것도 아슴푸레한 기억 속에 남아 있다. 장사치들은 그런 모습을 찍는 것조차 한사코 막았다. 손가락으로 허공을 찔러대는 걸로 봐서 유튜브에 올리면 안 된다는 뜻이다. 물차가 골목마다 다니며 호스로 물을 공급해 주는 것도 촬영하지 못하게 했다. 그처럼 부끄러움을 아는 국민이라면 머잖아 발전된 조국의 모습을 보게 될 것이라 장담한다. 우리의 성장 과정을 살펴보는 것만으로도 그건 여실히 드러난다. 한국도 고도 성장기에는 국빈 방문 소식이 들려올 때마다 길가 담벼락을 도색하곤 했다. 고속도로 주위의 초가지붕을 걷어내고 슬레이트를 얹었고, 환영 나온 사람들 옷매무새까지 간섭을 하곤 했다. 이웃 나라에 뒤지지 않기 위해 허리띠를 졸라맸고, 굶어가면서도 아이들 공부에 들이는 돈을 아끼지 않았다. 쿠바의 현재 모습은 우리의 70년대랑 꼭 닮았다. 조금만 더 노력해서 간난을 이겨내고 특산물 생산에 심혈을 기울인다면 머지않아 고도성장을 이루게 될 거라 자신한다. 그 중 포장 산업을 활성화시키는 일은 화급하다. 기껏 연구 개발한 특산품을 다른 나라로부터 위탁을 받아 생산한다면 그보다 허망한 일은 없다. 포장 기술 때문에 부가가치의 대부분을 다른 나라에 빼앗기는 우는 범하지 말아야 한다. 혼자만의 바람이지만 한국을 롤 모델 삼아 뜻을 하나로 모은다면 못해낼 건 없지 싶다.

타임캡슐 속으로

타임캡슐 행 택시

타임캡슐까지 가려면 흥정이 필요하다. 환갑 넘긴 택시에 미터기가 있을 턱이 없어서다. 손으로 힘겹게 내린 유리문을 통해 서툰 대화가 오간다. 운전기사와 가난한 여행자가 벌이는 최초의 밀당이다. 관광객들은 달라는 대로 주고 타는 게 다반사지만 가난한 여행자는 그러기 쉽지 않다. 운전기사가 제시한 금액을 절반으로 깎으려니 실랑이가 그치지 않는다. 입맛을 다시던 운전기사가 엄지를 세워 차 시트를 가리키고,

아바나 시내에서 손님을 기다리는 올드 카.

나는 덜렁거리는 문고리를 조심스레 잡는다. 장석 헐렁한 문이 통째로 떨어져 나올 것만 같아서다. 그걸 직감한 운전기사가 몸을 부르르 떨며 손을 내젓는다. 나는 그의 몸짓 신호에 맞춰 감전된 듯 차에서 급히 떨어진다. 그가 몸을 옆으로 한껏 기울여 문을 열어준다. 나는 바닥이 꺼지기라도 할까 봐 낡은 차에 조심스레 발을 올린다. 나를 지켜보던 운전기사가 팔을 쭉 뻗어 문을 힘껏 당긴다. 작은 진동에도 차는 한참 동안 울렁거린다. 지나치는 차에서 들려온 요란한 노랫소리에 맞춰 발을 구르고 싶지만 꾹 참는다. 잘못하다간 몸이 아스팔트 바닥에 툭 떨어져 버릴 것만 같아서다. 말레꽁 따라 달리는 차는 그래서 속도를 높이지 않는 모양이다. 불안감을 껴안은 여행자지만 이방의 풍경을 시선에 담는 건 멈추지 못한다.

타임캡슐까지의 거리가 얼마나 될지, 어떤 경로를 거쳐야 할지 종잡을 수 없다. 운전기사가 숱한 말을 쏟아내지만 알아들을 수 있는 단어는 몇 개뿐이다. 카리브 해 파도가 도로까지 도움닫기하는 말레꽁을 지나친다. 거기에는 시커멓고 우람한 대포가 설치된 게 보인다. 미국을 겨눈 조형물은 잠시라도 긴장을 놓지 말라는 신호를 보낸다. 여기저기 패인 포트 홀이 여행자를 공깃돌 삼아 허공에 날리기도 한다. 그걸 가까스로 통과하면 앞차가 내뿜는 매연이 허들처럼 유리를 시커멓게 가린다. 차창으로 날아드는 기름 냄새에 코를 막다보면 만나게 되는 건 움직이는 빨간 신호등이다. 길 가운데 소몰이꾼 따라 뚜벅뚜벅 걷는 소들이 신호등을 대신한다. 막 농사일 끝낸 그들 걸음에서 삶을 관조하는 지혜를 읽을 수 있는 것에 더해 소 두 마리가 엮어 맨 농기구에서 쿠바 농업의 역사도 읽게 된다. 그들 운전면허 시험에 장애물 넘기 과목이 포함되었는지 운전기사는 변화무쌍한 장애물을 귀신처럼 피해 나간다. 알고 보니 그들에게 택시는 재산 목록 1호인 탓이 크다.

달려 나가는 택시의 속도를 가늠해 본다. 다가오다 멀어지는 풍경만으로는 짐작조차 할 수 없다. 오래 전에 달아나 버린 속도계 바늘 자리는 구멍이 아예 메워져 있다. 바늘이 달려 있더라도 믿긴 어려울 것 같다. 계기가 몇 바퀴나 더 돌아서 멈춰선 것일까. 주행거리 표시 아라비아 숫자는 아예 보이지도 않는다. 타임캡슐에 다가가는 속도는 알 필요가 없다는 뜻일까. 아날로그시계, 라디오, 오일 온도계, 오일 압력계, 연료량계, 배터리 방전 경고등, 타코미터[1)]들이 한갓 장식 역할만 하고 있다. 흥정을 마친 요금에는 불안함을 달래줄 대가가 계산되지 않았다. 답답함을 부추긴 탓에 요금을 깎으려고 시도해 보지만 차가 목적지에 다다랐는지 운전기사가 고개를 돌려 손을 내민다. 지레 짐작으로 타임캡슐 주소를 보여 달란 제스처다. 쪽지를 받아 든 그가 손가락으로 건물들 틈으로 난 골목을 하나하나 센다. 그의 손가락을 따라가니 하얗게 칠한 다이아몬드 형태의 시멘트 구조물이 보인다. 인도 가장자리에 설치한 나지막한 구조물인 이정표엔 검은 글씨로 블록 표시를 새겨뒀다. 차가 골목으로

1) 엔진 회전수를 나타내는 계기.

시간을 거슬러 운행하는 합승 택시.

접어들고, 낡아서 건물이라 부르기에 애매한 집 앞에 멈춘다. 나는 운전기사가 열어준 문을 통해 무거운 캐리어를 내린다. 골목을 휘돌아 온 바람 냄새가 낯설지 않다. 곳곳의 문화가 뒤섞인 타임캡슐 속엔 동양의 체취도 들었을 것 같다.

나는 타임캡슐이라고 적힌 듯한 초록색 입간판에 바짝 다가선다. 카리브 해의 눅눅한 바람에 이방의 색깔 한쪽이 이리저리 날리고 있다. 자세히 보니 관광객들이 흘리고 간 과자봉지다. 그들은 타임캡슐 겉모습만 훑다가 과자봉지만 버리고 돌아갔나 보다. 60년 전 타임캡슐을 들여다보기엔 지나치리만치 견고해서 엄두가 안 났겠지. 세월을 견디다 못해 바늘마저 시간의 흐름을 놓쳐버린 건물 중앙의 시계, 흔적이나마 남겨진 게 어딘가 싶은 순간 도착한 타임캡슐. 주인은 지구 반대편에서 온 여행자 캐리어가 무거울 거라는 걸 알면서도 코빼기도 내비치지 않는다. 감질나게 기내식을 먹어 입술이 바짝 마른 상태인데, 갑자기 피로가 몰려든다. 이제부터가 여행의 시작이나 마찬가진데 어쩌랴. 배고파서 잠이 오기나 할까. 유기농 천국에서 컵 라면 먹는 불상사를 겪는 건 아닐까. 여러 가지 걱정이 여행길 초입을 막아선다. 타임캡슐 향한 여행이 쉽지 않다는 걸 바늘 빠져 나간 건물 중앙의 시계가 알려주고 있다.

당나귀 턱뼈 우이루

1) 미국 빅터사에서 생산한 축음기.

오백 년 가까이 카리브 햇살을 저장했다지만 아바나 골목의 어둠은 여전하다. 밝음에 기대보려던 골목이 빛의 공연을 포기하고 소리의 마술로 장르를 바꾼다. 골목 어디에선가 요란한 라이브 음악이 울려 퍼지면 길 가던 사람이 걸음을 멈추고 리허설에 끼어든다. 어둡던 골목이 소음에서 생겨난 에너지로 전기를 일으키면 몰려든 달빛이 배터리까지 에너지 운반을 맡는다. 밤새 배를 채운 배터리가 골목에 등장하고, 멈춰 서 있던 축음기가 느린 회전을 시작한다. 끊어질 듯 이어지는 살사 음악이 그라마폰[1]을 통해 흘러나오는 골목에서 질곡의 세월을 변주하여 태어난 음악, 손이 그들 음률에 날줄을 보탠다. 뒤늦게 켜진 가로등이 골목마다 숨어있던 소리를 호명하고, 뛰쳐나온 악기들이 쟁였던 소리의 곳간을 연다. 색소폰과 기타며 봉고가 눈짓을 서로 주고받으며 조율에 팔을 걷어 부친다. 본능을 이기지 못한 연주자는 어깨며 엉덩이를 먼저 흔들어댄

당나귀 턱뼈를 이용한 타악기 '우이루'

다. 어릴 때부터 길들여진 그들 율동은 흉내 내기조차 쉽지 않다. 체화된 몸짓이어서 동전 굴러가는 소리에도 저절로 춤이 추어지는 것이리라.

소리에 취한 발이 골목을 자꾸만 뒤로 밀친다. 눈앞에 성 프란시스코 성당이 스쳐간다. 어느 순간 부에나비스타 소셜 클럽 연주가 시작되고, 나도 모르게 몸이 관중 속으로 빨려 들어간다. 가야 할 곳을 망각한 사람들이 우루루 몰려들고, 주름 자글자글한 노인이 춤판의 테이프를 끊는다. 흥을 주체하지 못한 대 여섯 살 여자애가 앞으로 성큼 나선다. 노란 치마를 팔랑거려 가며 쉴 새 없이 어깨를 움칫거리고, 허리까지 유연하게 돌리며 배꼽에서 가슴께로 두 손을 올렸다 내리는 모습은 어른 못지않다. 몇 시간에 걸친 연주가 끝날 무렵 골목이 다시 어둠에 잠기는 걸 보면 밤을 이겨내기 위해 에너지를 만들고 있는 모양이다.

아침에는 어떤 소리가 여행자의 귀를 즐겁게 해 줄까 싶어 산책을 나선다. 오백 년 세월을 견뎌낸 중세 바로크 풍 도시는 방음에노 소홀하지 않다. 걷다가 다리 아플까봐 간간이 설치해 둔 공원, 망고나무며 위인들의 동상이 든든한 방음벽 역할을 한다. 군데군데 구멍이 난 나무 벤치의 빛바랜 수성 페인트는 바로크 예술의 가치를 떠받든다. 지극히 평범한 겉모습으로 여행자 시선을 끌겠다는 고도의 상술이다. 정감 넘치는 공원을 스쳐 지나는데 낯선 소리가 고막을 거쳐 달팽이관을 돌아든다. 땀 때문에 미끄러져 내리는 안경을 추슬러 주위를 살핀다. 소음마저 숨죽인 시몬 볼리바르[2] 동상 앞 벤치에 중년 남자 둘이 각기 다른 악기를 안은 채 앉아 있다. 기타는 어디서나 흔히 볼 수 있지만 인디오 마을에서 본 동물 턱뼈가 유난히 눈길을 끈다. 호기심 본능이 나를 벤치 가까이 끌고 간다. 팁을 얻어 낼 기회라 여겼는지 기타리스트는 현을 튕기는 손가락에 힘을 주고, 옆 사람은 동물 턱뼈를 나무 막대로 긁어 반주를 넣는다. 평범한 기타 소리가 동물 턱뼈 반주 덕분에 전혀 다른 음색으로

2) 베네수엘라 태생의 남미 독립 영웅.

바뀐다. 저게 뭘까 궁금했지만 연주를 방해할까 봐 꾹 참는다. 귀로는 연주를 듣고 이리저리 자리를 옮겨가며 사진을 찍는다. 연주가 끝나자마자 주머니에서 동전 몇 개가 튀어나와 깡통 속으로 자맥질을 한다.

부에나비스타 소셜 클럽[3)]을 이루는 악기는 다양하다. 기타, 플루트, 봉고, 까라마스, 체께라, 피아노, 뜨레스, 트럼펫, 콘트라베이스, 북, 페르꾸시온, 센체로가 있지만 악단 규모에 따라 악기 구성은 제각각 달라진다. 동물 턱뼈를 쓰는 악단이 있는지 살폈지만 그건 악기로 치지 않는 모양이다. 까사에 돌아와서 주인 여자에게 폰을 열어 물어본다. 그녀도 보긴 했지만 이름은 모르겠다고 고개를 젓는다. 호기심 천국인 나의 채근이 성가셨는지 어딘가 전화를 건다. 땍땍거리는 목소리를 뱉어낸 곳은 전화기인데 내 귀가 왜 따가웠는지. 거의 모든 자음이 경음으로 이루어진 스페인어를 듣고 있다 보면 싸움판에 낀 것 같다. 고막이 찢어질 만큼 쏟아내던 주인 여자의 입이 닫히고, 거들먹거리는 그녀가 내 앞에 선다. 악기는 안데스 산맥으로부터 전해진 건데 당나귀 턱뼈로 만

3) 1996년에 결성된 쿠바의 악단으로 그래미상 수상 경력.

기타와 협주하는 '우이루' 페루에선 '차라이라'라고 한다.

든 **우이루**[4] 라고 설명한다. 당나귀 턱뼈가 도구로 쓰인 유래는 성경에 처음 등장한다. 삼손이 그걸 무기 삼아 적군 천 명을 물리쳤다는 얘기에 고개가 절로 끄덕여진다.

음악 카페 천장을 장식한 세계 각국의 지폐

아침 무렵 들었던 당나귀 턱뼈 반주 소리를 반추하며 안데스 산맥을 오르는 당나귀 등에 탄 착각에 빠져든다. 더러는 제 꾐에 빠지기도 하지만 사람 편리에 맞춰 발굽에 징이 박히는 그들 신세가 가련하다. 죽어서도 악기가 되어 인간의 고뇌를 달래줘야 하는 짐승이니 살아서 못다 한 말을 크고 작은 이빨로 토해내는 게 아닐까. 우이루의 가치가 재평가돼서 부에나비스타 소셜 클럽 대표 악기로 등극할 날을 기대해 본다. 상아빛 타악기로 라틴 아메리카를 더듬는 동안 호화 유람선 무적이 악기로 인정받으려고 소리의 고향 안데스 산맥으로 날아간다.

4) 당나귀 턱뼈로 만든 타악기.

의자에서 듣는 워낭소리

골목에 들어서서 버릇처럼 여기저기를 기웃거리다가 물세례를 맞는다. 땀으로 젖은 몸에 물까지 뒤집어썼으니 꼴이 말이 아닐 것 같다.

나무와 소가죽, 못만으로 만들어진 의자.

도대체 누가 물을 뿌렸을까 하고 인상을 쓰며 위를 쳐다본다. 사람이라곤 보이지 않고, 몰려든 검은 구름이 맑고 푸르던 하늘을 가리고 있다. 아, 우기가 시작됐다는 걸 미처 깨닫지 못했구나 싶어 자책한다. 한결 가벼운 마음으로 유기농 빗방울 연주를 감상하며 골목길을 걷는다. 길고양이와 떠돌이 개도 오랜만에 맞이하는 연주의 관객인 양 코를 킁킁거리며 골목을 어슬렁거린다. 한갓진 풍경화를 메우려는 듯 초라한 차림새의 행인 몇 명이 무대에 오른다. 한 사람은 굴러다니는 빈 캔을 주워 비닐봉지에 담고, 다른 이는 휴지통을 꼬나보다가 주름진 손을 뻗는다. 하지만 휴지통에 기대 놓은 의자가 막고 있는 탓에 주춤 뒤로 물러서고 만다. 의자에도 영혼이 들어 있다고 믿는 건지 함부로 건드리지 않는다. 쿠바에선

수공예품이 싼 반면 공산품 값은 상상을 초월한다. 나무와 가죽을 재료로 삼은 수공예품이 아니라 공산품이었다면 주인이 그처럼 홀대하진 않았을 것 같다. 일회용품이 귀한 곳이니 요구르트 병을 반영구적으로 돌려쓴다. 그런 곳에서 관광 수입을 극대화하려는 계략이 감춰져 있는 것도 모르고 헐값에 싼 수공예품을 들고 기쁨을 감추지 못했다.

골목을 스쳐지나는 동안 쿠바답지 않은 가게가 눈에 띈다. 쇼윈도를 들여다보니 고급 럼주며 케이스에 든 시가가 눈 시린 광채를 튕겨내고 있다. 골목 풍경과 사뭇 달라 멈칫하다가 커피 머신의 친근함에 끌려 발을 들인다. 반짝거리는 의자 끝에 엉덩이를 걸치고 에스프레소를 주문한다. 곧바로 몬스터 이빨 가는 소리가 들려오고, 코에 스미는 향기에 며칠간의 피로가 달아난다. 한결 가뿐해진 나는 후줄근한 차림으로 의자에 앉아있다는 걸 깨닫고서 홀을 둘러본다. 가운데를 떡 하니 차지하고 있는 흔들의자는 침대라고 해도 믿길 정도다. 옅은 브라운색 깔개에는 해독하기 어려운 사차원 그림이 그려져 있다. 소재가 뭘까 궁금해서 의자 가까이 다가가 본다. 이음매 없는 의자의 깔개에서 얼핏 두엄 냄새가 밴 걸 보면 소가죽인 듯하다. 외갓집 고샅 들어설 때 코로 스미던 외양간 냄새랑 비슷한 기억이 떠올랐던 덕분이다. 소가죽 깔개에서 풍겨나는 냄새가 지난 추억 속으로 끌고 간다. 의자에 머문 시선이 밭일 끝내고 돌아오며 짤랑거리는 워낭소리를 환청으로 만들어 낸다. 비에 젖고 있던 의자에서 들려 온 소 울음소리며 뒤이은 워낭[1]소리는 고된 노동의 변주곡이다.

1) 소의 목에 다는 방울.

천연재료로 만든 의자에 그려 넣은 추상화.

낡은 주택 현관이며 거실에 놓인 가죽의자는 죄다 자연을 끌고 와서 만들었다. 거기엔 갈비뼈 앙상하게 드러낸 채 풀 뜯는 소의 순하디 순한 눈동자가 어른거린다. 인간을 위한 배려가 오롯이 고여 있는 맑은 우물이 연상되기도 한다. 시종일관 인간을 위해 껍질까지 바친 소를 떠받들 적확한 단어를 찾기란 쉽지 않다. 쿠바의 소는 호칭 따윈 아랑곳없는 듯 드문드문 돋아난 잡초를 입을 우물거려 되새김질하고 있다. 그 때문에 가죽 의자에 엉덩이를 걸치면 소 등에 올라탄 듯 편안하다. 등짝을 툭 때리면 선한 울음소리와 더불어 워낭소리가 메아리로 되돌아 올 것 같다.

소 두 마리로 쟁기를 끄는 뒤편에 닭들이 따라온다.

건기의 쿠바 들판은 사막이나 다름없으니 풀이 제대로 자랄 리 없다. 소들이 구석구석 헤집고 다니지만 듬성듬성 돋아난 풀로 배를 채우기엔 역부족이다. 지인은 드넓은 땅을 놀리기만 할 뿐 비료를 쓰지 않는 쿠바의 농업 정책이 안타깝다고 말한다. 도시 농업이나 유기농을 떠나 우선

소와 말이 뜯어 먹을 풀을 키워야 하는 것 아니냐고. 거기서부터 생겨난 딜레마는 청정 자연을 포기할 것이냐, 가난을 무릅쓰고 유기농 환경을 이어갈 것이냐이다. 화제가 거기에 이르면 닭이 먼저냐 계란이 먼저냐는 뫼비우스의 띠 속에 나름의 주장들이 갇히게 된다. 흙이나 풀로 지은 집 어디에서도 새집 증후군이 생길 리 없으니 유기농 채마밭을 식탁으로 옮겨오는 게 가능한 걸로 얽혀 있던 고리를 풀어헤친다. 쿠바인들은 도시 농업 시스템이 길러낸 채소를 먹고, 지천에 널린 천연 재료로 수공예품을 만들어 낡아서 버려도 자연으로 쉬 돌아가게 하는 선순환을 따른다. 자연을 아끼는 마음을 일상에 버무려 인성마저 청정무구하게 만드는 그들 몸속엔 정성분석을 거쳐도 해로운 성분 하나 드러나지 않을 것 같다. 가죽 의자에 앉은 사람을 거쳐 온 바닷바람이 비단을 풀어 놓은 듯 난분분 나부낀다. 맑고 싱그러운 감옥을 기꺼이 뛰쳐나와 지친 몸 떠받들기를 주저하지 않는 소떼의 숭고한 뜻이 워낭소리로 변해 오래도록 귓전에 잉잉거린다.

야야보 다리에 새겨진 1514

비아술 버스는 정류장마다 20분 이상 쉬었다 출발하곤 했다. 화장실 들르는 걸 한 번 건너뛰었더니 방광이 터질 것 같았다. 다음 정류장에 도착하기 바쁘게 화장실로 달려갔다. 그런 뒤엔 갑작스레 허기가 밀려들었다. 주위를 두리번거렸지만 근처엔 먹을 걸 파는 가게 하나 보이지 않았다. 손 가리개를 하고서 둘러봤더니 터미널과 도로의 경계에 과자 봉지가 걸려 있었다. 그걸로나마 허기를 때우려고 기다렸지만 앞 사람에

1514년 벽돌로 쌓아올린 야야보 다리.

게 물건을 파느라고 정신없었다. 모자를 눌러 쓴 아가씨가 펜스에 걸렸던 과자를 내려 앞 사람에게 건네며 그라시아스[1] 라는 카랑카랑한 인사를 빠뜨리지 않았다. 그녀가 물건 값을 계산하느라 바쁘다는 걸 알면서도 이름을 물어봤다. 모자 아래 감췄던 이마를 드러내며 알려 준 이름은 이르마였다. 그녀의 얼굴이며 입술과 눈매는 카리브 바다를 닮은 듯 보였다. 과자와 음료수를 건넬 무렵 시선이 마주친 그녀에게 상띠 스피리투스에 가면 어디를 둘러보는 게 좋은지 물었고 야야보 다리[2]를 건너가면 궁금증이 풀릴 거라고 알려줬다.

아가씨는 장사가 처음이었는지 돈을 세는데 꽤 시간이 걸렸다. 과자 세 봉지를 팔기도 전에 버스가 떠나버릴 것 같아 조마조마했다. 비아술 버스가 경적을 울리는 가운데 내 차례가 되었다. 철조망에 걸어둔 과자를 내리고, 아이스박스에서 생수를 꺼내 계산하는 걸 지켜보려니 속이 터졌다. 단박에 계산을 마친 내가 돈을 건넸지만 눈을 휘둥그레 뜨면서 믿기 어렵다는 시늉을 했다. 몇 번이나 울려대는 경적 때문에 돈을 던지고 돌아섰다. 버스로 돌아오는 동안에도 아가씨는 내가 건넨 돈을 들여다보며 고개를 갸웃거리고 있었다. 버스가 터미널을 벗어나는 순간에야 무차스 그라시아스![3] 라며 인사를 건네는 그녀. 철조망을 무대로 한 가게 주인 이르마의 얼굴이며 순수한 표정이 별빛 군무와 어울린 차창은 더없이 밝았다.

젖과 꿀이 흐른다고 알려진 상띠 스피리투스[4]에 도착했다. 소담스런 풍경 속엔 1514가 여기저기 적혀 도시가 1514년에 생겨났다는 걸 알리고 있었다. 로스 빠라도스 공원(LOS PARADOS PARQUE)[5] 곁 아라비아 숫자 1514로 간판을 대신하는 레스토랑엔 손님들로 발 디딜 틈 없었다. 번잡하지 않은 공원에는 다리 아픈 사람도 오르내리기 쉽도록 계단이 나지막이 설치되어 있었고, 햇살이 미리 데워 놓은 초록색 벤치는 온돌

1) 고맙다, 라는 스페인어.

2) 상띠 스피리투스의 명물인 벽돌구조의 다리(1514년 건설)

3) 매우 고맙다의 스페인어

4) 쿠바 중부의 아담하고 조용한 도시.

5) 상띠 스피리투스에 위치한 공원.

방 못지않았다. 번화가 한가운데 자리한 우체국엔 학생부터 노인까지 들러서 편지를 부치고 돌아가곤 했다. 사랑에 달뜬 연인들이 피워 올린 꽃으로 상띠 스피리투스 노을이 더 붉고, 그들이 흩뿌려 놓은 웃음에는 천리향 향기가 넘실거렸다.

버스 터미널과 시가지를 잇는 뿌엔떼 야야보(PUENTE YAYABO)[6], 젖과 꿀이 흐른다는 소문처럼 비할 데 없이 앙증맞다. 벽돌로 쌓아 올린 야야보 다리는 진천 농다리나 광한루 오작교처럼 아기자기해서 나름 멋스럽기도 하다. 평평하게 만들면 쉬웠을 걸 굳이 아치형으로 쌓아 올리자고 고집한 사람은 누굴까. 다리 양 옆 등대 모양으로 세운 탑 두 개엔 길을 잃지 말라는 듯 가로등이 켜져 있고, 완공년도 1514가 새겨진 입구엔 선술집 따베르나 야야보(TABERNA YAYABO)[7] 있다. 쌓아 올린 벽돌은 선술집을 거쳐 간 사람들 숫자를 드러내는 듯하고, 그들이 흩뿌린 애잔한 얘기가 젖과 꿀에 섞여 야야보 다리를 떠받치고 있다. 국가기념물로 지정된 야야보 다리를 꼭 살펴보라고 한 이르마의 속내를 알 것 같다. 쿠바의 아름다움에 반해 글을 썼을 헤밍웨이도 취한 걸음으로 여길 거쳐 갔지 싶다. 그가 언제 들렀는지 물어 보려고 해도 닫힌 문은 꼼짝하지 않는다. 그가 빼어난 내러티브를 선술집에 남겨둔 것만 같아 여간 다행스럽지 않다.

6) 야야보 다리의 스페인어.

7) 야야보 다리 초입의 선술집.

8) 상띠 스피리투스의 성당.

상띠 스피리투스에 또 하나 명물이 있다는 말에 시가지를 더듬어나간다. 맞닥뜨린 골목에는 높고 푸른 종탑이 우뚝 서 있다. 설마 여긴 아니겠지, 하며 허리 꼬부라진 노인에게 다가가 물어본다. 1522년에 지어진 마요르 대성당[8]이 바로 여기라고 삐뚤빼뚤한 글을 메모지에 적어준다. 밤이면 종탑의 불빛이 마을을 지켜줘서 안심하고 꿈속에 빠져든다는 말과 함께. 나무로 대충 지었다가 1680년에 돌을 쌓아 완공시켰다는 마요르 대성당, 자그마한 마을에 예배 드리러 오는 사람은 적어도 오래

된 선풍기가 빈자리를 메우고 있어 여간 다행스럽지 않다. 천장을 떠받치는 트러스 구조가 낯설어서 가상현실 공간에 들어선 듯 눈이 휘둥그레질 뿐.

시가지를 오른쪽으로 꺾어드니 동화 속 세상에 접어든 느낌이 든다. 컴퓨터그래픽처럼 장식한 담장 조각품이며 무늬를 넣어가며 깔아둔 몽돌은 애니메이션 홍보 영상을 찍더라도 손색없을 정도다. 집 몇 채를 지나치는 동안 파스텔 톤이 칠해진 건물 대문 앞에 앉은 소녀가 손을 흔든다. 아쉬운 마음을 뷰파인더에 간직하고서 마을을 스쳐 지난다. 곧이어 주민들 커뮤니티 공간으로 쓰이는 예쁜 슬래브 집 앞에 다다른다. 대문에는 쿠바노 전통 윗옷을 뜻하는 라 구아야베라(LA GUAYABERA)[9] 글귀가 적혀 있다. 마당으로 들어선 순간 대문의 글씨를 증명하려는 듯 하얀 티셔츠며 그걸 본 뜬 전각이 걸려 있고, 뜰엔 아들 딸 손잡고 몰려나온 가족들로 북적거린다. 테이블 위 케이크 글씨를 읽어봤더니 다섯 살 아이들 생일 잔칫상이다. 형편이 어려워 생일잔치를 해 줄 수

9) 쿠바인들의 전통복장 중 윗옷.

야야보 다리 근처 골목 풍경.

야야보 다리를 지나는 행인과 오른쪽의 선술집 '따베르나'

없는 가정을 위해 마을 공동체에서 마련한 자리인 듯하다. 그런 건 아랑곳없다는 듯 웃고 뛰놀기 바쁜 아이들이 일으킨 먼지로 안개 커튼을 쳐서 오랜 가난을 가려버린다.

마당 끝 높다란 담장에 서서 바라본 야야보 다리며 선술집, 고즈넉한 저녁 수채화를 품고서 안개 커튼을 일렁이는 모습이 몽환적이다. 잔칫상으로 배불린 아이들이 놀이에 지쳤을 무렵, 환하게 켜진 마요르 대성당 종탑 불빛이 그들을 동화 속 세상으로 데려갈 생각에 입가에 미소가 피어난다. 그럴 때 야야보 다리와 선술집은 현실 세계와 미지의 공간을 이어주는 역할을 맡는다. 아름다움을 속 깊이 감춘 상띠 스피리투스, 이르마가 미처 알려주지 않은 마요르 대성당에다 주렴(珠簾)을 드리운 야야보 다리는 머릿속에서 지워지지 않을 것 같다.

정복자가 남긴 흔적

쿠바 여행의 백미라면 단연 뜨리니다드[1]를 꼽는다. 국토 70%가 평지로 이루어진 섬에서 산, 바다, 들판이 어우러져 여행자에게 선물 꾸러미를 안기기 때문이다. 선물 상자에 들었을 풍경을 상상하며 마요르 광장부터 완경사를 따라 돌아 오른다. 십여 분 걸어 등에 땀이 맺힐 때쯤 종탑 하나가 길을 가로막는다. 저게 뭘까 싶어 가이드북을 펼쳐보니 성당을 리모델링한 LCB 박물관[2]이다. 반가운 마음에 아치형 문짝 배꼽 부분을 주먹으로 톡톡 두드린다. 고릴라 몸집 같은 문의 빗장 여는 소리

1) 쿠바 중부의 관광 명소.

2) 쿠바 혁명 이후 성당을 리모델링 해서 박물관으로 쓴다.

포토 존으로 이름 난 크리스토발 대성당.

가 삐거덕 들려오고, 빠끔 열려진 틈새로 노인 한 분이 얼굴을 내민다. 나는 입장료 1쿡[3]을 그의 손에 쥐어주고 어둠 속으로 빨려든다. 보이지 않는 힘이 나를 잡아당긴 탓인지 원형 계단은 올라갈수록 어지럽다. 몇 백 년 전에 쳤음직한 종소리가 고막 근처에서 윙윙거릴 즈음에야 시야가 환하게 틘다. 카메라가 훔칠 수 있는 화각이 넓어진다. 붉은 점토 기와와 벽돌의 파스텔 색감 팝업창이 뜨고, 전망대가 아치형 가슴을 펼쳐 보인다. 일렁이는 황토색 지붕과 벽돌이 주는 안구 정화 효과는 덤이다. 전파 송출탑이 보낸 파노라마 영상이 카리브 해에 닿는 그림엔 혼을 뺏길 것만 같다. 선물상자 속에 감춰져 있던 풍경화를 간신히 뷰파인더로 옮겼을 때쯤 전망이 흐려지며 계단이 나를 아래쪽으로 떠민다. 언제 내려왔는지 몰라 두리번거린 순간 고릴라 배 모양의 대문이 나를 바깥으로 밀쳐낸다. 바깥에 나선 순간 안내판 글씨가 뒤늦게 눈에 띈다. 혁명 전후 반대 세력 토벌 작전에 사용됐던 건물이기에 LCB라고 불린다는 설명이 맥락 끊어지게 적혀 있다.

3) 1쿡은 1달러와 맞먹는 태환 화폐.

마을을 되짚어 내려오며 여기저기를 살펴본다. 기웃거리는데 몰입하

올긴의 돈키호테 조형물.

다간 튀어나온 돌부리에 걸려 발목을 접질릴 것 같다. 울퉁불퉁한 돌은 걸음을 뗄 때마다 샌들에 툭툭 걸려 여간 성가시지 않다. 모서리가 날카로운 돌은 크기가 제각각이라 몽돌이라 부르기에도 애매하고, 여느 나라에서 본 돌들과 생김새도 사뭇 다르다. 지반을 제대로 다지지 않은 탓인지 도로 가운데가 푹 꺼지고 흙바닥이 드러난 곳도 숱하다. 돌의 요철 때문에 낡아빠진 택시며 버스가 거북처럼 느리게 움직인다. 꼬리를 문 차가 일으킨 먼지며 매연을 피하느라 걸음 떼기조차 힘든데, 그걸 두고 불평하는 쿠바노는 아무도 없다. 먼지며 매연조차 유물인 듯 간직하고 있는 그들. 보이는 해로움 쯤은 능히 피해 나갈 자신이 있다는 듯 느껴진다.

흔들의자로 일으킨 바람에 주름을 말리는 노인에게 다가간다. 매연으로 가려진 그들 속내를 들춰내고 말겠다는 뜻이다. 해묵은 미소에 메타포를 감춘 노인과 소통은 맘먹은 것처럼 쉽지 않다. 노인은 같은 말을 몇 번이나 되풀이 한 뒤에야 지난 날 상흔 하나를 뱉어낸다. 길바닥에 깔린 돌에 정복자의 음험한 저의가 숨겨져 있다는 얘기다. 스페인 화물선에 약탈한 설탕이며 시가를 싣고 갔고, 돌아오는 화물선의 무게 중심을 낮추려고 잡석을 싣고 돌아왔다는 말엔 가슴이 먹먹해진다. 스페인 정복자가 남긴 흔적은 그걸로 그치지 않는다. 로마 스페인 광장처럼 만든 돌계단에 아무렇게나 박아 놓은 돌도 그들 소행이다. 아팠던 상흔을 지워버리지 않고 관광 자원으로 쓰는 지혜가 놀랍긴 하지만, 돌계단을 힘겹게 올라 색다른 걸 발견하고픈 맘은 싹 달아나 버렸다.

노인에게서 돌아설 무렵 줏대 없이 바비큐 냄새가 코로 스며든다. 허기진 탓에 후각이 냄새를 걸러 보내기 어려웠나 보다. 고개를 들어보니 돌계단 위에 레스토랑 마요르 간판이 보인다. 나는 다이끼리 한잔으로 식민지의 쓰라린 기억을 날려 버리려고 계단을 성큼 올라선다. 나를

LCB박물관에서 내려다 본 뜨리니다드 풍경

발견한 웨이터가 허리를 굽힌 채 두 손으로 테이블을 가리킨다. 꼿꼿하게 세워진 메뉴판에는 카리브해에서 갓 잡아 올린 랍스터 한 마리가 팔천 원이라고 적혀 있다. 거기다가 다이끼리를 곁들이면 가성비 뛰어난 세트 메뉴로 바뀐다. 한참을 기다려 맛 본 랍스터는 살이 지나치게 탱글탱글해서 칼로 썰어지지 않을 정도다. 팔 아픈 걸 무릅쓰고 식사를 마치고 나니 식곤증이 밀려든다. 그걸 눈치 챈 악단이 관타나메라[4)]기타 연주를 시작한다. 반쯤 뜬 눈에 〈랑꼰 데 살사〉 간판이 그제야 보인다. 계단 오를 땐 지치고 허기져서 그걸 미처 못 봤다. 시간이 일러 살사 교습이 시작되지 않았지만 질서 없이 어울린 손님들은 어딘가에서 흘러나온 음악에 맞춰 살사를 추고 있다. 배를 빠르게 밀어냈다 당기길 되풀이 하는 그들의 동작은 삼등분 된 몸이 따로 움직이는 듯하다. 그건 아마도 피땀 흘린 과거를 DNA 속에 감춘 쿠바인들의 카타르시스 수단이지 싶다. 돈 되는 것들을 정복자에게 죄다 내준 그들, 궁핍한 시간을 버텨낸 힘이 춤과 노래였고 기타 선율에 맞춘 살사로 핍박과 설움을 이겨냈다.

4) 미국이 강제 점령하고 있는 관타나모 기지를 돌려달라는 뜻이 담긴 노래.

표절 시비 해결사

글 쓰는 이에게 표절 시비는 목의 생선 가시다. 그런 걱정 따윈 접어두라고, 글파라치 따돌릴 소품이 넘쳐나는 쿠바를 떠올리며 캐리어를 챙긴다. 내 영역이니 접근하지 말라고 외치고 싶은 본능이 나를 멀리 끌고 간다. 색감이 완연하게 다른 문짝들이 꿈속인 듯 카드 섹션을 펼치는 카리브의 섬나라. 시가 향기가 만든 면사포가 풍경화에 실루엣을 드리우는 순간 굳었던 뇌가 초콜릿처럼 녹진녹진해진다. 그럴 때 스트레스 호르몬 코티졸(Cortisol)이 마구 솟아나고, 까닭 모르게 손끝이 가려워 본능적으로 키보드를 두드린다. 키보드 움직임을 따라 드러나기 시작하는 풍경이 낯설지는 않다. 전생에 여기가 고향이었을까. 아득한 기억 너머에 닿은 묘한 설렘이 악보 위에 모습을 드러내고, 차랑고[1]의 매기는 소리 따라 타르카[2]가 추임새로 화음을 맞춰 나간다. 선율 따라 다다른 곳은 혁명광장 호세 마르티 동상 앞이다. 지나치게 강건체다 싶을 때면 바다를 낀 살사 클럽으로 장소를 바꿔도 좋다. 몸을 흔들며 노래를 부르다 목이 마르면 헤밍웨이의 성역 코히마르로

아바나 거리 곳곳에 통행금지용 표식으로 설치한 대포와 포탄.

1) 안데스 지방의 줄이 10개인 현악기.-위키백과 인용.

2) 안데스 지방에서 사용하는 악기. 나무를 도려내서 만든 리코더의 일종.-다음 국어사전에서 인용.

가야한다. 노인과 바다의 캐릭터 푸엔테스[3)]가 건네는 야자열매로 목을 축이기 위해서다. 거기엔 대문호가 남겨둔 문화재급 단어들이 곳곳에 박혀 때늦은 존재감을 드러낸다. 잘 닦인 단어의 알곡들은 백석의 시 「나와 나타샤와 흰 당나귀」에 뒤지지 않을 정도로 반짝인다.

표절 시비의 종결판인 뒷골목, 꼴렉띠보[4)] 택시를 타려고 열댓 명의 물라토[5)] 틈에 끼어 서성거린다. 덥고 짜증스런 표정을 읽었는지 앳된 쿠바나가 내게 다가온다. 원피스, 하이힐에다 얼굴까지 검은 색으로 깔맞춤한 그녀가 무작정 키스하라며 뺨을 내민다. 무슨 짓인가 싶어 옆으로 피한 순간 어디서 왔느냐고 묻는다. 나는 짜증스런 투로 꼬레아에서 왔는데 왜? 라고 대답한다. 그러니까 키스를 해야 한다며 입술을 갖다 댄다. 왜 그러느냐고 몸을 뒤로 젖히니 새카만 손으로 높다란 빌딩을 가리킨다. 건물 안으로 함께 들어가 보면 알게 된다는 뜻이다. 거긴 쓰다 버린 콘돔이 버려져 있던 새벽 산책길이다. 순간, 몸에 달린 게 툭 떨어져 나가는 묘한 기분에 사로잡힌다. 휘둥그레진 눈으로 두 손을 내저을 무

3) 헤밍웨이에게 영감을 줬던 쿠바인으로 노인과 바다의 캐릭터.

4) 쿠바의 합승택시.

5) 백인과 흑인의 혼혈인 쿠바노.

작업 중이니 방해하지 마시오, 라는 경고문.

렵 꼴렉띠보 택시가 도착한다. 방향이 다르더라도 무조건 타지 않으면 봉변을 당하고 말 것 같다. 다급해진 나는 운전기사가 열어준 문으로 다짜고짜 몸을 밀어 넣고 앳된 여자를 살핀다. 별스럽다는 듯 눈을 흘긴 뒤 표정을 고친 그녀는 헤밍웨이 닮은 남자에게 다가간다. 피에 맛들인 거머리는 본능을 감추기 어렵다는 듯.

위기 탈출 미션을 성공한 뒤 또 다른 골목으로 들어선다. 거기라면 호젓해서 호객꾼이 없을 것 같다. 한숨을 돌리려는 순간 저만치 선 물라토가 지금 몇 시냐고 고함쳐 묻는다. 이럴 경우 모른 척 하면 신사도를 의심받지만 시계를 들여다보다가 멈칫한다. 어떤 속임수가 감춰져 있을지도 몰라 걸음을 다잡는다. 험상궂은 물라토 고함소리가 뒤통수를 연신 두들기지만 한 블록 뒤로 몸을 숨긴 뒤 숨을 고른다. 그때 야자나무 그늘에 숨어 있던 물라토가 톡 튀어나온다. 축지법을 써서 다시 나타난 듯한 물라토는 표정을 싹 고치고서 반짝이는 동전을 내민다. 코인 수집이 취미인 나는 그의 손을 자세히 살핀다. 〈PATRIA O MUERTE〉 조국이 아니면 죽음을! 짧은 글에 담긴 뜻이 소유욕을 부추긴다. 은연중에 욕심 한 가닥이 내 눈동자에 맺히고, 체 게바라 얼굴이 각인된 코인과 1달러를 맞바꾼다. 내가 쿠바 물정에 어둡다는 걸 안 물라토가 일곱 배 바가지를 씌운 거다. 업그레이드란 단어가 자본주의 국가에만 있다고 생각한 건 쿠바를 얕잡아 보고 하는 소리다.

쿠바 인민폐 1페소 가치의 물건을 1달러로 사야하는 관광객. 24진법에 적응이 되어 갈 무렵엔 난데없이 환율이 바뀌기도 한다. 한 블록 안쪽으로 접어들면 농구장 넓이의 공원이 나타난다. 거기엔 붉은 색 19금 포스터가 걸려 있다. 얼핏봐서 공공장소이니 사랑을 나누지 말라는 경고문 같다. 활자 중독 탓에 자석에 끌린 듯 다가가 꼼꼼하게 읽어본다. 예상했던 것과 딴판으로 〈작업 중이니 방해하지 마시오.〉라는 내용이

쿠바의 소녀들, 수채화.

다. 주체와 객체를 바꿔 여행자 시선을 끄는 수사법은 그들 국부인 호세 마르티가 가르쳐 준 모양이다. 외세의 돌이 굴러와 원주민의 돌을 뺀 역사가 오롯이 간직된 곳, 여기서도 낯설고 비틀린 문장 하나 만들어내지 못한다면 작가 자격이 없다는 뜻으로 받아들인다.

트로피카나 강남 스타일

도미토리에서 모기와 피 튀기도록 싸우던 중이었다. 바깥에서 공연장 갈 사람들 나오라고 불러댄다. 모기 한 마리를 잡아 넉 다운시킨 뒤 2층 침대에서 내려갔다. 문을 나서다 되돌아서 캐리어를 뒤졌다. 버스를 타려면 바람막이가 꼭 필요하기 때문이다. 트로피카나 공연장 행 미니버스에 탄 사람들 표정에는 감옥에서 탈주하는 빠삐용인 양 긴장감이 흐른다. 가슴 속까지 에어컨으로 샤워하는 동안 버스가 트로피카나 광고판 아치 속으로 파고든다. 어둠이 깊어진 넓은 정원엔 나트륨 등이 드문드

트로피카나 쇼 공연장 입구의 아치.

문 켜져 영역 표시를 하고 있다. 에르네스토가 버스 문을 열고서 어디론가 바삐 달려간다. 버스에서 대기하는 동안 그가 입장권을 펴 들어 보이며 '바모스'[1] 라고 고함친다. 일행들은 어둠의 꼬리를 잡고서 그를 뒤따른다. 맨 뒷자리에 앉은 나는 바람막이를 벗느라 그들을 뒤쫓지 못한다. 어둠은 야속하게도 나를 일행들로부터 떼 놓고 만다. 간 곳이 어딜까 두리번거리는 사이, 어둠 속에서 새까만 에르네스토가 환생하고, 내 옷차림을 살핀 그가 깜짝 놀라 소리친다. '왜 반바지를 입고 왔느냐, 그런 차림이면 입장이 안 된다.' 사원이나 기념관도 아닌데 반바지 차림이면 어떠냐는 내 주장 따위가 통할 리 없다.

실랑이를 벌이는 사이 몇 대의 버스가 관광객을 차례로 토해낸다. 피부색이며 언어는 제각각 달라도 반바지 입은 사람이라곤 보이지 않는다. 주차장을 메웠던 사람들이 하나 둘 사라지고, 버스가 시동을 꺼 버린 정원은 암막 커튼을 뒤집어쓴다. 어둠에 갇혔다고 느끼면서도 미간을 찡그려 에르네스토를 찾는다. 긴장성 방광 위축증이 도져 갑자기 소변이 마렵다. 화장실을 찾아 두리번거릴 무렵 나타난 에르네스토. 그가 나를 끌고 간 곳은 세 사람이 바삐 일하는 사무실이다. 그가 내 반바지를 가리키며 직원과 한참동안 얘길 주고받는다. 에르네스토와 마주 선 스모 선수 덩치의 직원 표정엔 짜증이 켜켜이 쌓였다. 그는 옷이 걸린 벽 쪽으로 걸어가서 바지 하나를 벗겨 내게 휼쩍 던진다. 그걸 몸에 갖다 대 보니 코트를 아기에게 걸친 꼴이다. 난감해하는 나더러 에르네스토가 빨리 입으라며 을박지른다. 반바지 위에 껴입었는데도 절반도 채워지지 않는다. 허리띠로 얼기설기 졸라맸지만 꼴이 말이 아니다.

나는 바지 아랫단을 두 번 접어 올린 뒤 어기적거리며 입장한다. 중앙 무대는 테니스 코트 세 개를 붙인 만큼 넓다. 작은 무대는 중앙 무대 양 옆, 열대 식물이 빼곡한 계단을 따라 꾸며져 있다. 꽃만 해도 눈이

1) '갑시다'라는 의미의 스페인어.

시린데 화려한 조명이 더해져 파라다이스도 이보다 화려하진 않을 것 같다. 풋살 경기장 넓이의 관람석은 이미 자리가 꽉 채워졌다. 고막 때리는 음악을 신호로 머리보다 크고 화려한 화관을 쓴 무희들이 흑인 남자들을 이끌고 등장한다. 남녀 무용수가 어울려 펼치는 춤은 텔레비전에서 본 헐리우드 쇼와도 비교할 수 없다. 배, 허리, 어깨가 따로 노는 춤을 지켜보는 동안 어깨의 날개를 휘저어 하늘로 날아오르면 어쩌나 걱정되기도 한다. 춤을 곁들인 연극도 몇 차례 이어진다. 채찍 든 남자가 헐벗은 사람들을 윽박지르는 걸로 봐서 노예의 고단했던 삶을 드러내려는 뜻인 것 같다. 그걸 보는 동안 조마조마했던 일들이 서서히 잊힌다. 몰입하다 보니 헐렁한 바지 생각도 지워진다. 춤과 연극이 끝나고 무희들이 줄지어 무대 아래로 내려온다. 그들 중 하나가 내게 다가와 팔을 잡아당긴다. 누구 지시를 받은 선지 윙크를 건네며 사진을 찍자고 유혹한다. 억지로 이끌려 일어섰더니 잊혔던 핫바지 생각이 나서 당혹스럽다.

객석을 돌아다니던 무희들이 사라지고 어둑하던 무대가 밝아진다. 사회자가 어둠을 뚫고 나타나 각 나라 관객들을 차례로 불러낸다. 느지

사탕수수 농장의 혹사당하는 노예를 풍자한 춤.

수백 명의 무희가 등장하는 트로피카나 쇼의 한 장면.

막이 호명되어 무대로 나가던 일본인 야마나카가 꼬레아도 불러내라며 소리친다. 그제야 사회자가 깜빡했다는 듯 '꼬레아 수르'[2)]를 외쳐댄다. 나는 바지춤을 잡고 엉거주춤 일어서서 무대에 다가간다. 그걸 신호로 앞줄의 남녀 무용수들이 춤을 춘다. 각 나라 대표들은 엉성하게 그들 몸짓을 따른다. 몸치인 나는 헐렁한 바지를 입었으면서도 그들과 스텝을 맞춰보려고 애를 쓴다. 하지만 바짓가랑이가 밟혀 걸음을 떼기조차 힘들다. 박자며 걸음이 엇갈리게 춤을 추느라 땀을 흘리는 사이 음악이 멈춘다. 곧이어 나라별 댄스 경연이 있다고 사회자가 알린다. 팀을 이룬 사람들이야 별 문제 없지만 달랑 혼자인 나는 난감하다. 몸치에다 스텝이 꼬이는 바지를 입고 뭘 하란 말인지. 내 차례가 되니 싸이의 강남 스타일 전주가 울려 퍼지고, 사회자가 나를 무대 가운데로 떠민다. 핫바지를 입고서 음정 박자 엉망인 쇼를 한 나. 철저하게 망가진 모습이어야 관객을 제대로 웃긴다는 걸 증명해 보인다.

2) 대한민국을 일컫는 스페인어.

살사 클럽 1830

식당 개업식에 초대 받아 사람들과 어울렸을 때다. 유기농 쿠바 음식이 먹고픈데 메뉴가 하필 죄다 한국식이다. 몇 차례 술잔이 오가면서 분위기가 무르익어 간다. 취기 오른 누군가가 노래방 가자고 깃발을 든다. 어울리긴 하되 휩쓸리는 건 싫은지 옆 자리 여자가 인상을 찡그린다. 그녀는 토요일 저녁 살사 대회에 가기로 했다면서 내게 귓속말을 한다. 귀한 취재감이 생겼단 생각에 술이며 음식 따위에 시선이 닿지

살사 클럽 1830 식사.

1830년에 지어진 살사 클럽 전경.

않는다. 일행들은 노래방에 가려고 하나둘 자리에서 일어선다. 여자는 이때다 싶었던지 내게 신호를 보내고 나서 딸과 함께 반대 방향으로 걸음을 다잡는다. 나도 인사 따윈 생략한 채 모녀를 뒤따른다. 도로에 먼저 나선 모녀는 택시를 세워두고 기다리고 있다. 셋이서 벌이는 탈주극에 긴장이 잔뜩 실린다. 말레꽁을 따라 달리던 택시가 불빛 환한 1830 간판을 보고 멈춘다. 차에서 내린 순간 끈적거리는 카리브해 습기며 아담한 건물에서 흘러나온 악단의 반주가 우릴 맞이한다. 오리엔떼[1] 지방에서 발원해서 룸바, 맘보, 차차차를 탄생시킨 손 음악이다. 힘든 삶에 보내는 쿠바의 응원이라는 노래가 그들 자긍심처럼 흥겹게 들려온다. 1830은 인간 세상과 동떨어져 둘도 없는 파라다이스 같다. 오백 년 애환을 간직한 도시답지 않게 난데없는 신천지를 발견하다니. 파도의 포말에 대비한 높다란 철문 틈으로 안을 들여다본다. 살사에 빠져 흐느적거리는 사람들이 마당을 그득 채우고 있다.

늦게 도착한 사람들이 철문 바깥에 줄을 짓고 있다. 정원이 채워지면

1) 동쪽이란 뜻의 스페인어.

입장이 어렵다는 말에 긴장 모드로 바뀐다. 그때 나를 이끌고 간 여자가 쇠창살 너머로 남자를 불러 세운다. 손짓을 보고 다가온 남자는 여자와 무슨 얘긴가를 주고받는다. 그는 심각한 표정을 지은 채 여자더러 잠시 기다리라는 제스처를 보낸다. 여자는 저 남자가 자기에게 살사를 가르친 강사라고 귀띔해 준다. 그가 경연대회에 참가했으니 응원해 주려고 왔다는 거다. 여자의 표정으로 봐서 입장하는 데는 별 문제가 없나보다. 잠시 후 또 다른 남자가 철문을 빠끔히 열고, 여자는 지갑에서 돈을 꺼내 그에게 건넨다. 어둠 속에서도 입장료가 틀리진 않는지 확인한 남자가 옆으로 비켜서며 틈을 만들어준다. 여자는 내게 눈을 찡긋하며 따라오라는 신호를 보낸다. 농구장 크기의 1830 안뜰, 의자에 앉은 사람보다 선 사람이 훨씬 많다. 어둠을 뚫고서 살사 강사가 그녀에게 다가와 귓속말을 하고, 그걸 내 귀에 다시 전한다. 1830은 어떤 귀족이 첩을 위해 지어준 집이라고 한다. 이혼율이 높다는 쿠바의 여성들이 눈에 불을 켜고 1830으로 모여드는 것 같다. 나는 흐느적거리는 사람들에게 밟힐까봐 망고나무 아래로 자리를 옮긴다.

대회를 지켜보는 동안 여기저기서 나타난 남자들이 자그마한 체구의 모녀에게 끊임없이 손을 내민다. 손을 내젓곤 하던 여자가 쑥스러운 듯 나를 쳐다본다. 보호자가 되어 달란 뜻을 눈치 채고서 여자에게 몸을 밀착시킨다. 어려야 뭐든 쉽게 배운다고 한 여자는 중학교 갓 졸업했다는 딸을 춤판으로 떠민다. 망고나무 화단 위에서 딸의 춤추는 모습을 지켜보는 엄마 눈빛이 반짝거린다. 쿠바의 연인이 된 듯 착각에 빠진 나는 그녀에게 다가서는 남자들을 쫓기 바쁘다. 살사 열기가 뜨거워질 무렵이다. 여자가 내 귀에 뜨거운 입김을 불어 넣으며 속삭인다. 쿠바 온 지 한 달 넘었지만 밤늦게 나온 건 처음이라고, 딸 때문에 겁나서 밤 문화를 즐기지 못했는데 정말 고맙다고.

살사 춤판이 벌어진 무대에서 무희들이 춤을 보여 준다.

2) 서아프리카에서 아이티로 팔려온 흑인 노예들의 종교. 좀비도 부두교에서 유래되었다.

쿵쿵거리던 음악이 멎었다. 짝을 지어 흐느적거리던 사람들도 멈춰 섰다. 스피커에서 안내 멘트가 흘러나온다. 무대 위로 살사 경연에 참가할 커플들이 모여든다. 무대를 향한 조명을 오롯이 받은 그들 의상이 눈을 찌른다. 그쳤던 음악이 다시 터져 나오고, 의상만큼이나 현란한 춤 실력을 뽐내는 커플들 열기가 좁은 무대를 달군다. 무대 아래에서도 서툰 솜씨로 살사를 추는 커플이 여기저기 보인다. 몇 차례 곡을 바꿔가며 진행되던 경연이 끝났다. 사회자가 무대로 올라와 수상자를 발표한다. 지켜보던 사람들이 우레같이 박수를 친다. 곧이어 팡파르가 울려 퍼진다. 경연장을 메운 사람들이 생일 축하곡에 가사만 바꾼 노래를 합창한다. 공식적인 행사가 끝나고 살사는 어느 새 람보 리듬으로 바뀌었다. 그건 아이티 토착 종교인 부두교[2]의 사제 이름에서 유래되어 '신과의 대화' 라고 알려진 곡이다. 강사가 수상하지 못해 김이 빠진 여자는 돌아가자며 팔을 잡아끈다. 뮤즈가 되어줬으면 좋을 여자와 대화를 나눌 기회를 놓친 게 아쉬운데, 허황된 생각은 지우는 게 좋다는 듯 카리브해 파도가 말레꽁을 힘차게 때린다.

카리브해 낚시꾼

새벽 갯바람 날아드는 말레꽁을 호젓하게 걷는다. 전날 밤 마셨던 술병이며 알루미늄 캔이 여기저기 나뒹굴고 있다. 구석진 곳에는 매듭을 지은 콘돔도 버려져 있다. 시간이 일러서인지 여태 청소를 하지 않은 것 같다. 밤에 지나쳤다면 더없이 민망한 광경이 눈에 띄었을 핫플레이스인 게 분명하다. 주위를 둘러봤지만 텅 빈 바다 위를 날고 있는 갈매기들뿐이다. 코발트색에 몸을 흠뻑 적시며 느적느적 걷는 동안 달달한 속삭임이 들려올 것만 같다. 몽상을 떨쳐내라고 그러는지 어디선가 빠른 노랫소리가 귀로 날아든다. 아는 사람 하나 없는 곳에서 리듬에 맞춰 어깨를 흔들어본다. 그걸 봤는지 도로 건너편에서 남자 셋이 부리나케 달려온다. 언제 볼륨을 키운 건지 블루투스 스피커에서 터져 나온 요란한 노래가 말레꽁을 휘감는다. '로까로까'[1] 무슨 뜻인지 모르지만 리듬과 박자가 흥겨우니 따질 계제가

쿠바의 가오리. '만따'라고 한다.

1) '미치다'라는 뜻의 스페인어.

아니다. 리듬에 몸을 죄다 맡겨버린 채 어깨며 엉덩이를 규칙 없이 흔든다. 내 막춤이 그들 눈에는 낚싯줄에 딸려오는 물고기로 비쳤을 게 틀림없다. 몸을 흔들다가 옆의 키 큰 남자를 유심히 살펴본다. 그의 왼손에는 비닐봉지가, 오른손엔 맥주 캔 크기의 검정색 블루투스 스피커가 쥐어져 있다. 그토록 작은 통에서 그 정도로 큰 소리가 난다는 게 신기하다. 대화가 서툴고 가사 내용은 모르지만 음악과 더불어 몸을 움찔거리는 시간이 마냥 흥겹다.

키 큰 남자는 춤을 춰가며 어깨 높이의 말레꽁 위를 걸어간다. 그를 쳐다보려니 목이 아파 손으로 위쪽을 가리킨다. 키 작은 남자가 내 속내를 알겠다는 듯 손을 내민다. 그들에게 말레꽁 위로 끌려 올라간 나는 세 남자와 함께 걸으며 얘기를 주고받는다. 키 큰 남자 알레한드로는 사설 경비업체 직원이다. 근무 끝나는 새벽시간에 맞춰 친구들과 어울려 낚시를 했다면서 검은 봉지를 들어 보인다. 밤을 샜을 게 틀림없는데도 그의 표정엔 구김살 하나 없다. 세 사람 손을 번갈아 쳐다봐도 물고기 잡을 도구라곤 보이지 않는다. 알레한드로의 더듬거리는 스페인어 외엔 의사소통 수단이 없어 꼬치꼬치 물어보진 못한다. 나머지 둘은 약속이라도 한 듯 입을 꾹 다물고 있다. 질문에 대한 대답이 궁할 때마다 머쓱하게 웃으며 어깨와 엉덩이를 실룩거리기만 한다. 더듬거리는 말로 알레한드로의 직업과 나이, 이름을 안 것만도 큰 성과다. 서른일곱 살 알레한드로가 결혼은 했는지, 아이는 몇 인지, 경비원 월급 받아 쪼들리진 않는지 궁금하다. 스페인어 문장을 조합하던 나는 그에게서 올바른 대답을 들을 것 같지 않아 몸을 마구 흔든다. 대화가 어색해질 때마다 로까로까, 노랫소리가 빈틈을 메워준다. 쿠바에서 태어나 특별시기를 거치며 어려움을 이겨냈을 알레한드로. 그에게 춤과 노래는 밤잠 설쳐가며 도둑을 지키도록 하는 에너지 음료다. 막춤 추는 동안 팔 킬로미터 가까운 말레꽁 끝부

야간 경비업무를 마치고 귀가하는 알레한드로.

분에 나다랐다. 다리가 슬슬 아파오는데 도대체 어디까지 갈 건지 걱정스럽다. 알레한드로가 내 맘을 들여다본 것처럼 방파제 위에서 뛰어내린다. 까사, 까사 하며 길 건너편을 가리키는 걸 보니 집에 거의 다 온 것 같다.

앞서가던 알레한드로가 구멍가게 앞에 멈춰 서고, 수줍은 표정으로 비스듬히 세워둔 진열장을 손가락으로 가리킨다. 거기엔 값싼 시가 대신 비싼 외국 담배가 진열되어 있다. 들릴 듯 말 듯 중얼거리는 그의 목소리가 닿을 듯 말 듯 들려온다. 더듬거리는 말 대신 제스처로 담배 한 갑 사 줄 수 없겠냐는 뜻을 넌지시 전한다. 말레꽁을 막춤 추며 걷는 동안 즐거웠는데 입을 싹 닦는 게 염치없어서 주머니를 뒤져 본다. 손에 집히는 건 외국인용 지폐뿐이다. 내국인용 화폐를 약간 바꿨는데 어디에 넣어 뒀을까. 지폐를 한 장 한 장 넘기니 돈 묶음 속에 내국인용 지폐 몇 장이 감춰져있다. 나는 2달러 가치의 모네다[2]를 알레한드로 손에 쥐어준다. 그걸 본 그가 돈을 치켜들고 고함을 지르며 펄쩍펄쩍 뛴다.

2) 쿠바의 인민폐, 24모네다가 1달러 가치를 지닌다.

알레한드로 친구들은 그걸 본 뒤 나에게 달려들어 인증샷을 찍는다. 카리브해에서 낚은 생선보다 나에게 얻은 돈을 대어라 여긴 것이다. 인사도 잊은 그들은 흥에 겨워 춤추고 노래하며 골목으로 사라진다. 왁자지껄한 소리가 남겨진 골목에 카리브해 안개가 뽀얗게 밀려들어 또 하나의 환영을 만든다. 알레한드로가 물고기를 잡긴 한 걸까. 블루투스 스피커에서 들려오던 흥겨운 노래는 '나'라는 대어를 낚기 위한 미끼가 아니었을까.

쿠바의 야구 사랑

쿠바의 야구 열기는 남미의 따가운 햇살과 습기조차 잊게 만든다. 1864년에 네메시오 기제토[1]가 미국 유학 중 배워 고국에 퍼뜨렸고, 1874년 마탄사스[2]에서 첫 공식 야구 경기가 열렸다. 쿠바를 사회주의 국가로 모델로 만들 꿈에 부풀었던 피델은 미국식 자본주의의 산물인 프로리그를 죄다 없애고 아마추어 육성에 힘을 쏟았다. 핍박받는 라틴 아메리카 민중을 구하려고 권좌를 팽개친 채 홀연히 떠난 체 게바라의 뜻을 잊지 않겠다는 듯.

피델의 혁명 과제 중엔 스포츠 육성도 포함돼 있었다. 혁명 성공 후엔 한때 몸담았던 야구에 더욱 공을 들였고, 체계적인 선수 육성 시스템을 도입했다. 지방마다 한 개씩 아마추어 리그를 두고, 아바나에 두 개를 합쳐 16개의 리그를 결성했다. 12, 13세 청소년을 골라 뽑아 치열한 경쟁을 거쳐 특별 교육을 시켰다. 선진국 못잖은 야구 교육 전담 스포츠 학교에서 길러낸 선수를 국제 야구 연맹 주최 월드컵 대회에 28회 출전시켜 25번 챔피언을 차지했다. 국제 경기에서 이기고 돌아온 선수들에겐 전쟁에 승리한 듯 훈장을 걸어줬다. 쿠바 아마추어 야구 리그에 소속된 팀은 3,968개, 12만 명의 선수를 거느리고 있어 세계 대회에서 우승을 놓치지 않는 게 거저 얻어진 영예가 아니다. 경제력, 군사력에선 미국에

1) 미국에서 배워 온 야구를 쿠바에 퍼뜨린 인물.

2) 쿠바 중서부 지역.

뒤지지만 엇비슷하게 출발한 야구에서 진다면 혁명의 의미가 퇴색된다고 판단했나 보다.

쿠바는 춥지 않아서 언제나 경기가 가능하다. 혁명 전엔 겨울을 맞은 미국 선수들이 쿠바로 와서 경기를 펼치곤 했다. 1961년 무렵 미국 프로 리그는 선수 기근 현상이 심각했다. 기량이 뛰어난 쿠바 선수를 영입하려고 상상하기 힘든 연봉을 제시했다. 미국으로 떠나면 고국에 되돌아올 수 없다고 공언했지만 숱한 쿠바 선수들이 돈에 눈이 멀어 망명길에 올랐다. 그들 중 백인은 메이저 리그에, 흑인은 니그로 리그에서 선수 생활을 이어갔다. 미국 프로 리그에 입단한 그들은 짧은 시간에 자본주의의 단맛에 길들여졌을 것이다.

비날레스[3] 비아술 터미널 주위를 어슬렁거리는 동안 어디선가 왁자한 소리가 들렸다. 삶은 옥수수며 달달한 빵을 팔고 있는 노점을 거쳐 바나나 수레 앞을 지나쳤다. 그 순간 하늘로 솟구쳐 오르는 먼지를 보고 가까운 곳에 운동장이 있다는 걸 직감했다. 조금 걸어 들어가니 엉성하게

3) 쿠바 서쪽 지방. 자연 경관이 빼어난 관광지

장비를 제대로 갖추지 않고 야구에 열중하는 청년들.

철망 두른 공터가 보였고, 손에 글러브를 쥔 애들이 공을 줍느라 우왕좌왕하고 있었다. 유니폼이 없어 팀을 분간하긴 어렵지만 경기에 몰입한 애들 모습은 안개 속에 투영된 그림 같았다. 경기장 바깥에는 빛바랜 옷에 낡아빠진 글러브를 끼고 담벼락에 야구공을 던졌다 줍는 아이가 보였다. 십 분 넘게 같은 동작으로 야구 연습을 하던 아이가 뒤를 돌아봤고, 나랑 눈이 마주친 뒤 겸연쩍게 웃어보였다.

아이는 내가 손짓하는 걸 보고서 글러브를 벗으며 다가왔다. 그에게 이름이며 소속을 물었더니 시우닷 데 라 아바나 스포츠 학교 칸탄투스 올랜드 에르난데스라고 했다. 양키스에서 활약하는 꽤 유명한 선수 이름을 들은 나는 한 동안 그를 멀뚱하게 쳐다봤다. 에르난데스로 이름 지은 까닭은 톱스타를 롤 모델 삼아 더 열심히 연습하겠다는 뜻이었다. 쿠바에선 클럽에 소속되면 프로구단과 달리 은퇴할 때까지 이적이 허용되지 않는다. 오직 야구에만 매달려야 에르난데스 같은 투수가 될 거란 사명감에 눈동자가 반짝거렸던 것이다. 그는 입고 있는 티셔츠를 가리키며 나를 빤히 쳐다봤다. 거긴 체 게바라 얼굴이 도트 무늬로 새겨져 있었다. 볼 컨트롤이 나빠 미국 프로 리그에 진출하지 못한 피델의 야구 사랑에다 체 게바라의 민족애까지 그의 머릿속에 저장되어 있다는 사실이 놀라웠다. 스포츠 학교에서 오래, 철저하게 배운 에르난데스가 죽은 피델을 호명하며 꿈을 꼭 이루고 말겠다고 눈동자를 반짝거리는 모습이 밤하늘 별빛보다 아름다워 보였다.

자본주의의 산물인 프로 스포츠는 어딜 가더라도 열광의 도가니다. 일본이며 미국 버금가게 한국에서도 실력 뛰어난 선수는 연봉에다 모델 수입까지 합쳐 어마어마한 수익을 올린다. 그런 지경이다 보니 돈을 둘러싸고 추한 소문이 떠돈다. 선수 선발 과정이나 경기 승패를 두고서도 돈을 주고받는 일이 허다하지만 막을 방법은 없나보다. 돈이 끓는 곳마다 살벌한 싸움판이 벌어지는 걸 본 피델 카스트로가 프로 리그를 없앴던 건 쿠바를 지속 가능한 평등의 롤 모델로 삼겠다는 큰 목표를 세웠기 때문이다. 프로 스포츠를 없애야 상대적 박탈감으로부터 자유로워질 거라는 걸 간파한 피델의 예지력 덕분에 장기 집권의 병폐 따윈 묻혀버리고 여태 영웅 취급을 받고 있다. 메이데이 세계 노동자 대회 퍼레이드에 나선 숱한 사람이 피켓을 흔들며 죽은 피델을 살려낼 듯 외치는 게 증표다.

닮은꼴 아이들 놀이

미로를 닮은 아바나 골목을 더듬는 동안 폰에서 진동이 느껴진다. 이마에 흐른 땀을 훔치고 주머니를 뒤져 폰을 꺼내본다. 커피에 삶 전체를 투사해서 시간 흐름조차 잊은 지인이 보낸 문자다. 답 글 한 줄을 보내기 바쁘게 단답형 문장이 날아든다. 대뜸 쿠바 유기농 커피를 사달란 명령이다. 커피 홀러[1]인 그도 쿠바 유기농 커피 소문을 들은 보양이다. 로스터리 카페[2]가 있는 곳을 묻고 물어 미로를 더듬는다. 지름길은 문장 속 빛나는 은유처럼 감춰져 있어 찾기가 쉽지 않다. 따가운 햇살이 정수리에 닿아 환각에 사로잡히고, 더듬이를 잃은 듯 혼돈을 일으킨다. 나는 막 지나온 골목을 반복해서 돌곤한다. 햇살이 환한 골목엔 바람의 흔적을 찾기 어렵고, 땡볕을 피하려다 보면 방향이 자꾸만 어긋난다. 여기 저기 기웃거리는 동안 쿠바노들이 치노[3], 하폰[4] 하며 시비를 걸어온다. 나는 손바닥으로 햇살을 가리며 요, 꼬레아노![5] 라고 대답한 뒤 걸음을 다잡는다. 재촉하는 사람 하나 없어도 괜히 마음이 급하다. 목표가 세워지면 바삐 달려가곤 하던 습관이 발동한 탓이다. 느적느적 걸었지만 잠시 만에

1) 마니아, 중독자들의 뜻으로 쓰임.

2) 자체에서 커피를 볶는 카페.

3) 중국인.

4) 일본인.

5) 나는 한국인이다.

아바나 골목의 인형극 무대.

올드 아바나 광장에 둘러앉아 수건돌리기를 하는 아이들.

옷이 묵직해진다. 땀을 뻘뻘 흘리는 모습이 불쌍해 보였는지 아바나 비에하 광장이 비로소 가슴을 펼쳐 보이고 어디선가 커피 향기가 날아든다.

오백 년 더께 씌워진 도시에선 시간 흐름이 느껴지지 않는다. 가까스로 찾은 카페 엘 에스끄레일[6]에 들어서서 인테리어를 살펴본다. 광장과 시간의 궤를 함께한 흔적이 곳곳에 남아 있다. 타임머신 속에 갇혔다가 바깥으로 나섰더니 아가씨 일곱 명이 다가와서 검게 칠한 공위에 엉덩이를 걸친다. 세일러복 차림으로 줄 지어 사진 찍던 학창시절을 떠오르게 한다. 사진 몇 장을 찍고 난 그들이 또 다른 명소를 찾아 홀연히 떠나간다. 그때서야 아가씨들 체온이 남겨진 공을 자세히 살펴본다. 뒷면에는 검은 색으로 양각된 글씨가 새겨져 있다. 전부 읽긴 힘들어도 글씨는 또렷해서 망막에다 예각의 파편을 꽂는다. 아가씨들이 앉아 엉덩이를 데웠던 물체는 포탄이다. 혁명에 세뇌된 그들에게 포탄쯤 별 것 아니겠지만, 나만 섬뜩한 생각이 들어 뒤로 주춤 물러선다.

6) 아바나 구 도심의 이름난 카페.

집 앞 골목에서 재잘거리는 소녀들.

뇌리에 각인된 포탄 이미지를 지우려고 시선을 돌린다. 바로 옆에 이리저리 뛰어다니며 떠드는 아이들 열 댓 명이 눈에 띈다. 그들이 일으키는 먼지를 바라보며 동심의 세계로 빠져든다. 인솔교사는 광장 바닥에 손가락으로 원을 크게 그린다. 애들은 늘 그랬던 것처럼 흐릿한 선 위에 엉덩방아를 찧으며 원을 만든다. 주저앉은 애들 중 한 명이 인솔교사 수신호 따라 일어나고, 인솔교사가 쥐어준 물건을 쥐고서 시계 방향으로 달린다. 달리던 아이가 누군가의 머리를 툭 치자 화들짝 놀란 애가 벌떡 일어난다. 방향을 바꿔 뛰던 술래는 다른 아이 어깨를 건드린다. 시계 방향으로 돌던 술래가 제풀에 쓰러지고 놀이는 이어진다. 가만 보니 우리네 수건돌리기랑 닮았고, 흥에 겨운 애들 모습까지 꼭 같다. 혼자 놀러 나온 아이는 수탉 동상에 둘러친 쇠사슬을 그네삼아 놀고, 또 다른 아이는 머리 위로 날린 야광 불꽃을 주우려고 이리저리 뛴다. 자전거 위에 앉은 아이는 금수저인 것 같은데 미국에 친척이 있거나 부모가

사방치기 놀이.

관광객 상대로 장사를 하나 보다.

딴전 피우지 말라며 카페 에스꼬레알이 내 시선을 붙든다. 구석자리엔 생두가 키 높이만큼 쌓였고, 직원은 줄지은 사람들에게 볶은 커피를 파느라 정신없다. 어림잡아 한 시간은 기다려야 커피를 살 수 있을 것 같다. 땡볕이 정수리를 달구고 땀은 흘러내리지만 지레 포기하긴 억울하다. 나는 무료한 시간을 달랠 겸 건너편 가게를 휘둘러본다. 열한 시 즈음인데도 맥주 가게엔 앉을 자리가 없다. 술 없이는 노래나 춤을 꺼낼 줄 모르는 어른들이 자릴 빼곡하게 차지한 탓이다. 그런 기회를 놓칠 리 없는 장사치가 어른들의 추억을 되새기라고 수제맥주를 만들어 팔고 있나 보다. 숯불 로스터에는 유기농으로 기른 닭이 구워지고, 구수한 연기가 맥주잔에 덧씌워진다. 테이블 위에는 원통 유리그릇에 담긴 황금색 맥주가 키를 차츰 줄여간다. 실내보다 바깥 테이블 숫자가 더 많은데 광장이 아니었다면 장사를 어찌했을까 싶다. 술을 마시며 웃고 떠드는 소리 땜에 광장은 용광로나 다름없다. 유기농 맥주가 끌리긴 하지만 한 잔을 마셔도 최면에 빠져들 것 같아 생각을 접는다.

커피를 사기 위해 줄 서서 기다리는 동안 어른들 놀이를 지켜보는 건 싱겁기 짝이 없다. 나는 긴장이 풀어질까봐 백팩을 벗어 속을 뒤져나간다. 혼자서 놀고 있는 애들에게 줄 풍선 몇 개를 찾아낸다. 자전거를 타거나 조형물에 쳐 둔 체인을 그네 대신 타고 있는 애들에게 다가간다. 혼자서 놀던 애들이 손가락 크기의 풍선에 입이 쩍 벌어진다. 값싼 풍선의 효용가치는 금액으로 따지기 힘들다. 광장 여기저기서 커져가는 풍선, 그들 꿈도 풍선처럼 모나지 않길 빌며 향기로운 유기농 커피 봉지를 받아든다.

비냘레스엔 부채가 없다

아바나에서는 햇살이 꽁무니를 쫓아다니며 괴롭혔다. 말레꽁에서 펄떡거리는 포말에 몸을 식혀봐야 잠시뿐이었다. 관광객들은 토시에 모자까지 쓰고도 햇볕을 피해 다니기 바빴다. 연신 부채질을 해 대는 그들의 얼굴엔 짜증이 켜를 이루었다. 가만히 서 있어도 숨이 막힌다며 시큰둥한 표정을 짓던 그들이 고개를 두리번거렸다. 귀를 기울여봤더니 어디선가 악기 연주 소리가 들려왔다. 저만치서 쿠바노 한 명이 엉덩이를 흔들

비냘레스에는 부채가 없는 대신 집집마다 흔들의자가 갖춰져 있다.

고 있었다. 땡볕 아래 홀린 듯 몸을 꼬아대는 그의 모습이 안타까웠다. 무더위에 춤을 출 여유가 있다는 게 신기하기만 했다. 한바탕 연극을 펼친 쿠바노는 아무 일도 없었다는 듯 걸음을 옮겼다. 모르긴 해도 흔들의자에 체중을 실어 바람 속 여행을 할 것이다. 카리브 해 열기는 부채만으로 쫓기엔 역부족이기 때문이다. 뜨거워진 몸을 바람 속으로 밀어 넣어 식히는 역발상은 쿠바노의 발명품이다.

차양 드리운 곳, 흔들의자에 몸을 실은 그가 눅눅한 바람이 드리운 커튼을 열어젖힌다. 비냘레스에는 그래서 집집마다 흔들의자를 갖춰 놓았다. 피델 카스트로는 국민들에게 흔들의자를 마련해 주려고 혁명을 했다는 우스갯소리가 나돌기도 한다. 퇴근한 쿠바노가 흔들의자에 앉아 땀을 식히는 동안 주방에서 달그락거리는 소리가 들려온다. 코로 뽀요[1] 냄새가 스며드는 걸 보면 아내가 수고한 남편을 위해 저녁상을 차리는 거다. 잠시 후 아내 콧소리가 흔들의자를 멈춰 세우고, 가족들이 모여 앉은 저녁 식사가 시작된다. 사랑이 고명으로 얹혔으니 맛난 저녁을 먹은 남편이 특별한 밤을 선사할 게 틀림없다.

새벽에 일어나 마을을 한 바퀴 돌아본다. 지난밤의 무덥던 기억을 지워버리려고 바람이 골목을 쓸고 간다. 지친 하루를 제 몸에 싣고서 땀을 식혀주던 흔들의자는 할 일을 잃어 버렸다. 자욱하던 먼지가 가라앉은 골목을 걸어간다. 저만치 파스텔 톤 단층집이 보여 쇠창살로 만든 대문 안쪽을 들여다본다. 안뜰에는 마주보게 놔 둔 의자 두 개가 주인을 기다리고 있다. 부부간 금슬이 흔들의자 배치에서 고스란히 드러난다. 얼마나 정이 넘쳤으면 이마를 맞댄 채 일어나 안방으로 들어갔을까. 손을 맞잡고 잠자리에 들었을 부부의 달착지근할 대화를 상상해 본다. 부부 간의 금슬을 두고서 혁명이며 사회주의 이념 따위를 생각할 필요는 없다. 카리브 해 파도가 섬을 뒤흔들지라도 다독여 줄 반쪽이 있으니

1) 닭 백숙에 소스를 뿌린 요리.

사이가 좋지 않은 부부가 앉았다 간 걸로 보이는 흔들의자.

걱정할 일이 있을까.

올드 아바나는 1511년에 첫 삽을 떴다. 오백 년이 훌쩍 지났으니 건물들은 낡고 빛이 바랬다. 골목을 누비는 동안 허물어진 바로크식 건물 한 채가 걸음을 붙든다. 눈을 반짝이며 폐허나 다름없는 건물의 잔해 속에다 발자국을 낸다. 속살을 오롯이 드러낸 흙벽이 제 역할을 다했다는 듯 제 스스로 갈비뼈를 뜯어내고 있다. 허물어져 가는 벽에 손을 가만히 대 본다. 손가락에 닿는 촉감만으로도 땀이 식을 것 같다. 내력벽[2)]의 두께를 재봤더니 두 뼘이 넘는다. 카리브 해 바닷바람이 몰려들던 새벽이나 새들이 차가워진 바람을 물고 블라인드 틈새로 날아들던 기억이 흙벽 속에 간직되었을 것 같다. 흙벽에 귀를 갖다 대면 골목을 메우던 아이들의 왁자한 소리와 노래와 춤으로 태교를 대신했던 그들 재롱이 들릴 듯하다.

2) 슬래브의 무게를 지탱하기 위한 기둥 역할의 벽체.

쿠바가 세계 으뜸이라 자부하는 것 중 하나가 의료 시스템이다. 그

때문에 영아 사망률이 제로에 가깝다. 풍족하진 않아도 의식주가 해결되고 아파도 병원비 걱정을 안 해도 되니 카리브 해 햇볕이 그다지 뜨겁다는 걸 느끼지 못하는 것 같다. 집집마다 흔들의자를 갖추게 한 건 덤이다. 지도자들이 사리사욕을 취하려고 국민 삶을 등한시 하지 않아 번 돈을 요가나 피트니스에 소비한다. 취미 활동이나 연인에게 줄 선물을 사기 위해 직업을 구한다. 자잘한 걱정거리가 없다보니 늘 웃고 노래하고 춤출 여유가 생긴 걸까. 부채 없이도 몸을 바람 속으로 밀고 들어갈 줄 아는 그들, 저녁 먹고 모여 앉은 가족 주위로 달무리가 태극선[3] 같은 울타리를 친다. 차 소리가 뜸해지면 도란거리던 가족에게 졸음이 엉겨 붙는다. 그들이 떠난 흔들의자에 별들 한 무리가 내려앉아 속닥거린다.

3) 태극 문양을 그려 넣은 부채.

마부가 된 임금님

1) 탈 것의 총칭.

멀리서 수탉 홰치는 소리가 들리고, 창이 서서히 밝아온다. 식사를 마치고 흔들의자에 앉는 순간 마부가 된 임금님이 나타난다. 마차는 어디에 있는지, 국립공원까진 얼마만큼 가야하는지 끝내 말 한 마디 없다. 거금을 지불했는데 속은 건 아닐까 하면서도 그를 뒤따른다. 오 분쯤 걸으니 조랑말에 묶인 리어카가 저만치 보인다. 저걸 두고 꼬체[1]에 태워 국립공원을 트래킹 시켜 주겠다고 꼬드겼나 보다. 마차 짐칸에는 나보다 먼저 왕비와 열한 살짜리 왕자가 올라탄다. 왕실 행차에 끼어 탄 나는 마차의 흔들림에 맞춰 그들에게 머릴 조아려야 했다. 왕실 행차가 이어지는 동안 임금님은 지나치는 사람들에게 안부를 묻기도 한다. 그 중 자전거를 탄 사람은 마차 난간을 잡고 지친 몸을 쉬기도 한다.

내가 마부의 꾐에 빠져든 건 어제 저녁 무렵이다. 트래킹을 하려면 돈이 얼마나 들며 소요 시간은 어느 정도인지 물어봤다. 바람을 쐬러 나왔던 마부는 눈을 반짝거리며 바짝 다가앉았다. 거리나 소요 시간 따윈 아무런 문제가 아니라는 듯 요금부터 제시했다. 의사소통이 되지 않아 찜찜했지만 트래킹 계획은 포기할 수 없었다. 나는 그가 요구한 돈을 건네고 나서 내일 아홉 시에 출발하자고 말했다. 마부는 내 얘기를 묵살하고서 일곱 시 반까지 여기로 오라고 명령했다.

수레 끄는 임무를 마친 말의 고삐를 끌러주는 마부.

한 시간쯤 달린 마차가 주춤거린다. 마부가 말고삐를 당긴 탓이다. 곧이어 마차는 비포장길로 접어든다. 마차의 흔들림이 장난 아닌데, 바지가 헤지지 않으면 엉덩이가 짓무르고 말 것 같다. 마차 난간을 두 손으로 잡아서 흔들림을 줄이려 애쓰지만 역부족이다, 마부는 내 사정 따윈 신경 쓰지 않겠다는 듯 푹신한 안장에 앉아 시가를 물고 있다. 그 때문에 그를 마부가 된 임금님이라고 이름 지었다. 백성의 불편 따윈 도외시하는 태도는 폭군을 연상시킨다. 저만치서 조랑말 한 마리가 먼지를 일으키며 달려온다. 말 등에는 열 살 쯤 되어 보이는 아이가 올라타 있다. 그걸 본 마부가 마차를 세워 왕비며 왕자를 내려준다. 길 건너편 나지막한 건물에 쿠바 국기가 걸린 걸로 봐서 학교인 듯하다. 마차는 이십 분 남짓 더 달려 밭갈이 하는 농부 곁에 선다. 농부가 끄는 쟁기는 머리를 맞댄 소 두 마리에 묶여 있다. 마부는 농부에게도 잊지 않고 안부를 묻는다. 겨리질을 멈춘 농부가 달려와 조랑말과 리어카를 분리하고, 풀밭으로 말을 몰고 가 풀뿌리 짬에 고삐를 묶는다.

나무판자에 쓸렸던 엉덩이가 쓰라린 걸 봐서 상처가 난 것 같다. 내가 절뚝거리는 걸 봤으면서 마부는 태연하다. 그가 산을 바라보는 동안 고삐 묶인 조랑말을 살펴본다. 앞쪽 넓적다리에 도드라진 숫자가 보인다. 그 순간 내 엉덩이에도 낙인이 찍혔을 것만 같다. 나에게도 말처럼 낙인을 찍어 신하로 만들어 버린 그의 잔꾀는 임금님이 아니고선 할 수 없는 일이다. 그가 나에게 고갯짓으로 가파른 산을 가리킨다. 본격적으로 산을 타야하니 잔말 말고 따라오란 뜻이다. 까마득한 정상까지가 죄다 자신의 영지인 양 어깨에 힘주는 걸 잊지 않는다. 완만한 기울기의 밭을 지날 무렵이다. 방목하고 있는 돼지 한 마리가 보인다. 본래 못 생겼지만 풀어 놓은 탓인지 제멋대로인 몰골이 우습기 그지없다. 잠시 후 마주친 송아지는 돼지 덕을 톡톡히 본다. 마부는 영지에서 자라는 것들에게 미추를 가리지 않고 공평하게 사랑을 베푼다. 혁명 이념인 평등의 정신까지 오롯이 물려받은 게 틀림없다.

가축 가까이에는 허름한 민가가 지어져 있다. 마부는 헛간으로 보이는 곳으로 고개를 숙여 들어선다. 그를 뒤따라 들어섰더니 나무절구와 절굿공이가 보인다. 마부가 신호를 보냈는지 여자 하나가 달려와 자루를 건네준다. 마부는 시커먼 곡물을 한 줌 꺼내서 절구에 넣는다. 어두운 데다 색깔까지 검어서 어떤 곡물인지 짐작되지 않는다. 마부는 체면 따윈 벗어던지고서 곡물을 절굿공이로 연신 내리 찧는다. 잠시 후 닭발 같은 손으로 뭔가를 펴 올려 보여준다. 자세히 보니 커피 알갱이다. 죄다 벌레가 먹어서 쓸 만 한 건 하나도 없다. 마부가 모카 포트를 꺼내는 걸 보고서 바삐 헛간을 빠져나온다. 인간은 자연과 어우러져 살아야 한다는 얘기가 떠올랐지만 벌레가 먹고 남긴 커피를 마시고 싶진 않다. 시큰둥한 표정의 마부를 앞세워 한 시간 넘게 헉헉거리며 산을 오른다. 앞질러 가던 마부가 널따란 밭에서 멈춰 선다. 키 높이의 나무를 칼로 싹둑 자르는 걸 봐서 거기도 영지인 게 틀림없다. 나무를 자르고 난 그는 빨리 오라며 칼을 휘둘러 댄다. 미끄러운 샌들을 신은 탓에 산길 오르기가 쉽지 않다는 걸 알면서도 운동 부족이라며 빈정대는 꼴이 빈정 상하게 한다.

마부이긴 해도 임금님 못지않다며 마신 맥주가 프레시덴떼(president)다.

마부는 깎아지른 절벽 아래 다가가서 걸음을 멈춘다. 거기에는 산장 한 채가 덩그러니 지어져 있다. 안에서 장동건 닮은 남자가 나와서 미소를 지으며 마부를 영접하고, 그가 내민 의자에 퍼질러 앉는다. 더 이상 올라갈 곳이 없다는 뜻이다. 나는 이마의 땀을 닦은 뒤 산장 뒤편을 돌아본다. 한 평 넓이의 텃밭에 자라고 있는 허브가 그 이상 싱싱해 보일 수 없다. 모히또와 뗄 수 없는 허브를 본 순간 한 잔 하고픈 생각이 간절하지만 속에서 끓어오를 열기가 두려워서 꾹 참는다. 대신 조금 전 마시지 못한 커피를 주문하고, 마부는 더위엔 맥주가 최고라는 듯 병 한 개를 쥐고 번쩍 치켜들어 보인다. 마부가 된 임금님이 마시는 맥주도 쁘레시덴떼다.

책나라 도서관

주차장 없는 시골 터미널, 정차한 버스가 손님을 하나 둘 뱉어낸다. 뒤따르던 차들이 밀려 길은 금세 메워진다. 차가 배설한 매연을 피해 고개를 돌리면 터미널 건너 좁다란 광장 호세 마르티 동상이 눈앞을 막아선다. 거기엔 쿠바인의 자긍심을 닮은 국기가 펄럭이고 있다. 맞은 편에는 문화 센터 건물이 팻말을 앞세워 존재를 드러낸다. 송납도 눈을 내리깔고서 광장은 내 소유라며 우뚝한 키를 뽐내고 있다. 종탑의 녹슨 종을 두드리면 죽은 콜럼버스가 깨어나 여기만큼 아름다운 곳은 없다고

비냘레스 도서관 내부 전경.

외칠 것만 같다. 정오를 갓 넘긴 햇살이 종탑 위엄을 비웃 듯 광장 구석구석에 열기를 쏟아 붓는다. 종탑 아래 홀로 앉은 사람은 책을 읽고, 일행 두 사람은 담소를 나누고 있다. 자리를 차지하지 못한 사람들은 선 채로 폰을 뚫어지게 들여다본다. 가게 앞에는 사람들이 십 미터 넘게 줄을 서서 퍼포먼스를 벌이는 듯하다, 나는 사흘 동안 몸을 의지할 곳을 찾아 먼지 풀풀 날리는 길을 좀비처럼 헤맨다.

끝이 보이는 도로를 절반쯤 걸었을 때다. 판자로 짜 맞춘 건물 안에 책 읽는 아이들 모습이 얼핏 보인다. 나는 숨을 죽인 채 판잣집 내부를 스캔한다. 목재 트러스며 천장에는 하얀 페인트가 칠해져 있다. 좁은 데다 아이들 나이가 제각각인 게 학교는 아닌 듯하다. 입구에 걸린 간판을 더듬거려 읽어본다. 비브리오테카[1]라고 적힌 걸 보니 도서관이다. 인구 몇 되지 않는 도시에도 도서관이 갖춰져 있다는 사실이 놀랍다. 교육과 의료라면 돈을 아끼지 않는다는 얘기가 빈말 아닌가 보다. 발소릴 낮춰 건물 안으로 걸음을 들인다. 왼쪽 벽에는 군복 차림의 피델 카스트로가 노려보고 있다. 책 읽던 애들도 고갤 들어 생김새가 다른 침입자를 살핀다. 나는 애들 눈치 따윈 무시한 채 안으로 깊숙하게 들어선다. 그 순간 사서로 보이는 여자가 고개를 들어 살짝 웃는다. 책 읽으려고 들렀다면 묻지도 따지지도 않겠단 뜻이다. 피델 카스트로 포스터에 주눅 들었던 근육이 스르르 풀리는 느낌에 이어 여자의 낡은 책상과 허름한 서가가 눈에 들어온다. 용접한 철근 뼈대 위에 합판을 얹은 서가 위의 빛바랜 책들은 꽤나 인상 깊다. 그런 곳에서 혁명 구호를 외치는 피델 카스트로 그림이 생뚱맞을 뿐. 아이들은 그런 일 따위엔 관심 없다는 듯 털털거리며 돌아가는 선풍기 아래서 책 읽기에 몰입하고 있다. 책이 바랬거나 서가가 녹슨 건 상관하지 않고 활자가 낸 길을 더듬기 바쁘다.

1) 도서관, 스페인어 표기.

쿠바 아동문학가 도나 알론소의 글; 아동문학은 학교만큼 필요합니다. 아이가 있는 곳에는 책이 있어야 합니다. 다른 것은 실수입니다.

비냘레스 도서관 간판.

미로처럼 펼쳐진 골목은 어디나 도서관이다. 머리 희끗한 노인이 앉은 벤치를 도서관 아니라고 할 사람은 없다. 혁명의 일원이었음직한 그도 지식의 갈증을 느끼나 보다. 조금 더 걸으니 처마에 기대고 책을 읽는 젊은이도 보인다. 보아하니 그는 자전거에 천막을 씌워 손님을 실어 나르는 비씨 택시 기사다. 자발적 가난의 굴레에서 벗어날 길을 찾으려는 듯 독서삼매경에 빠져 있다. 바로크 식 건물은 오백 년 세월의 더께를 지고 서서 책 읽는 사람에게 선선한 기운을 전한다. 언젠가 맞이할 우화의 순간에도 책 속 길을 따라 나아갈 준비에 바쁜 열 살 남짓 되는 학생도 보인다. 그가 읽는 글의 행간에 선행 학습이니 복습이니 하는 강박감은 끼어들 틈이 없다. 1959년 혁명 직후 가장 먼저 창설한 게 쿠바 도서협회였다고 한다. 먹고 사는 게 빠듯하면서도 학생들에게 책을 가까이 하는 걸 습관 들인 쿠바 교육부. 책만 펼쳐들면 어디나 도서관이 되는 가슴 뭉클한 풍경화, 책 나라 도서관은 그들 스스로 만들어낸 발명품이다.

진열된 책들.

서가에 꽂힌 책을 하나하나 살펴본다. 제목이나마 읽어낼 수 있는 건 몇 권뿐이다. 사서에게 겸연쩍은 인사를 남기고 돌아 나오는 동안, 녹슨 서가며 헐렁하게 꽂힌 책들 사이에 얼쩡거리는 측은한 시선을 거두기가 안타깝다. 스마트폰에 내몰린 우리의 책을 실어와 이 곳 도서관 서가의 빈자리를 메워주면 어떨까. 한국어 강사를 파견해서 이곳 애들에게 한글을 가르치고, 자발적 가난이 천민자본주의보다 뛰어나다는 걸 책을 읽어 깨우치게 해서 그들 자긍심을 키워 주고 싶다. 쿠바 정부에서 광통신망을 설치한다는 얘기가 들린다. 하지만 아무데서나 와이파이가 터지지 않도록 통제한다는 얘기엔 적잖이 실망스럽다. 아마도 책을 집어 던지고 폰을 집어든 젊은이 때문에 쿠바 도서협회가 로비를 한 건 아닐까. 책 나라 도서관 입구에 삼성, 엘지(LG) 로고가 번쩍이는 폰이 진열될지도 몰라 지레 겁을 먹었나보다.

까사 마리린 먼로

두 시간 간격으로 출발하는 비아술 버스를 타려고 터미널 주위를 어슬렁거릴 때다. 호객꾼이 달라붙어 합승 택시를 타라고 꼬드긴다. 조금 비싸지만 집 앞에 데려다주니 갈아타지 않아도 된다면서. 나는 때 묻지 않은 비냘레스의 품에 얼른 안기려고 호객꾼 말만 믿고 합승택시를 탔다. 나 홀로 여행자에겐 비냘레스가 최고라지만 사기꾼에게 수머니를 털릴 까봐 전전긍긍한다. 뜨리니다드에서 예약한 택시 요금에서 1쿡 더

비냘레스의 까사.

내야하는 호객꾼의 애교어린 사기를 당한 뒤부터다. 활달한 성격의 호벤[1]은 5쿡만 받으면 되는 데도 6쿡을 내야한다고 억지를 부렸다. 지나고 보니 젊은 청년이 지은 미소의 가치가 1쿡인 셈이다. 비냘레스에 도착해서 택시에서 내린 뒤에도 사기를 당할까 봐 눈을 부릅떴다. 하지만 한적한 마을이어서 호객꾼이라곤 한 명도 보이지 않는다. 뜨리니다드에서는 그들 도움을 받아 값싸고 전망 좋은 까사를 알게 됐다. 시가지 끝머리인 데다 시야를 가리는 게 없어서 바다가 한 눈에 들어왔다. 그들이 없었더라면 새벽부터 닭이 홰치는 소리의 고막 찢는 고문을 당해야 했을 것이다. 성가시긴 해도 이것저것 물을 수 있어 좋았는데 호객꾼이 보이지 않으니 막막하기만 하다.

1) 청년을 추켜 올려 일컫는 말.

2) 여행하는 인간이라는 뜻.

역마살이 채찍질해서 떠나 온 호모 비아토르[2]. 길을 물으려는 구실로 낯선 쿠바노와 몇 마디 말을 주고받는다. 낯설던 스페인어가 귀에 익숙해지면서 그들 습속에 맞춰 뺨을 맞대고 인사를 나누기도 한다. 비냘레스 터미널에서 소개한 까사로 찾아간 뒤부터 본격적인 소통을 시작하고, 주인 여자와 밀당을 벌이는 동안 그들 삶에 점점 동화되어 간다. 주인 여자는 스페인어 외엔 접해보지 않았고, 나는 스페인어가 서툴러서 대략 난감이지만 웃음을 잃지 않는다. 흥정이 잘못되어 주머니를 털리지 않는다면 문제될 게 없다. 상대방의 의사를 알아채지 못해 가슴을 치는 동안 어떤 여자가 들어선다. 이웃의 어려움을 그냥 봐 넘기지 못하는 누군가가 데려온 사람이다. 목에 힘을 주는 걸 보면 영어 회화를 어렵지 않게 해 낼 수 있는 모양이다. 내가 영어로 뭔가를 물으니 고개를 갸웃거리는 걸로 봐서 주인 여자와 별 차이가 없어 보인다. 나는 그걸로 쿠바의 교육이 하향평준화 되었다는 걸 미뤄 짐작한다.

답답했던 나는 백팩에서 메모지를 꺼내 영어 단어를 적고, 그걸 지켜보던 여자가 아래에다 답글을 단다. 하루 숙박에 얼마냐고 물었더니 25

까사 돈 마놀로에서 마리린 먼로가 준비한 랍스터 요리.

쿡이라는 답을 쓴다. 나는 아바나에서도 20쿡 밖에 내지 않았다며 목소리를 높인다. 주인 여자가 팔을 벌려 보인 뒤 나에게 골목을 가리킨다. 그녀가 열쇠로 열어젖힌 방에 냉방 기구라곤 선풍기 한 대뿐이다. 그걸로 푹푹 찌는 더위를 어찌 견디라고. 다른 곳을 알아보려 했지만 애써 흥정한 게 아까워 선뜻 걸음이 떼 지지 않는다. 주인 여자는 저녁 식사도 가능하다고 환하게 웃는다. 식사 한 끼에 얼마냐고 물었더니 메모지에다 숫자를 써서 알려준다. 먼지 풀풀 날리는 식당에서 먹는 것보다 나을 것 같아 침대 위에다 백팩을 내려놓는다. 저녁은 뭘로 준비할까 손짓 발짓으로 물어서 뽀요라고 답을 해 준 뒤 손을 씻는다. 짐 정리를 마치고 샤워도 했더니 나른한 기운이 몰려든다. 책을 읽으면 잠을 쫓을 수 있을지 몰라 덮어두었던 곳을 펼친다. 하지만 몰려드는 졸음을 떨쳐 내기에는 달려온 거리가 너무 멀다.

한 번 시작된 혁명은 쉬 불을 끄기 어렵다는 프랑스 혁명사를 몇 번

되풀이해서 읽는다. 11년 동안 유력 인사 만 명이 단두대에 목이 잘려 나가고, 일반인은 백만 명 가까이 죽었다는 얘기에 닭살이 돋는다. 쿠바에서는 그들의 국부나 마찬가지인 호세 마르티가 혁명에 불을 지피고서 전사했고, 그의 정신을 이어받은 피델 카스트로가 체 게바라와 힘을 합쳐 원대한 꿈을 이룰 수 있었다. 혁명에 혼을 빼앗겼다가 정신을 차리고 보니 식사 시간이 다 되었다. 책을 덮고, 거울을 들여다본 뒤 식당으로 갔다. 저녁 준비가 되었는지 구수한 냄새가 현관까지 흘러나온다.

나는 군침을 흘리며 식탁에 앉는다. 때맞춰 주인 여자가 커다란 접시에 담긴 요리를 내 온다. 거기에는 소스가 거의 뿌려지지 않은 닭 백숙이 얹혀 있다. 배고플 때 요리를 내오는 여자는 얼마나 아름다운지. 나는 그때부터 주인 여자의 마리린이란 이름 대신 마리린 먼로라 부르기로 했다. 내 얘기를 듣고 난 마리린의 입 꼬리가 위로 쭉 올라간다. 푸짐한 저녁 식사를 보면서 나도 모르게 폰을 켜서 사진을 찍는다. 그런 뒤 포크를 집었지만 저걸 혼자 다 먹을 수 있을까 고민에 빠진다. 아무래도 감당할 수 없을 것 같아 나이프로 절반을 자른다. 그걸 주방에 갖다 주며 나눠 먹으면 더 맛있다는 말을 고명으로 얹는다. 내가 건넨 접시를 받아 든 마리린 먼로가 당황하는 눈치다. 나는 부담 갖지 말라며 두 손을 젓는다. 되돌아와 닭고기를 찢어 씹는다. 소스가 부실하지만 이렇게 맛있는 닭고기를 먹는다는 게 믿기지 않는다. 마리린 먼로에게 덜어준 게 살짝 후회스럽기도 하다. 접시가 비어가는 걸 보면서 내일 저녁엔 랍스터를 먹게 해 달라고 예약을 한다.

터미널 주위에 얼쩡거리는 사람들을 끌어 모아 패키지여행을 마친 뒤 까사로 돌아왔다. 마리린 먼로는 랑고스타[3] 요리를 간신히 준비했다며 생색을 낸다. 어딜 둘러봐도 바다인데, 랍스터 구하기가 쉽지 않았던 모양이다. 샤워를 마치고 식당에 들어선 순간이다. 테이블 위엔 갖은

3) 랍스터의 스페인어.

마리린 먼로가 차려 낸 아침 식사.

채소를 곁들인 손바닥 크기의 랍스터가 맛깔나게 차려져 있다. 인간의 기본 욕구 중 하나인 식욕 때문에 입안에 침이 고인다. 주방에서 식당을 거쳐 바깥을 드나들던 까사 주인 마리린 먼로는 맛나게 먹는 내 모습을 흐뭇한 표정으로 지켜본다. 마리린 먼로라고 치켜 부르고 나니 도우미와 주고받는 대화도 자장가처럼 부드럽게 들린다. 꿈속에선 그녀 티 없는 미소가 아린 발목을 주물러 줄 것만 같다.

신의 한 수, 햄버거

비냘레스 비아술 터미널을 서성거릴 때다. 산적처럼 생긴 남자가 내게 다가왔다. 험상궂은 그는 다짜고짜 아바나에 갈 거냐고 묻기부터 했다. 고개를 끄덕이지 않으면 어떤 위험이 따를지 알 수 없었다. 흥정은 일방적으로 끝났다. 곧 떠나는 택시가 있다더니 주위엔 나뿐이었다. 다른 사람들은 어디에 있느냐는 말이 떨리며 건너갔다. 주먹을 맞대고 우두둑 소릴 낸 그가 한적한 뒷골목을 가리켰다. 따라오란 손짓이었지만 오금이

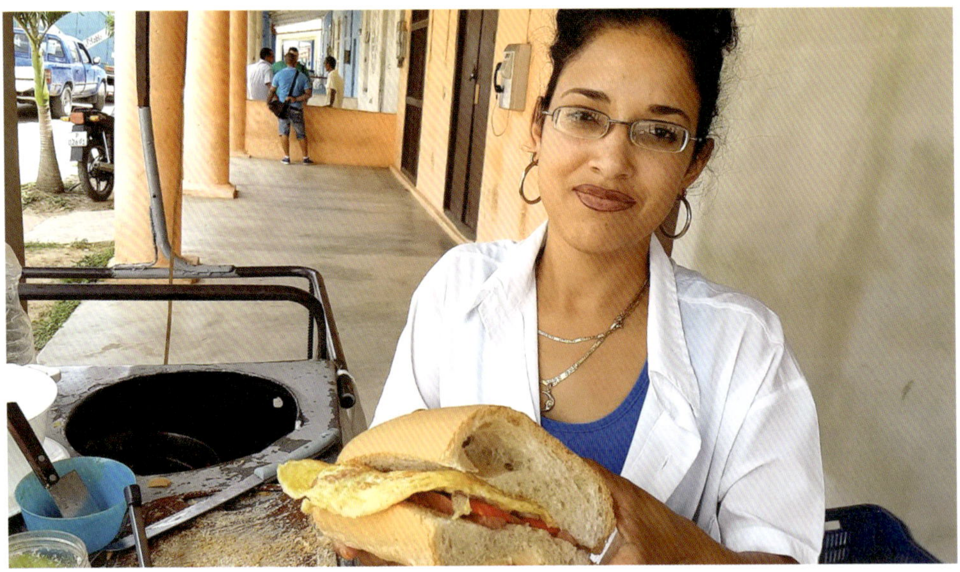

햄버거를 만들어 건네주는 인도 출신 여자.

저려 발이 쉬 떼 지지 않았다. 그 순간에도 꼬르륵 소리가 오후 두시 햇살의 드센 기운을 업고 고막을 두드렸다. 시계를 본 그가 구시렁거리며 폰의 키를 거칠게 눌렀다. 혹시나 해서 주위를 두리번거렸지만 엎드려 졸고 있는 개 한 마리뿐이었다. 배가 고팠던 나는 그마저도 먹을 걸로 보였다. 그때 인도 여자로 변신한 시바신[1]이 짠, 하고 나타났다. 말쑥한 차림에 안경을 끼고 포장마차 앞에서 실실 웃는 모습이라니, 시바신 아니고선 그처럼 생뚱맞게 연출할 능력자는 없다. 포장마차 위에는 핸드백 크기의 바게뜨에다 오이, 토마토, 계란들이 아무렇게나 얹혀 있었다. 통 속 몇 가지 재료는 뚜껑이 덮여 정체를 알기 힘들었다. 리어카 모서리에 붙여둔 햄버거 가격은 너무 착해서 곧바로 입에 침이 가득 고였다. 먹을 것 대신 침만 연이어 넘겼던 탓에 속은 더 쓰렸다.

1) 힌두교의 대표적인 신. 파괴와 건설을 담당한다.

동전을 꺼내려는 순간이다. 폰을 귀에 댄 남자가 졸고 있는 개를 보며 고함을 질러댔다. 불쾌해진 얼굴로 주먹을 휘두르기도 해서 방광이 오그라들었다. 그런 중에도 값싼 햄버거의 유혹은 떨치기 힘들었다. 눈치를 살피면서 인도 여자 눈앞에 동전을 들이밀었고 손바닥으로 배를 쓸었다. 빨리 만들어달라는 제스처였지만 그녀는 느긋했다. 햄버거를 만들어 본지 족히 몇 백 년은 된 듯 한참 동안 고개를 갸웃거리고 있었다. 느린 손짓으로 시뮬레이션을 마친 여자가 프라이팬을 집어 들었다. 그런 뒤 그걸 불 위에 얹고 기름을 둘렀다. 색깔이 분간되지 않는 플라스틱 통에 계란을 깨 넣고, 얼굴에서 떼 낸 듯 시든 오이를 넣어 휘저은 뒤 프라이팬에다 부어 이리저리 기울였다. 계란 프라이가 익는 동안에는 칼을 써서 핸드백 크기의 바게뜨를 포 떴다. 다음으로 구석기 시대에 만들었음직한 또 다른 플라스틱 통을 열고 칼로 박박 긁었다. 크림인지 버터인지 모를 걸쭉한 액체를 바게뜨 단면에 펴 바르는 게 아닌가. 왜 하필 그때 신들의 나라, 인도에서 온 여자의 반지르르한 머리가 눈에 띄었을까.

바게트 빵에 스테이크를 넣은 길거리 음식과 마메이 주스.

플라스틱 통의 라벨을 읽게 된 건 순전히 활자 중독 탓이다. 헤어 젤이란 글씨가 팝업창 열리듯 눈을 찌른 순간, 엊저녁 게걸스레 먹었던 랍스터를 토해낼 뻔했다. 주문을 취소하려고 했더니 이미 늦었다며 계란 프라이가 고소한 냄새를 퍼뜨렸다. 그걸 믿어선지 인도 여자 손놀림은 이승의 삶이 끝나길 기다리듯 느긋해졌다. 잘라 둔 바게뜨 위에 소시지와 토마토를 얇게 저미고 포개는데 지구가 자전을 끝낼 만큼 시간이 걸렸다. 다 익은 계란 프라이를 잘려진 바게뜨 위에 얹는 동안 허기에 지친 내 영혼이 하늘로 붕 뜨는 것 같았다. 인내심 테스트를 패스했다는 듯 여자가 미소 스탬프 찍힌 햄버거를 건네줬다. 동전과 맞바꾼 햄버거는 무게며 부피 땜에 허리가 휘청할 정도다. 헤어크림 라벨을 본 기억이 지워지지 않아 찜찜했지만 입에서 그라시아스, 란 말이 나온 게 의아했다. 인도 여자와 산적 사이에 짬짜미가 있었던 듯 딱 그 순간 택시가 도착했다.

9인승 마끼나 택시에는 빈자리가 하나뿐이었다. 비좁아서 백팩을 앞으로 돌려 매고 차에 올랐다. 파일 크기의 햄버거가 시야를 가려 앞이 보이지 않았다. 찜통 같은 택시는 카리브해 바람으로 에어컨을 대신하려는 듯 거침없이 내달렸다. 흔들리는 차 안에서 텅 빈 위가 요동치기 시작했고, 들이친 바람이 헤어크림 바르던 기억을 죄다 앗아갔다. 머리가 하얗게 비어버린 탓인지 한 입 베어 문 햄버거는 미슐랭 별을 단 요리보다 맛났다. 열린 창으로 바람이 쉼 없이 밀려들어 푸석거리는 바게뜨가 절반 넘게 일행들에게 날아갔다. 3열 중 가운데 앉았으니 여섯 명이 그걸 나눠 먹은 거다. 마술사 손이 스친 듯 햄버거는 잠시 만에 부스러기만 남긴 채 사라졌다. 배가 고파 폭풍 흡입을 해서인지, 시바신의 초능력 탓인지는 모른다. 입안에는 유기농 채소와 목 넘김 부드러운 계란 맛만 남겨졌다. 걸핏하면 체하는 내가 물도 없이 그걸 먹었다는 건 마술 아니고선 이해되지 않는다. 시바신은 햄버거 어디에다 자신의 콧김을 불어 넣었을까. 헤어 젤 통에 담겼던 버터일까. 팩 하고 떼 낸 오이일까. 혹시 손때 묻은 토마토는 아닐까. 유기농 천국이니 어떤 재료든 시바신 맘대로 조화를 부리는 건 어렵지 않다. 백팩 위에 빵 부스러기만 남겨진 걸 본 뒤 몰려드는 바람이 몸 가누기 힘들 만큼 드세다는 걸 알았다. 카리브해에서 날아든 바람은 내 뺨의 살갗을 쥐어뜯어 옆 사람에게 갖다 붙일

추러스에 핫 초코를 곁들인 간식.

기세였지만 속이 든든해서 견뎌낼 수 있었다. 바게뜨의 파삭거림과 오이, 토마토, 계란 프라이며 버터가 인도 여자의 미소와 절묘하게 버무려진 햄버거, 신의 한 수를 맛 본 감동이 커서 말레꽁 때리는 파도 소리가 부에나비스타 소셜 클럽 악단 연주처럼 흥겹게 들렸다.

쿠바노가 사는 법

시가와 건강 백세

쿠바에서 금연 글씨는 한국인 만나기보다 힘들다. 병원이나 혁명기념관 쯤 돼야 NO FUMAR[1] 란 표시가 보인다. 국민 건강을 위해 일한다는 보건부가 의심스럽다. 시가가 설탕, 커피와 함께 3대 수출품이기 때문일까. 미소 머금은 여자의 시가 피우는 퍼포먼스는 때와 장소를 가리지 않는다. 여행 선물 품목에서도 시가는 빠뜨려선 안 된다. 북한 외교관들이 몰래 반출한 쿠바 시가를 되팔아 이익을 챙긴 역사도 꽤 오래됐다. 골목에 떠도는 냄새로 봐서는 근처에 초콜릿 가게가 있음직한 착각에 빠져들게 한다. 아기 안은 여자도 시가를 피우는 사람에게 인상을 찌푸리지 않는다. 여기저기서 시가 연기가 피어올라야만 쿠바스럽다. 다른 나라에서 만든 건 무늬만 시가일 뿐 짝퉁이나 다름없다. 쿠바산 시가를 담배라 낮춰 부르는 건 큰 모욕이다.

1) 흡연 금지의 스페인어

시가를 피우는 쿠바 여인.

자연 경관이 빼어난 비날레스에 갔을 때다. 호객꾼이 터미널 근처에서 배낭 여행자를 끌어 모았다. 정원이 채워진 순간 뒷골목으로 일행을 이끌었다. 마끼나 택시는 터미널 주위에서 영업을 못하는 모양이다. 홍콩 아가씨 클레어, 아일랜드 커플과 인사를 주고받는 동안 호객꾼이 운전기사에게 일행을 인계했다. 여행자를 싣고 털털거리며 출발한 마끼나 택시가 채마밭 앞에서 시동을 껐다. 고장이 난 걸까 고개를 갸웃거린 순간 들판이 끝나는 곳의 산자락을 가리킨 운전기사가 말했다. '저 돌산이 호세 마르티를 닮았어요.' 그가 가리킨 경사진 암반엔 누워있는 사람 얼굴이 흐릿하게 드러난다. 바위 덩어리가 누구를 닮았는지는 관심조차 없는데, 혁명 1세대 민족시인 겸 사상가인 호세 마르티 홍보에 열을 올리고 있다. 내 시선은 눈앞에 펼쳐진 꽃밭을 떠나지 못한다. 연두색 이파리 끝에 달린 분홍색 꽃을 보자마자 꽂히고 만 거다. 나는 택시 기사 옆구리를 찔러 물어봤다. '이게 무슨 꽃이죠?' 그는 뜬금없다는 표정으로 입에 물고 있던 시가와 연두색 이파리를 번갈아 가리켰다. 허리를 뒤로 젖힌 그는 시가를 빨아 들였다가 머금은 뒤 눈을 감고서 맛을 음미한다. 잠시 후 내뱉는 연기가 그의 얼굴을 안개처럼 에워싼다. 시가 피우는 모습에서

유기농 담배 경작지.

남자의 품격이 느껴지다니.

택시기사가 손짓으로 일행들을 불러 모았다. 어두컴컴한 창고로 안내한 그가 시래기처럼 매듭지어 철봉에 빼곡하게 걸쳐둔 다발들을 가리켰다. 꾸들꾸들 말라가는 이파리 한 개를 뗀 그가 입에 문 시가와 견주어 본다. 창고에는 처마 끝 메주가 막 꽃을 피울 무렵의 냄새가 배어난다. 숨을 더 깊이 들이쉬면 오래 숙성된 청국장이며 썩기 시작하는 낙엽 냄새도 스쳐간다. 바깥 움막에선 카우보이 모자를 쓴 남자가 시가 만드는 시연을 보이고 있다. 그의 능숙한 손놀림을 지켜보지만 나무판자 위 갈색 이파리와 뭉툭한 칼, 유리병에 든 풀 말고는 아무 것도 없다. 빠른 손놀림으로 시가를 말던 그가 빨아들인 연기를 천천히 내뱉는다. 곧이어 움막은 초콜릿 향 안개에 휘감긴다. 그가 뱉어낸 연무 속에는 카리브해의 습기와 따가운 햇살, 춤과 노래가 어우러진 쿠바의 낭만이 치밀하게 직조되어 있다. 오래 전 담배를 끊었지만 절로 침이 꼴깍 넘어간다. 시가 한 모금을 빨아들일 때의 기분과 느낌을 아니까. 그때 떠오르는 생각을 글로 옮기면 걸작 한편이 탄생할 것 같다. 시가를 말던 남자가 카우보이 모자 챙 너머로 나를 훔쳐본다. 한껏 들떴다는 걸 눈치 채고서 방금 만든 시가 한 개를 내게 건네고, 다른 손으로는 라이터를 켠다. 그걸 지켜보던 홍콩 아가씨 클레어가 '연기를 삼키지 않고 내뱉긴 해도 구강암 걸릴 확률이 높다는 통계가 있어요.' 라고 귓속말을 한다. 나는 끊었던 담배를 다시 잇게 될까 봐 걸작 탄생마저 포기하고 손사래를 친다. 쿠바

시가를 말아서 풀로 붙인 뒤 압착하는 기구.

쿠바 시가

보건부의 건강 시책을 믿지 못하는 건 클레어와 나뿐인 것 같다.

미국 폭스 뉴스에서 쿠바가 신 장수국가가 되었다고 한다. 백 세 넘긴 남녀 비율이 거의 같고, 치매도 없으면서 거동이 자유롭다는 게 여타 장수 국가와 다른 점이다. 보도 내용을 두고 국민과 정부의 해석은 엇갈린다. 춤과 노래에 대한 열정, 긍정적인 마인드에다 유기농 채소를 먹어 그런 거라고 국민들은 얘기한다. 보건부에서는 무상의료, 예방의료, 가족주치의제도[2] 등 앞선 의료시스템 덕분이라고 강변한다. 주장이 서로 엇갈리긴 해도 건강하게 백수를 누리는 노인들 덕분에 쿠바의 미션은 성공작이다. 지속 가능한 사회의 롤 모델인 쿠바에 장수 국가라는 별 하나를 더 달아준 또 하나 쾌거다. 입에 물고 사는 시가이긴 해도 청정 자연이 키웠다는 걸 알기 때문에 몸에 해롭다고 말하는 사람은 홍콩 아가씨 클레어뿐이다.

2) 의사가 꼰술또리오라는 주거공간에서 상주하며 24시간 내원 환자를 돌봐주는 제도.

안티구아 예비 의사 레네

1) 커피의 주산지, 과테말라의 도시.

2) 쿠바 수도 아바나의 무역, 외교 중심지.

안티구아[1]에서 유학 온 두차 텔리에르 레네. 그는 1999년에 세워진 라틴 아메리카 의과대학에 다니고 있다. 영 연방 소속 독립국가인 안티구아를 의료 사각지역에서 탈출시키는 게 그의 목표다. 아바나 미라마르[2]에서 만난 그는 어디서부터 걸어왔는지 온 몸이 땀범벅이었다. 20킬로미터 거리를 버스도 타지 않고 걸었다는 사실이 믿기지 않는다. 정부에서 주는 용돈으로는 버스를 탈 수도 없나 보다. 레네를 만난 건 지인이 전해 달라고 맡긴 장학금 때문이다. 책 살 형편이 못 되는 그를 위해 지인이 한푼 두푼 모은 돈을 보낸 거다. 얼마 간격으로 보내 주는지 알 순 없지만 그 돈이면 한 동안 공부에 전념할 수 있을 것 같다. 검은 얼굴이며 여드름을 가리려고 모자를 썼지만 미소는 감추기 어렵다. 모자 챙 아래 드러난 그의 선한 눈빛은 소를 닮아 유난히 반짝거린다. 레네를 양아들 삼으려고 한 지인의 뜻을 알 것 같다.

1998년 불어 닥친 허리케인 미치가 중남미에 큰 피해를 입혔다. 라틴 아메리카 의과대학은 허리케인 피해를 입은 이재민을 도우려고 세웠다. 쿠바 정부에서 의료 환경이 열악한 라틴 아메리카 곳곳에 파견할 의사를 길러낼 결심을 한 거다. 그란마 해군기지는 학교로 리모델링하기에 제격이었나 보다. 레네처럼 가난한 라틴 아메리카 학생들을 불러들여 6년 동안 임상이며 인술 과정을 실습 시켜 의사 면허를 발급한다. 그 중 2년은 마을 커뮤니티의 가족주치의를 보조해서 내원환자 진료와 왕진을 돕는다. 레네가 실습하게 될 가족주치의는 24시간 문을 연 채 내원환자를 진료한다. 오후엔 거동 불편한 환자를 위해 왕진을 가서 체크 리스트에 주거 환경부터 꼼꼼히 살펴 기록을 남긴다. 하수구가 막히진 않았는지, 바퀴벌레며 모기가 들끓진 않는지, 양식이 부족하진 않는지, 전날 술을 많이 마시진 않았는지, 처방한 약은 잘 먹고 있는지…. 쿠바 의사 1인당 환자수가 165명이라고 현지인이 알려줬다. 이는 전 세계를 통털어 가장 낮은 수준이다. 자국민 먹이고 입히는 것도 부족한 나라가 국방비 중 55%를 삭감해서 라틴 아메리카 국민들에게 의료 혜택을 주려는 것이다. 쿠바 의사들의 헌신은 2005년 8월 파키스탄 대지진 때 두각을 나타냈다. 지진의 아수라장 속으로 뛰어든 그들은 병원을 세운 뒤 숱한 사람들을 살려냈다. 레네도 그걸 본받아 돈벌이보다 몸소 익힌 인술을 베풀게 될 것이다. 의과대학에서도 연대성, 통합성, 인도주의를

안티구아에서 유학 온 의과대학생 두차 텔리에르 레네(오른쪽).

내세워 의술보다 인술부터 가르친다고 하니 훗날 그의 모습이 상상된다.

의과대학 6년 동안 쿠바 정부에서 교육비, 책값, 하숙비, 식비, 의복에다 월 100페소의 용돈도 준다. 그게 바로 혁명적 의학으로서 체 게바라가 갈망한 길이다. 의사 양성은 순수한 국제적 지원활동이어서 체제가 다른 국가 학생도 배척하지 않는다. 국민들의 빈곤과 건강악화를 염려해야 하는 나라의 학생이라면 누구든 입학을 허가한다. 그런 조건으로 받아들인 학생이 만 명이 넘는데 그 중 한국 학생도 섞여있다는 건 아이러니다. 예비 의사 두차 텔리에르 레네는 스페인어와 영어를 섞어 자랑스레 말한다.

"타인의 아픔을 몸으로, 마음으로 느낄 줄 아는 사람이 훌륭한 의사입니다."

3) 라틴 아메리카 의과대학.

에스꾸엘라 라띠노 아메리까나 데 메디시나[3] 학생인 레네는 성적증명서, 출생증명서, 건강증명서, 에이즈증명서, 임신증명서, 범죄사실증명서까지 제출한 뒤 입학했다. 그가 의사 면허증을 받은 뒤 안티구아 시골에서 2년 동안 일하겠다는 서약서를 쓸 순간 어떤 기분일지. 번득이는 눈빛이며 자신감 실린 어깨를 보더라도 선배들의 빛나는 이름을 더럽힐 것 같지 않다. 반짝이는 눈으로 안티구아 홍보 팸플릿을 펼친 레네는 여기가 고향이라고 자랑스레 얘기한다. 가난한 나라지만 자연의 향기 넘실거리는 레네 고향 안티구아를 허리케인 이르마(IRMA)가 할퀴어 폐허가 되고 말았다니. 그가 보내 온 동영상엔 부엌까지 밀려든 바닷물이 허리짬에서 찰방거린다. 레네 엄마는 그런 곳에서 의사되어 돌아올 아들을 기다리고 있을 것이다. 한 가닥 희망의 끈을 놓지 않은 채 물 속에서 식탁을 꾸릴 그의 엄마 밝은 표정을 떠올리기만 해도 가슴이 저릿해 온다.

라틴 아메리카 의과대학 학예제

가난해서 의료 혜택을 받지 못하는 라틴 아메리카 학생을 뽑아 의사로 키운 뒤 돌려보내는 산타클라라 캠퍼스에서 학예제가 열린다는 소식이 들렸다. 브리가다 캠프[1]에서는 의과대학 축제와 기간을 겹치도록 조정해서 대원들을 거기로 안내하는 모양이다. 대원들은 인솔자 얘길 듣고 나서 캠프에서 지낼 때랑 딴판으로 다들 말끔하게 차려 입었다. 하지만 산에서 막 내려 온 듯 수염을 기르고 도포 차림에 지팡이까지 든 남자도

1) 쿠바 정부에서 개최하는 세계 노동절 퍼레이드를 지지하는 각국 대표들의 합숙소

의과대학 총장과 함께한 필자.

보였다. 그와 늘 함께 다니는 빡빡머리 남자도 민소매 두루마기를 입고 말콤 X 얼굴이 새겨진 배지를 가슴에 달아 웃음을 자아냈다. 범상치 않은 차림새가 궁금해서 물었더니 미국에서 활동하고 있는 무슬림이라고 대답했다. 오바마와 라울이 손을 맞잡은 뒤 막혔던 항로가 열린 걸 기회로 캠프에 참가했다고.

인솔자를 따라 시동을 걸어 둔 버스에 올라 자리를 잡았다. 호기심 탓에 폭염이 카리브해를 달구는 시기란 것도 잊고 있었다. 버스에서 내리자마자 습식 사우나에 들어선 듯 숨이 턱 막혔다. 쿠바의 5월 날씨는 불화살을 정수리에 쏜 듯 따가웠다. 허름한 가운을 걸친 남자가 다가와 인솔자와 반갑게 인사를 나눴다. 누군가 싶어 물었더니 의과대학 총장이라고 대수롭지 않은 듯 대답했다. 그를 뒤따르며 둘러봤더니 회색빛 세월의 더께가 유리 깨진 아날로그 저울에 묵직하게 내려 앉아 있었다.

의과대학 총장과 대원 간에 병원 운영에 관한 질문과 대답이 이어졌

라틴 아메리카 의과대학 학예제 중창단: 의사, 학생, 환자들로 꾸려졌다.

다. 더러 들은 적 있는 의학 용어가 섞여 친밀감이 느껴졌다. 소아과 병동이며 복도에는 칭얼거리는 아기를 안은 어린 엄마들로 메워졌고, 병실에는 손바닥 크기의 오락기를 쥔 아이가 침대에 기댄 채 삐융삐융 소리에 몰입하고 있었다. 애들 있는 곳이라면 빠지지 않는 오락기지만 아이의 고통을 덜어주려고 사 준 것 같아서 측은함이 더했다. 복도를 지나치는 동안 허리까지 오는 가운을 걸친 학생들과 마주쳤다. 가난한 나라 학생들을 데려와 의사로 키워낸다고는 하지만 생필품이 부족한 탓인지 얼굴이 푸석해 보였다. 그들과 돌아가며 사진을 찍고 난 대원들은 힘내서 무사히 학업 마치라고 어깨를 토닥거려줬다.

총장의 병원 소개가 끝나고 자유 시간이 주어졌다. 아담한 정원에 흩어진 3백 명 대원들은 야자나무 그늘 따라 줄지어 차려 둔 바자회 행사를 둘러봤다. 좌판에 펼쳐 둔 라틴 아메리카 여러 나라 먹거리며 수공예품을 살펴보고 차려놓은 음식도 맛봤다. 수공예품이나 음식을 만드는 동안 부모 형제 생각에 울컥했을 그들 마음을 유추해봤다. 학생들 중에는 쿠바와 정서적으로 가까운 베네수엘라 출신이 많았다. 그래서 일까. 베네수엘라 국기가 그려진 완장을 찬 여학생이 유난히 돋보였다. 수실로 외부를 수놓은 마테 찻잔 구암파[2]며 빨대와 여과 기능을 가진 봄비샤[3]는 모양과 기능이 특이했다.

저만치서 인솔자가 나타나 대원들에게 손짓을 했다. 그는 공연이 곧 열릴 거라며 강당을 가리켜 보였다. 바자회를 열었던 학생들이 좌판을 하나 둘 걷었고, 오백 개 넘는다는 객석에는 학생들과 대원들이 섞여 앉았다. 베네수엘라 완장을 찬 여학생 뒤에 자리 잡은 나는 그녀의 일거수일투족을 지켜봤다. 여학생들이 주로 마시는 건 다이어트에 좋다는 마테차[4]다. 먹을 것도 부족한 곳에서 굳이 다이어트를 할 필요가 있는지, 그녀는 옆에 앉은 여학생에게 방금 마테차를 들이켜던 구암파를 건네줬

2) 마테차를 타서 먹는 찻잔.

3) 마테차의 찌꺼기를 걸러서 마실 수 있게 제작된 빨대.

4) 남미의 녹차. 철분과 아미노산 15가지가 함유되어 다이어트에 좋음. 면역력 증진.

다. 으레 그랬던 것처럼 옆의 여학생도 그걸 받아 봄비샤를 입에 물었다. 그걸 본 나는 교육을 제대로 받은 의학도가 맞나 싶어 고개를 갸웃거렸다. 뜰을 가득 메웠던 학생들이 몰려들어 좌석이 턱없이 모자랐다. 뒤편에는 공연을 보려고 서서 기다리는 학생들도 숱했다.

마테차를 타서 마시는 찻잔 구암파와 빨대인 봄비샤.

붉은 커튼에다 쿠바 국기가 장식의 전부인 무대, 총장 인사는 '반갑다', '고맙다'로 끝났다. 기악 합주에 이어 피아노 연주를 곁들인 독창과 중창이 잇따르던 무대는 누군지 분간되지 않는 사람들로 메워졌다. 청바지 차림인 그들은 대 여섯 살부터 서른 살 남짓까지 고루 섞였다. 일렬횡대로 늘어선 그들에게 대 여섯 개의 마이크가 나눠졌다. 피아노 반주에 이어 율동을 곁들인 노래가 터져 나온 순간 객석에서 박수갈채가 쏟아졌다. 중창단은 환자와 의학 공부하는 학생과 그들을 치료하거나 가르치는 의사로 꾸려졌다. 리더 역할의 단원이 앞으로 나서서 악보 세 마디쯤을 열창하면 나머지가 코러스를 넣고, 마이크는 리더 자격을 넘겨받은 또 다른 단원의 손으로 넘어갔다. 환자와 학생과 의사가 꾸린 삼위일체의 중창이라면 약으로 치유되지 않는 병마저 씻은 듯 물리칠 수 있을 것 같았다. 병이 낫고 나서라도 환자는 병원을 떠나지 않으려 뻗대고, 의사는 정이 든 환자를 놔 주기 안타까워 막 의사가 된 학생들을 딸려서 내 보낼 것 같다. 일본에서 창의적 사회복지 정책인 양 의사의 방문 진료를 활성화한다지만 그게 바로 쿠바 의료 제도가 아닌가. 그들 중창 모습을 지켜보며 다른 나라가 쿠바 '국민건강증진법'을 벤치마킹하려고 기를 쓰는 까닭을 알 것 같았다.

성인식, 낀세 아녜라

1) 14살의 스페인어.

캠프 참가자 중 유난히 시선을 끈 콜롬비아 아가씨 마리안나, 그녀랑 얘기를 나누던 디에고에게 물으니 열네 살이라고 해서 깜짝 놀랐다. 걸 맞지 않게 성숙한 탓에 곁을 스치기에도 조심스러웠고 이름 대신 나이에 맞춰 까똘쉐[1)]라 불렀다. 그 애와 가까워진 건 트랙터를 타고 가서 자갈밭을 고른 뒤부터다. 남자는 바윗덩어리를, 여자는 자갈을 골라내 트랙터에 실었다. 돌을 거의 다 걷어냈다고 손을 터는데 관리인이 속에 박힌

성인식 기념으로 포탄 위에 앉아 포즈를 잡은 15세 아가씨들.

바위를 캐내야한다고 말했다. 일이 맡겨지면 썰렁썰렁 못하는 성격 탓에 지렛대 대신 나뭇가지로 바위를 캐냈다. 그런 뒤 일을 거들었던 팔레스타인 청년과 스위스 군 출신 남자의 등을 두드렸다. 그 광경을 고스란히 지켜봤을 까똘쉐. 트랙터로 캠프에 복귀할 때 그 아이의 시선에 일렁거리던 미소를 잊을 수 있을까. 돌밭을 가꾼 뒤부터 그녀는 마주치기만 하면 수줍게 웃곤 했다. 그 아이와 마주 앉은 식당, 주머니에 넣어 뒀던 궁중 예복 책갈피를 꺼내 선물했다. 그 애는 보잘 것 없는 걸 받아 들고서 입을 다물지 못했다. 그걸 보더라도 그녀는 어린티를 벗지 못한 소녀다.

마리안나 삼촌 디에고로부터 콜롬비아 풍습을 알게 됐다. 내년이면 그녀가 성인식을 치를 거라고, 여자로서 책임과 의무를 다하겠다는 성인식은 결혼 못지않은 큰 행사다. 그건 라틴 아메리카 어디서나 관습으로 굳어졌다. 수녀가 되더라도 성인식을 치러야만 가능하다니 의미가 예사롭지 않다. 친구랑 친척이 모인 자리에서 신부 의상을 갖춰 입고 성인이 되었다는 걸 자랑할 마리안나, 한창 꿈을 키워야 할 나이에 엄마가 걸었던 길을 좇을 거라 생각하니 씁쓸한 생각에 이어 떠오른 상념들이 지워지지 않는다.

마리안나와 함께 했던 브리가다 캠프를 빠사까바요 호텔[2]로 옮겨 갔다. 노동절 연휴를 맞아 안토니오 메야 캠프[3]에 일 할 사람이 없어 그런 모양이다. 중부지방 시엔푸에고스 가까이 자리한 아담한 호텔. 바다 건너 작은 섬을 끼고 아기자기한 수영장도 갖추고 있다. 삼백 명 대원들을 위해 첫날은 환영식을 겸한 연회가, 마지막 날 밤에는 환송식이 열렸다. 하루만 제외하면 연이어 파티가 벌어진 것이다. 어쩌다 보니 짝을 짓지 못해 독방을 쓰고 있는 나. 술이며 시가, 춤과 노래를 즐기지 않는 사람이라면 쿠바의 휴양지는 지나치게 심심하다. 낯선 일상과 맞닥뜨릴지 모른단 생각에 수영장으로 갔지만 채식주의자 라니와 리나가 어울려 노는

2) 쿠바 중부지방 시엔푸에고스의 호텔.

3) 쿠바 혁명 영웅 안토니오 메야를 기리기 위한 캠프.

걸 방해하는 것 같아 되돌아왔다. 술을 마셔볼까 하다가도 날씨가 더워 엄두가 나질 않는다. 어쩌다 칠레 팀에서 팔을 잡아끌기도 했지만 매번 빈대 붙는 것도 염치없다. 시끌벅적한 호텔에서 분위기에 어울리지 않게 몇 번이나 읽었던 프랑스 혁명사를 다시 펼쳤지만 몰입이 되지 않긴 마찬가지다. 손톱, 발톱을 깎고 거스러미를 꼼꼼하게 다듬고 나서 귀를 후빈 뒤 시계를 봐도 바늘이 한 곳에서 멈춰 있다. 호텔 로비며 정원 여기저기를 돌아다니거나 사진을 찍어도 도대체 시간이 흘러가지 않으니 미칠 지경이다. 프로그램에 적힌 몇 가지 견학 행사도 간략하게 진행되거나 취소되어 무료함을 더했다. 이럴 땐 철천지원수가 나타나도 얼싸안을 것 같다.

적적함을 달래라고 그러는지 햇볕에 달궈진 정원을 소나기가 쓸고 간다. 비 온 뒤 맑음을 수정 육각기둥을 눈에 갖다 댄 것 같다면 믿을 사람 있을까. 물 위에 찰방거릴 햇살도 유기농일까 싶어 수영장으로 나간다. 묘한 설렘에 끌려 간 풀장 가장자리엔 일본 아가씨 게이꼬 혼자

마을행사 축하를 위한 공연.

손을 담그고 있다. 공백을 메우려는 듯 낡은 승합차 소리가 들리고 방송용 카메라를 맨 남자가 차 문을 열고 내린다. 뒤따라 내리는 남자와 여자 둘. 앳된 여자 모습이 콜롬비아 까똘쉐 마리안나 같다. 풀장으로 향하는 아가씨 의상은 유난히 눈에 띄었다. 작품 사진을 찍으러 온 게 틀림없을 거라면서 먼발치서 그들 행동을 지켜봤다. 웨딩드레스만큼 화려한 의상 덕분에 결혼 앞둔 커플의 야외 촬영이랑 흡사했다. 한 가지 모자랐던 건 두리번거려도 보이지 않는 신랑이다.

그제야 열다섯 살이 되었을 마리안나 생각에 이어 디에고 얘기가 떠올랐다. 라틴 아메리카에선 결혼식보다 중히 여겨 무리를 해서라도 성대하게 치른다는 낀세 아녜라[4], 나이의 벽을 훌쩍 뛰어 넘어 낀세가 된 콜롬비아 아가씨 마리안나도 성인식을 치렀을까. 운동화를 벗어 던지고 하이힐을 갈아 신었을 그녀. 인생의 소품 하나 바꿨을 뿐인데 키가 훌쩍 커져 얼마나 더 성숙해 보였을까. 어떤 색깔 신발을 맞춰 신고 누구랑 짝 맞춰 춤추었을까. 꿈비아[5], 메렝게[6], 께브라디따[7], 노르떼뇨[8]며 단손[9]에 이어 블루스로 피날레를 장식했을 그녀의 춤은 얼마나 멋졌을까. 성인식에는 친구들 몇 명이나 초대 했을까. 가난한 형편에 친구 모두에게 그녀와 똑같은 드레스를 맞춰주긴 했을까. 올해도 캠프에 참여할까 봐 가져간 펜을 조몰락거리며 가난에 찌들어도 그녀만은 올곧은 길을 향해 뚜벅뚜벅 걸어 나가길 빌었다.

4) 라틴 아메리카에서 여자가 열다섯이 되면 성대하게 치르는 성인식.

5)~9) 라틴 아메리카에서 사랑받는 댄스곡.

요루바족 종교 산떼리아

공산주의 국가 쿠바에서 종교 탄압이란 말이 나돌지 않는 게 묘하다. 소박한 자유침례교회, 예배드리려고 모여 든 신도들 기도하는 모습은 자본주의 국가랑 하등 다를 게 없다. 페리 부두 곁 앙증맞은 이슬람 모스크에서는 아잔이 묵직하고 장엄하게 울려 퍼져 경건함을 자아낸다. 그 중 특이한 건 인구의 10%를 차지하는 산떼리아[1], 골목 지나칠 때 자주 마주치곤 하는 하얀 옷의 성녀들이 산떼리아 사제다. 모자며 신발에다 핸드백과 양산도 죄다 하얀색으로 갖춰 입고 거니는 그들에게서 흰색 아닌 걸 찾아보긴 어렵다. 그을린 살갗이 번들거리는 사람들 속에서 맞닥뜨리는 순백의 아름다움이라니, 바다수선 순수한 색깔과 마주한 느낌이 들기도 한다. 서아프리카에서 모셔온 신령을 추앙하는 순간마다 핍박은 이어졌을 테고, 꽃잎 닮은 의상 입는 걸 금지할까봐 산떼리아 성직자들은 목숨을 걸었겠지.

1) 서 아프리카에서 노예로 끌려 온 요루바족의 전통 종교.

요루바족 산떼리아 사제 부부.

스페인 이주민들과는 달리 콩고 요루바족은 화물선에 짐짝처럼 실려 왔다. 그러는 동안 토속 신앙의 영험함에 운명을 맡겼다. 스페인 통치자가 숭배하길 강요한 성인 안토니오와 성녀 바바라 대신 그들만의 신 예마야를 향해 두 손을 모은 것이다. 뜨리니다드 마요르 광장 근처에 있는 예마야 사원은 요루바 부족신 엘레구아(ELEGGUA)[2)]나 상고(SHANGO)[3)]를 모신 곳이다. 마흔 명쯤 되는 신령, 오릿샤[4)]는 제각각 상징이 달라 성모 마리아 역할인 흰옷 차림 예마야[5)]가 다스린다. 성모마리아 대신 예마야에게 흰 옷을 입혀 숭배했으니 실상을 모르는 사람은 블랙 마리아라 부르기도 했다. 피부색만 다른 예마야, 블랙 마리아 덕분에 종교 박해로부터 교묘하게 벗어날 핑계거리가 되었고 힘든 하루를 마무리하고 나면 예마야를 올려다보며 뼈를 깎는 노동에서 벗어나게 해 달라고 기도했겠지. 언젠가는 노예의 삶에서 벗어날 거란 믿음 때문에 착취를 견뎌냈을 그들 삶을 되짚어보며 새삼 종교의 위대함을 실감한다.

국제 도서전을 둘러보려고 찾아간 모로 요새[6)]. 시가 피우는 모습을 한 예수상을 올려다 본 뒤 바다 건너 아바나를 배경 삼아 사진을 찍는

2)~3) 서 아프리카 요루바족이 모시는 신.

4) 서 아프리카 요루바족의 신령들 총칭.

5) 요루바족의 신령으로 검은 피부에 흰 옷을 입혀 성모 마리아라고 속였다.

6) 아바나를 외적으로부터 지키기 위해 지어진 성채

요루바족 신을 인형처럼 만들고 있는 노인.

동안 타고 왔던 승합차가 떠나 버렸다. 서운하단 생각보단 색다른 정취를 혼자서 죄다 누릴 수 있다는 생각에 들떴다. 가족과 연인이며 학생들로 북적거리는 모로 요새 입구, 판자로 얼기설기 이어 만든 곳에서 입장권을 팔고 있다. 우리 돈 백 원 남짓이어서 내국인도 크게 부담되지 않을 것 같다. 코인 세 개를 매표소에 디밀고 표를 받은 뒤 안으로 성큼 발을 들였다. 도로 양쪽은 잡상인들이 차지하고서 손님 꾀는 일에 비지땀을 흘리고 있다. 타임캡슐에서 뛰쳐나온 회전목마가 해외여행 못해 본 아이들을 런던이나 뉴욕으로 데려가려고 쉼 없이 빙빙 돌고, 한쪽에선 조잡한 학용품을 늘어놓고 놀이기구마저 못 탄 애들을 꾀고 있다. 그늘이라곤 찾아볼 수 없는 요새 입구 벌판, 2월의 카리브해 햇살은 여행자를 길바닥에 쓰러뜨릴 듯 머리에 불화살을 쏴댄다. 불량식품의 대표 격인 비닐봉지 속 오렌지주스도 이때다 싶어 타임캡슐에서 뛰쳐나온 듯하다. 목을 축이지 않으면 걸음을 떼기 어려워 두 봉지를 사서 한꺼번에 들이켠다. 그제야 숨이 제대로 쉬어진다.

망고 주스 마신 것처럼 다리에 힘이 실리고, 도서전 열린다는 뻬리아 델 리브로[7]를 찾아 야트막한 언덕을 올라간다. 의외로 사람들이 많지 않아 매표소 부근과 현격한 대비를 이룬다. 모로성이 드리운 둔중한 그늘로 피신한 나는 안내 표지를 단 사람들에게 한국 도서 전시하는 곳이 어딘지 묻는다. 두터운 색인표를 한참이나 뒤적거린 남자 둘이 거의 동시에 고개를 젓는다. K에도, C에도 코리아는 없다면서. 한국인 관계자를 만나 인터넷이 느려 터진 쿠바의 책 문화는 어떤지 물어볼 참이었는데 어깨가 축 처진다. 회랑처럼 이어진 성곽 따라 마련된 부스에는 각 나라의 책이 전시되어 있지만 그딴 건 관심조차 없다. 뜻을 이루지 못했으니 아이들이 일으킨 뽀얀 먼지가 짜증스럽다.

땡볕이며 먼지를 피해 들어선 전시장, 그 중 가장 붐비는 곳은 대형

7) 쿠바 아바나에서 개최한 국제 도서전.

모니터에서 요란한 소리가 왕왕 울려나는 전자오락 부스다. 거기에는 머리에서부터 발끝까지 하얀 색으로 갖춰 입은 자매 산떼리아 성직자가 신기한 듯 모니터를 들여다본다. 호기심이 생긴 나는 그들이 데려온 딸에게 다가가 가져온 풍선 중 빨간색을 건넸다. 풍선을 덥석 받아든 딸이 입은 옷을 살폈더니 자매랑 달리 파랗거나 노란색이다. 한참 자라는 어린 딸에게는 원색 옷을 입혀야 정서 발달에 좋다는 걸 알고 있나 보다. 반짝이는 시선을 모니터에 송두리째 빼앗긴 그들 모습을 지켜보다가 전자오락 부스를 벗어난다. 또 다른 부스에는 부부로 보이는 남녀가 정갈하게 차려입은 하얀 옷차림으로 돌아 나오다 사진 찍는 걸 눈치 챘는지 인상을 찌푸린다. 나는 짐짓 태연한 척하며 폰을 다른 곳으로 돌리면서 조마조마한 가슴을 다독인다. 손잡은 부부가 전시장을 둘러보는 거나 여자가 맨 핸드백 벨트와 블라우스에 달린 단추 검정색이 돋보게끔 흰 옷 갖춰 입은 것까지 찍었으니 내국인 입장료 내고 여길 온 게 괜스레 미안스럽다.

성모마리아를 대신하는 요루바족의 신 예마야.

망고에게 꿀밤 맞다

따가운 햇살에 뺏긴 수분 보충에는 열대 과일이 으뜸이다. 그 중 메마른 영혼까지 적셔 주는 건 망고밖에 없다. 쿠바 여행하며 가장 즐겨 마신 음료도 망고주스다. 한국에선 참아내는 버릇을 들였지만 햇살이 정수리를 쫓아다니는 쿠바에선 목마름을 견디다간 탈진하기 쉽다. 갑자기 생긴 갈증 땜에 눈앞이 하얘진 게 한두 번 아니다. 허겁지겁 입에 넣은 사탕은 침이 말라버렸으니 녹이는 것조차 힘들었다. 한국식 갈증 해소법은 쿠바에선 통하지 않는다는 게 증명된 거다.

브리가다 캠프 입소 후엔 유기농 채소를 많이 먹었더니 갈증이 별로 느껴지지 않았다. 아침 식사 마친 뒤 농장 체험하러 갈 거라는 방송이 흘러나왔다. 몰려나오는 대원들은 작업복에 모자와 장갑, 토씨까지 낀 차림이었다. 나는 아무런 준비 없이, 물 한 병조차 지니지 않은 채 그들을 뒤따랐다. 주차장에는 폐차장에서 훔쳐온 것 같은 트랙터가 시커먼 매연을 내뿜으며 대기하고 있었다. 관리인이 대원들에게 짐칸에 올라타라고 소리쳤고, 트랙터에서 들린 쇠 부딪치는 소리가 조용한 캠프를 마구 흔들었다. 깨지는 소리와 울컥거림으로 출발을 알리며 트랙터는 비포장도로를 나아갔다. 바퀴 덜컥거림과 엔진의 진동이 고스란히 전해진 짐칸, 일상이었던 흔들림에 익숙해진 대원들은 무표정하게 들판을 바라보고 있었다.

트랙터가 달리는 속도는 자전거랑 비슷했고 흔들리는 난간을 잡고 선 느낌은 묘했다. 보이지 않는 군대를 사열하는 느낌으로 내려다본 대지는 적막에 싸여 있었고 소나 말은 사열 중인 줄도 모른 채 부지런히 풀을 뜯고 있었다. 그런 움직임조차 없었더라면 벽에 걸린 풍경화 액자를 보는 착각에 빠졌을 것이다. 자연의 경이로움에 넋 놓아 혼이 빠졌을 무렵, 누군가 정수리를 탁 때렸다. 어릴 때 숱하게 맞으며 굳은살이 박힌 머리지만 커서는 맞아 본 기억이 없는데 어쩐 일일까. 날 때린 놈이 누군가해서 도끼눈을 뜨고 돌아봤다. 뒤편에는 사람 하나 보이지 않았고, 지나쳐 온 길에는 가지에서 늘어진 망고 열매가 햇살을 받아 반짝거리고 있었다. 망고 열매에 실을 묶어 나뭇가지에 걸어 두었거나 망고가 나뭇가지를 철봉 삼아 내딜렀다고 표현하는 게 옳다. 그러고 보니 내 정수리를 때렸던 범인은 망고 열매였던 거다. 한국을 대표해서 여길 온 내가 한갓 망고에게 꿀밤을 맞다니. 쿠바에서 당해보는 최초의 화려한 봉변이었다. 나는 정수리를 만지작거리면서도 기가 차서 헛웃음이 났다.

한국의 감처럼 망고는 쿠바에 흔한 유실수다. 다운타운만 벗어나면 덜 익은 열매가 떨어져 감또개처럼 발에 차이곤 한다. 호텔 뷔페나 레스토랑에서 먼저 찾는 음료도 당연히 망고주스다. 과일이 풍족한 나라지만 어떤 것도 망고 인기를 앞지르지 못한다. 어느 식당에 가더라도 망고나 망고주스는 내놓기 바쁘게 동나버린다. 트레이에 여러 가지 과일이 산더미처럼 쌓여 있지만 망고 놓였던 자리만 비어 있기 십상이다. 값싼 망고를 왜 다시 채워두지 않느냐고 툴툴거리는 소리가 여기저기서 들리기도 한다. 4천 년 전 인도에서 재배되었다고 알려진 망고가 어떤 경로를 거쳐 쿠바까지 흘러들어온 건지는 알 수 없다. 신기한 것은 스페인어를

망고가 익어가는 풍경.

쓰는 쿠바며 영어권과 인도나 일본에서조차 망고라 부른다는 사실이다.

망고 앞에다 영어 O를 붙인 프랜차이즈가 한때 번성했다. 일본 사람이 섹슈얼리티를 동원해서 망고를 이윤 창출 수단으로 삼았다는 느낌이 팍, 온다. 오가던 일본인이 그걸 보고서 야릇한 미소를 지었을 것 같다. 영혼까지 적셔주는 신의 선물 망고에다 엉뚱한 이미지를 덧씌워 돈 벌 궁리를 하다니. 장사치들 뇌는 일반인과 구조가 다른가 보다. 하지만 쿠바에선 망고 따위로 돈 벌 궁리는 하지 않는다. 바나나처럼 말리거나 튀겨서 판다면 돈벌이가 짭짤할 텐데 어딜 가도 그런 건 보이지 않는다. 구황작물의 대표 격인 옥수수는 삶아서 케첩까지 묻혀 팔면서.

농사일 마치고 돌아와 먹었던 저녁. 기억을 되새겨보라는 듯 트레이 가득 망고가 쌓여 있다. 트랙터 타고 갈 때 머리 때린 복수를 하려는 듯 신 자리에서 큼지막하게 자른 과육 두 쪽을 우걱우걱 씹어 먹었다. 이런 복수라면 끼니때마다 하더라도 재미가 쏠쏠하겠다. 하지만 망고 열매에게 당한 화려한 봉변은 잊히지 않는 추억이다. 흔하지만 아무 때나 먹기 힘든 과일. 그럴 때마다 꿀밤 맞은 기억을 떠올려 갈증을 식히란 뜻일까. 머리의 혹은 곧 사라지겠지만 뇌 세포 속에 깊숙하게 새겨진 추억은 타투로 남을 것 같다.

빌라또 피자가게

쿠바노들 주식에 버금가는 피자는 와플 크기랑 비슷하다. 몇몇 고급 호텔을 뺀다면 똑같은 규격의 팬으로 구워내는 탓이다. 두께 1센티쯤 되는 도우를 팬에 넣고 케첩에다 치즈를 조금 흩뿌린 뒤 숯불 담긴 드럼통에서 구워내면 인절미와 빈대떡을 섞은 맛이 난다. 피자가 별 맛 있겠냐고 무시하면 요리사에게 뺨 맞을지도 모른다. 이름난 가게 앞에는 언제나 손님이 길게 늘어서 있다. 만드는 사람 손에 따라 제각각 맛이 달라지는 모양이다. 도우의 크기나 토핑은 별다를 게 없지만 값은 천차만별이다. 아바나만 해도 번화가냐 변두리냐에 따라 수십 배 차이가 난다. 처음 쿠바에 발 들였을 때 30페소라고 적힌 걸 보고 외국인용 화폐로 값을 치른 적이 있다. 뒤에 그걸 알고 난 지인이 기가 찬다는 듯 나를 쳐다봤다. 똑같은 피자를 서른 배나 비싸게 사서 목구멍에 넘어 가느냐는 뜻이다. 미친 거 아니냐고….

속지 않으려고 무진 애를 쓰는 데도 잠깐 방심하면 여기저기서 바가지가 날아든다. 대도시를 벗어나면 바가지 걱정이 없겠지 하며 별빛 군무 어지러운 까마구에이[1]에 도착했다. 기차역 반대편 까미용[2] 터미널은 흡사 폐차장 분위기다. 트럭을 버스로 리모델링한 차가 빼곡하게 주차된 탓이다. 동화의 세계를 여행하기 위해 숲 속 동굴로 들어서는 아이처럼

1) 쿠바 중부지역, 교통 요충지

2) 트럭을 버스로 개조한 대중교통수단.

참숯이 든 드럼통 속에서 익어가는 피자.

주차해 둔 트럭 사이로 스며든다. 근처를 서성거리던 젊은이들이 제각각의 까미용 행선지를 알려준다. 휴양지는 아예 제외하고서 내륙지방 가는 요금과 걸리는 시간을 물어봤다. 동전을 굴려 점을 친 다음 한 시간 반 쯤 걸린다는 빌라또[3]를 골랐다. 바가지 걱정에 요금을 물어봤더니 내국인용 10페소라고 해서 마음이 놓였다.

3) 까마구에이 외곽의 시골 마을.

잘 골라 탄 덕분인지 까미용은 십분 조금 지나 출발했고, 털털거리는 짐칸을 빼곡하게 메운 손님들은 늘 그랬던 것처럼 시골길의 흔들림에도 꿈쩍 않는다. 창가에 앉은 나랑 달리 한 계단 위에 앉은 초등학생이 졸기 시작한다. 발이 바닥에 닿지 않는 아이는 좌우로 번갈아 고꾸라졌다가 정신이 들면 몸을 바로 세우곤 한다. 곤두박질칠까봐 조마조마해서 아이를 붙들고 까미용이 흔들릴 때마다 팔에 힘을 준다. 유심히 살폈더니 버짐이 핀 머리며 꾀죄죄한 옷차림이 내 어릴 적 모습이랑 비슷하다. 그런 뒤부터 손아귀에 힘이 더 들어간다.

빌라또 피자가게 주인과 숯불 담긴 드럼통.

한적한 시골 풍경을 흘끔거리는 동안 한 시간 반쯤 달린 까미용이 멈춘다. 여기가 빌라또라고 옆에 앉은 여학생이 가르쳐준다. 빼곡히 들어찬 승객을 밀치고 내리려는 순간 차가 울컥거리고, 엔진 회전수 높이는 소리가 들린다. 그 순간 승객들 모두 입을 맞춰 고함을 지른다. '여기 내릴 사람 있어요!' 튀거나 높낮이 다르지 않게 내뱉는 목소리는 같은 악보로 수없이 연습을 한 것 같다. 철 계단을 내려딛는 걸음이 피아노 건반을 두드리듯 가벼워진다. 오래 다져진 황톳길에 내려서니 길 건너편에 마차 한 대가 보인다. 까미용 도착 시간이 정해져 있는지 미리 와서 기다리고 있었나 보다. 까미용이 떠난 뒤 마차도 승객 둘을 태운 채 울퉁불퉁한 길을 흔들흔들 달려간다. 급한 거라곤 없어 보이는 데도 버릇처럼 채찍을 휘두르는 마부, 마차가 울컥거린 탓에 몇 번이나 굴러 떨어질 뻔했다.

십분 쯤 달린 뒤 공동묘지에 다다르고, 묘지 건너편의 바나나 잎으로 지붕을 인 집을 지나친다. 마부는 들판에 보이는 사람들에게 손을 흔들고, 농삿일하던 그들도 허리를 펴서 화답하는 모습이 한 폭 풍경화 못잖다. 황토색 땅이나 새파란 하늘은 도화지 바탕으로 삼기에 부족함이 없다. 민가가 몇 안 되는 데도 학교며 약국, 병원에다 허름한 술집까지 갖춰져 있다. 그 앞에 트럭 크기의 피자가게가 있는 건 천만다행이다. 배가 고파오는데 이 마을엔 식당이 없다는 얘길 마부로부터 들은 탓이다.

피자 가게 앞, 마차를 세워 달래서 황토색 땅에 내려선다. 줄 서서 기다리는 남자의 어깨 너머로 메뉴판을 살펴본다. 거기엔 피자 5페소라는 팻말 하나만 꽂혀 있다. 싱크대 옆에 몇 가지 음료수가 보이지만 팔려고 내 놓은 게 아닌 모양이다. 가게에서 화학제품이라곤 케첩통과 피자 남은 집시뿐이다. 구석엔 사탕수수 즙 짜는 기계가 떡 하니 자리를 잡고 있다. 구아라뽀[4] 기계는 사용한 흔적도 없이 먼지만 잔뜩 쌓여있고, 모터를 돌리는 전선도 끊어진 채다. 칸막이 건너 화덕을 열었다 닫았다 하며 부지런을 떠는 남자, 땀을 뻘뻘 흘리면서도 말 한 마디 없다. 눕힌 드럼통을 칸 질러 아래쪽엔 숯을 넣고 위쪽엔 피자 팬 여러 개를 얹어 뒀다. 남자는 주문 받은 피자를 꺼내 기다리던 손님에게 건네고 돈을 받은 뒤 부리나케 칸막이 뒤로 숨는다. 그의 시커먼 팔뚝 수북한 털 사이에서 아물지 않은 상처가 드러난다. 무슨 일 하다가 저렇게 다쳤을까. 아무리 둘러봐도 구아라뽀 기계 말고는 상해를 입힐 게 없다.

4) 사탕수수 즙.

와플 크기의 갓 구워낸 피자. 인절미와 빈대떡 섞은 맛을 낸다.

잘 생긴 남자 얘길 듣고 싶어 몸이 근질거린다. 가방을 열어 인삼차 봉지 몇 개를 꺼낸 뒤 뒤로 돌아간다. 나는 피자 반죽하는 테이블에 어색한 미소와 함께 봉지를 올려둔다. 따뜻한 물에 타서 마시면 마음의 상처까지 말끔히 나을 거라는 제스처를 보탠다. 그제야 남자는 일손을 놓고 땀을 닦으며 환한 표정을 짓는다. 그 순간을 놓칠까 봐 팔을 어쩌다가 다쳤는지 물어본다. 예상했던 것처럼 구아라뽀 기계가 범인이다. 안전장치가 갖춰지지 않은 기계를 돌리다가 소매가 딸려 들어가서 팔까지 잘릴 뻔했다며 사슴의 눈빛을 하고 쳐다보는 남자, 아직도 고통이 잊히지 않는 듯 표정을 일그러뜨린다. 그가 건네준 피자의 따스함이 손을 데우는 동안 빈대떡과 인절미를 번갈아 씹는 즐거움에 빠져든다. 입을 오물거리는 내내 기계에 팔이 끼어 내질렀던 고함 소리가 고막을 쟁쟁 울린다.

빠사까바요에서 생긴 일

1) 하울의 움직이는 성에 등장하는 인물로 하울의 내면을 청소해 준다.

노동절 연휴 땜에 피난 온 호텔 빠사까바요. 오른쪽엔 넓고 푸른 수영장과 야외 공연장이, 왼쪽에는 코발트빛 해협이 세이렌의 머릿결처럼 투숙객을 유혹한다. 바다 건너 적막에 싸인 섬에서 썸남썸녀가 돼 보라는 뜻일까. 높다란 성벽, 몽환에 가려진 세상은 꽃잠 수놓기엔 최적의 조건이다. 성 안이 들여다보이게 아파트를 지은 거나 해협을 거쳐 가는 화물선이 뱃고동을 울리는 건 지나친 애정 행각에 빠져들지 말라는 경고인 것 같다. 시엔푸에고스의 밤이 오롯이 간직된 생경한 풍경화는 〈하울의 움직이는 성〉으로 바뀌어간다. 섬 곳곳에 설치한 간접 조명이 아기자기한 건물을 허공에 띄워 올리면 하울의 성이 잠에서 깨어난다. 풍경화에 몰입하기만 하면 누구나 소피[1]처럼 마법에 걸려 노인의 모습으로 변해 버릴 것 같다. 지레 겁먹지 말라는 듯 검은 화물선이 도둑처럼 해협으로 접어들고, 배가 일으킨 물결 따라 별빛 군무에 시선을 온통 빼앗긴다. 숨은그림찾기 하듯 기억 속 인어의 실루엣을 더듬으면 환청처럼 세이렌의 휘파람 소리가 귓바퀴를 휘감는다. 정신을 가누기조차 어려울 즈음, 세이렌의 유혹에서 벗어나야한다며 고장 난 가로등이 등댓불처럼 깜빡거린다.

언제 날이 밝은 걸까. 출근 시간이 되었는지 통통배 한 척이 등장한다.

어디선가 모여든 사람들이 배에 오른다. 내뿜는 연기로 포구를 밀치는 통통배. 육지에 닿기까지 시간이 얼마나 걸리는지 재 본다. 정확하게 2분. 그것도 바닷물 흐름을 거슬러 휘어진 항로를 택한 탓이다. 좁다란 해협에 연육교만 놓인다면 세이렌의 계략이 모래성으로 변할 텐데 교육이며 의료 정책 때문에 예산이 모자라나 보다. 퍼뜩 정신을 차리고서 밟고 선 곳을 둘러본다. 간접 조명 아래서는 그림 같아 뵈던 빠사까바요가 무늬만 호텔이라니. 방마다 모기가 우글거리고 나사못 빠진 샤워기 걸이가 바닥에 나뒹군다. 캠프나 마찬가지로 수압이 약해 비눗물 지우려면 손으로 한참이나 문질러야 한다. 7부 바지 길이의 커튼이 쳐진 창문 아래쪽은 플라스틱 판자로 엉성하게 막아 바람이 무시로 들락거린다. 군화도 뚫고 들어온다는 모기에겐 화물선 스쳐가는 해협처럼 보일 게 틀림없다. 호텔 방에 설치된 미니바[2]는 나무틀만 간신히 남겨져 아쉬움을 더한다. 비누 한 개, 수건 두 장을 갖춰 놓은 게 얼마나 다행스러운지.

2) 호텔 객실 내 술과 안주며 간단한 생필품을 갖춘 미니 냉장고.

호텔에서 떠나는 날 아침, 인솔자가 대원들을 불러 모은다. 주차장엔

시엔푸에고스 지방의 해변에 위치한 호텔.

시동을 건 버스 일곱 대가 대기하고 있다. 늦는 사람은 꼭 있게 마련이어서 버스에는 빈자리 몇 개가 보인다. 값싸다며 럼주를 밤새 마셨던지 화장이나 의상에 공을 들이느라 그런 것 같다. 그때 배를 움켜쥔 일본 학생이 더듬거리는 걸음으로 버스로 다가오고 있다. 일본인 야마나카에게 물었더니 배탈이 난데다 콘택트렌즈까지 잃어버렸다고 한다. 그 일로 버스 일곱 대가 대기하는 걸까. 학생이 버스에 오르고, 오토바이를 앞세운 대열이 주차장을 벗어난다. 하지만 백 미터도 못 가 버스가 멈춘다. 한참 기다려도 누구 하나 까닭을 얘기해 주지 않는다. 맨 뒷자리에 앉은 나는 간밤에 느꼈던 섬의 정취에 빠져든다. 세이렌은 환상일 뿐이었다는 생각을 떨치며 통통배가 출발한다. 배를 놓친 사람들이 얼마나 기다려야 하는지 시간을 재본다. 2분 거리의 해협을 건너기 위해 20분 기다려야 한다니. 해협을 내려다보는 동안 통통배는 네 번 쯤 오갔지 싶다. 볼일을 봐야겠는데 호텔로 돌아가기엔 너무 멀고 정수리를 찔러대는 햇살도 겁난다. 나는 대원들 눈치를 살펴가며 선착장 계단 쪽으로 걸어간다. 콘크리트 담장 너머 몸 하나 가릴 만한 곳이 눈에 띈다. 그러는 동안 줄 지어 호텔로 향하는 여자 몇 명이 보인다.

호텔로 갔던 여자들이 버스로 돌아오고, 선착장을 내려다보거나 와이파이 터지지 않는 폰을 습관처럼 들여다보던 대원들이 버스에 오른다. 이젠 떠나려나 싶었더니 버스가 시동을 끈다. 하지만 어느 누구도 궁금해 하지 않는 게 신기하다. 태블릿을 켠 나는 방탄소년단의 춤과 노래에 빠져든다. 시간 때우기엔 템포 빠른 노래며 춤보다 나은 수단은 없다. 푹푹 찌는 버스 안이지만 현란한 동영상으로 채워진 태블릿이 있어 마냥 흥겹다. 혹시 다친 사람이 생긴 건 아닐까 걱정하면서도 소녀시대, 시스타의 노랠 듣거나 멍 때리거나 졸았던 것 같다. 한 시간 반쯤 지났을 무렵 인솔자가 허겁지겁 달려온다. 제각각 시간을 때우던 대원들이 버스

빠사까바요 호텔 야외 수영장

에 오르는 그를 지켜본다. 앞에서 뒤로 전해진 얘기는 어처구니없다. 체크아웃 중 대원들이 묵었던 방에서 수건 한 장이 없어졌다는 거다. 공산품이 귀하다곤 하지만 수건 한 장 때문에 삼백 명 대원들 발을 묶어 둔다는 사실에 뜨악해진다. 상식이라곤 통하지 않는, 육십 년 전 타임캡슐 속에 갇혀 옴짝달싹못하는 이곳이 바로 쿠바다.

아나바다 롤 모델

브리가다 캠프에 참가하고부터 놀란 게 한두 번 아니다. 식당의 우유 컵은 윗부분을 잘라낸 플라스틱 용기였고, 세면장의 거울은 재개발 구역에서 주워 온 듯했다. 면도하려고 얼굴을 비춰봤더니 피카소 그림을 보는 것 같았다. 캠프에 모여든 전 세계 사람들에게 절약 정신을 가르치려고 그러나 싶었다. 얼마 지나지 않아 그런 일들이 기획된 게 아니란 걸 알게 됐다. 쿠바에서 재활용은 일상이었다. 과일이나 채소를 사도 비닐봉지 한 장 주지 않고, 설탕을 사더라도 그릇을 가져가야 한다. 도시의 골목에는 럼주 병에 담긴 꿀을 파는 농부들이 흔하다. 진열된 병의 라벨을 보고서 내용물을 확인하다 보면 헛다리짚기 십상이다. 라벨과 달리 내용물은 조리용 소스인 경우가 대부분이다. 속에 담긴 게 뭔지, 값이 얼마인지 알려면 분필로 적어둔 좌판 글씨를 유심히 들여다봐야 한다. 삐뚤빼뚤 써 둔 글씨를 읽다보면 문화적 충격을 강하게 느끼곤 한다.

비아술 버스가 삼십 분 가까이 정차한 상띠 스피리투스[1] 터미널. 식사 시간이 한참 지나선지 배가 슬슬 고파온다. 버스에서 내려 화장실을 다녀왔더니 허기가 심해진다. 주위를 둘러봤지만 먹을 만 한 게 도무지 보이지 않는다. 흐릿한 눈으로 바라본 길 건너편, 미니 버스 크기 피자 가게가 눈에 띈다. 먼지에다 매연이 마차 발자국 소리와 뒤엉킨 도로를

1) 쿠바 중부의 조용하고 아기자기한 도시.

향신료를 재활용 용기에 담아 판매하고 있음.

가로길리 가게로 다가간다. 피부색이 하얀 아가씨가 안팎을 바삐 드나들고 있다. 피자 팬을 화덕에 넣은 뒤 햄버거를 만들다가 주스를 담아 손님에게 건네기도 한다. 기다리는 동안 벽에 걸린 이르마[2] 간판에 시선이 꽂힌다. 몇 해 전 쿠바를 할퀴고 간 허리케인 이름을 왜 여기다 붙였을까. 아래쪽에는 같은 크기의 다른 간판이 세워져 있다. 고개를 갸웃거리다가 뭣 땜에 간판이 두 개인지 뒷사람에게 물어본다. 그는 두 사람이 오전 오후로 나눠 장사를 한다고 대답한다. 가게 하나로 두 사람 몫을 해 나가는 그들 지혜는 신선하고 놀랍기만 하다.

내 차례가 되어 물어본 주인 이름은 유리아다. 반쪽짜리 사장에게 피자를 곁들인 나랑하[3] 주스를 주문한다. 그녀는 미소 머금은 얼굴로 구워낸 피자를 나랑하 주스와 함께 건네며 소스 대신 고맙단 말을 고명으로 얹는다. 주스를 담아내는 유리잔 모양이며 색깔이 제각각인 게 신기하다. 내가 쥔 잔에 희미하게 드러난 글씨를 보니 쿠바산 럼주라고 돈을

2) 카리브 해를 강타했던 허리케인.

3) 오렌지의 스페인어.

새김 되어 있다. 울퉁불퉁한 가장자리는 수작업으로 마무리되어 있다. 다른 가게에서 흔히 쓰는 하이네켄 맥주병을 구하기가 어려웠나 보다. 그게 두께가 훨씬 얇아 쉬 잘라질 텐데. 유리아는 다음에 만나자고 인사하는 나의 스페인어를 고쳐주기도 한다. 또박또박 발음하는 그녀에게 스페인어를 배운다면 실력이 금방 늘 것 같다. 길에서 만난 에스빠뇰 모옌드라[4] 유리아와의 작별이 못내 아쉽다.

빵을 파는 빠나데리아[5]에 들러도 사정은 다르지 않다. 상띠 스피리투스에서 빠나데리아에 들렀다. 쇼 윈도를 살펴보니 생일 케이크만 잔뜩 진열되어 있다. 가게에 줄지어선 사람들에게 다가가서 '울띠모?'[6] 라고 묻는다. 여자 한 명이 손을 드는 걸 보고서 뒤에 바짝 붙어 선다. 가게 문이 열리고, 케이크를 안은 여자가 활짝 웃으며 바깥으로 나온다. 궁금했던 나는 그녀에게 다가가서 값이 얼만지 물어본다. 그녀는 대답 대신 가게 벽을 가리킨다. 나는 빠나데리아 안으로 시선을 옮겨 가격표를 읽어본다. 백 팩 크기의 케이크가 우리 돈으로 600원 남짓이다. 케이스가 없어 집에서 가져온 쟁반으로 운반해야 하지만 모인 가족들의 오붓함은 훼손되지 않을 것 같다.

캔 따개를 재활용해서 만든 핸드백.

산티아고 데 쿠바[7]에 가려고 비아술 터미널에 갔다. 여권을 내밀고 행선지며 출발 시간을 얘기했다. 직원은 티켓 발권을 위해 내 정보를 컴퓨터에 입력하고 쓰다 남은 종이를

4) 스페인어 선생이란 뜻.

5) 빵 가게.

6) 마지막이 누구냐는 뜻의 스페인어.

7) 쿠바 동쪽 끝 혁명의 도시.

아빠의 53번째 생일을 축하해 주려고 쟁반에 케이크를 담아 가져가는 자매.

프린터에 끼운다. 곧이어 도드 프린터에서 지지직, 지지직 소리와 함께 도트도트란 까마득 잊혔던 기계음을 토해낸다. 직원이 막 기계를 빠져 나온 승차권을 내게 내밀지만 글씨가 제대로 보이지 않는다. 그들 물자 부족이나 절약 정신을 익히 알고 있으니 리본 카트리지를 바꾸란 말이 입안에서 맴돈다. 길에서 파는 닭고기 크로켓이나 햄버거가 누드인 채 손님 손에 건네지고, 쿠바 요리에 빠지지 않는 마늘마저 노끈 대신 대궁으로 타래를 엮는다. 마늘 몇 묶음을 어깨에 걸치고 '아호 아호' 하는 외침은 자기네만큼 재활용에 앞장 서는 나라는 없다는 소리 같다. 일회용품이나 플라스틱 쓰레기를 줄이려면 쿠바를 롤 모델 삼으라는 뜻이다.

노블리스 오블리주

매가 날지 않는 쿠바 하늘은 마침표 빠진 문장이다. 까미용이나 코코택시[1] 매연의 해로움이 소문과 다르다는 걸 삐라처럼 뿌려댄다. 원유정제 기술이 뒤떨어져 매캐한 냄새에다 눈, 코, 목이 따갑긴 해도 눈에 보이는 건 폐해가 덜하다. 자본주의를 피해서 쿠바에 둥지를 튼 매 무리가 굴뚝 없는 세상의 오염쯤은 별 문제 아니라며 날개를 활짝 펴고서 활공을 한다.

골목을 더듬는 동안 톤 높은 울음소리가 들려온다. 누가 귀한 아기를 울리나 싶어 귀를 기울이다가 어디서 소리가 났을까 하고 골목을 더듬는다. 실체를 확인해 보니 옹기종기 모여 있는 길고양이 몇 마리다. 발정기마다 소름이 돋을 만치 울어 젖혀서 귀를 막아야 했는데 여기까지 와서 걔들과 맞닥뜨릴 줄이야. 사람 사는 곳이 별다를까 싶어 골목에 시선을 둔 채 동정을 살핀다. 식량을 배급받는 나라인데 길고양이 먹일 여력이 있을까 걱정이 앞선다. 혹시나 사람이 먹다 남긴 걸 먹는 건 아닐까 살펴보니 염려했던 것과 달리 죄다 비쩍 말라 있다.

혹시, 여기에도 캣맘[2]이 있을까 싶어 골목을 훑어나간다. 넘치는 볼거리를 젖혀두고 시야를 좁혀 어둑해져 오는 공원 주위를 더듬는다. 시선은 공원 구석자리 그늘 깊은 곳에서 딱 멈춘다. 저무는 해가 마지막 열기

1) 오토바이에 노란 뚜껑을 씌워 손님을 실어 나르는 택시.

2) 길고양이를 돌봐주는 부녀자의 총칭.

를 부려 놓는 시간, 늘인 엿가락 같은 그림자가 공원 벤치에 몸을 뉘고 있다. 임자가 누굴까 싶어 뒤돌아보니 머리 희끗한 중년 여자다. 그녀는 손에 쥔 빵을 뜯어 길고양이 앞에 떨어뜨리고 있다. 먹이 주는 시간을 기억하고서 길고양이가 하나 둘 모여든 것이다. 캣맘이 던져 준 빵을 여남은 마리 길고양이가 머릴 맞대고 오물거린다. 배급 받은 빵을 나눠 주면 가족들은 어쩌려고 그러는지. 캣맘은 내 눈치 따윈 아랑곳없이 길고양이를 어루만진다. 그런 모습은 자식을 쓰다듬는 거랑 조금도 다르지 않다. 동물의 세계를 침범한 인간이니 어울려 살아야하는 게 노블리스 오블리주 정신 아니냐는 목소리가 환청인 양 들려온다.

지친 다리를 끌고 국가가 운영하는 나시오날 호텔[3]에 들어선다. 파도가 객실을 넘보려는 듯 말레꽁을 뛰어 넘는 풍광을 마주하며 에스프레소를 주문한다. 테이블 곁을 날개 펼친 공작이 스쳐 지나지만 누구 하나 관심 두지 않는다. 관광객 등쌀에 숱하게 치였을 공작이지만 태연하게 모이를 찾아 어슬렁거린다. 더위 탓인지 공작은 공작대로, 사람은 사람

3) 미국 마피아 자본으로 지어진 아바나의 호텔, 혁명 후 국영으로 바뀜.

길고양이에게 먹이를 주는 쿠바 주민.

대로 제 할 일에 몰두하고 있다. 막 날라다 준 데미타세[4]를 기울여 에스프레소를 홀짝거리다가 대왕야자 그림자가 예사롭지 않아 폰을 겨눈다. 별 다섯 개 호텔이 배경이니 뷰 파인더에 비친 영상만으로도 기가 막힌다. 내친 김에 속세를 떠난 듯한 호텔 전경을 동영상으로 찍는다. 짙푸른 바다와 야자수 사이에 꽂아 넣은 호텔 건축미는 묻지도 따지지도 말아야 한다. 미국 향해 겨눈 거대한 대포를 정원 가꿀 소품으로 삼은 곳이니까.

4) 에스프레소 전용 잔.

그때 말쑥한 청년이 대왕야자 그늘로 성큼 들어서고, 허리를 굽혀 뭔가를 조심스레 집어 올려 품에 감춘다. 무엇이기에 저토록 소중하게 다루나 싶어 빠끔 들여다본다. 품에 안은 건 날짐승 새끼 같은데 눈이 반쯤 감겨 있는 모습이 심상치 않다. 어쩐 일인가 물었더니 조금 전부터 꾸벅꾸벅 졸고 있더라고 대답한다. 새를 품에 안은 채 카페로 간 청년이 생수를 사고, 병을 따서 뚜껑에다 물을 따른다. 그는 뚜껑에 든 물을 새 부리 가까이 갖다 댄다. 새가 아무런 반응을 보이지 않는 걸 본 청년의 표정이 일그러진다. 그는 새 부리를 억지로 벌린 뒤 뚜껑을 기울인다. 하지만 물은 고스란히 바닥으로 흘러버리고, 새는 점차 기운을 잃어간다. 나는 축 늘어진 청년의 어깨를 토닥거리며 말한다. '불쌍하지만 어쩌겠어. 놔 주는 게 좋지 않을까?' 원망스런 표정으로 나를 째려보던 청년은 어찌할 바를 모르겠다는 듯 고개를 푹 숙인다. 그는 마지못해 풀숲에

드라마 〈남자 친구〉에서 송혜교, 박보검이 투숙했던 나시오날 호텔.

새를 내려놓고도 애처로운 시선은 떼지 못한다. 청년의 따뜻한 보살핌에도 신에게 돌아가기로 한 약속을 지키기 위해 목숨을 구걸하지 않는 날짐승, 죽어서도 하늘이 쓴 문장의 마침표 역할만은 잊지 않을 것 같다.

하늘에 언제쯤 마침표가 그려질까 살피는 동안 털이 뒤엉킨 개 한 마리가 등장한다. 테이블로 다가온 놈은 의자에 기댄 채 독서 삼매경에 빠진 남자 곁을 얼쩡거린다. 그걸 본 웨이터가 트레이를 옮기다 말고 바삐 걸어온다. 책에 시선을 두고 있던 남자가 언제 그걸 봤는지 웨이터에게 진지하게 얘기한다. '얘는 내 친구예요.' 진짠지 거짓인지 알 순 없지만 그의 말 한 마디에 웨이터는 머쓱한 표정을 지으며 뒤로 물러선다. 되돌아가는 그의 걸음이 춤추듯 보이는 게 나만 느낀 감정일까. 남자는 조금 전에 했던 말이 거짓 아니라는 듯 일어서서 대왕야자 그늘 아래서 개에게 장난을 건다. 쫓고 쫓기는 게 심심했던 남자가 개 짖는 소리를 내고, 짖는 게 어떤 건지 까마득 잊고 있던 개가 오래 전 기억을 되살려 남자 흉내를 낸다. 옆자리에서 그걸 지켜보고 있던 여자가 남자를 나무란다, 사람이랑 별다를 게 없는 동물을 학대하면 못 쓴다고. 길고양이며 매와 공작새, 그리고 떠돌이 개의 터전에서 더부살이 하는 인간, 캣맘이 길고양이에게 준 먹이는 노블리스 오블리주 실천을 위한 수강료다.

혁명광장에 내 건 태극기

쿠바 음식이 먹고 싶었는데 일본 식당으로 끌려간 게 화근이다. 쿠바에 다시 온 걸 환영하는 자리였지만 낯선 데다 비싸기까지 한 음식에 짜증난 건지 위가 파업을 시작했고, 내색하진 못해도 일행과 헤어지기 바쁘게 소화제를 먹었다. 두 알이면 체한 게 내려가곤 했는데 어찌된 일인지 속이 뒤틀려 잠을 설쳤다. 첫 단추를 잘못 꿴 탓에 다음 일정에도 차질이 생기고 말았다. 소화불량은 캐리어에 숨어 캠프까지 따라왔고, 부글거리던 속이 가라앉지 않아 챙겨온 소화제를 죄다 먹었지만 낫지 않았다. 하는 수없이 룸메이트 일본 학생에게 도움을 청했다. 소화제 가져온 거 있느냐고 물었더니 캐리어에서 정로환을 꺼냈다. 비슷한 것 같아도 정로환을 소화제라 부르는 건 약물 남용에 가깝다. 나는 유기농 일색인 레스토랑 식사의 양을 줄였고, 되새김질 하듯 씹고 또 씹었다. 배가 고팠던 탓에 깊은 잠을 이루기 어려웠다. 캠프는 메이데이 전야제며 뒤풀이를 하느라 새벽까지 시끌벅적했다.

술이 사람을 이겼는지 떠들썩한 목소리가 점점 늘어지기 시작했다. 캠프가 조용해진 틈을 타서 잠을 청했다. 하지만 속이 부글거려 도무지 잠이 오질 않았다. 얼마나 뒤척거렸을까. 닭 홰치는 소리가 요란하게 들려왔다. 늦잠 든 대원들이 하나 둘 몸을 일으켰다. 본부에선 기척이

세계 노동절 퍼레이드가 열리는 혁명 광장에 나부끼는 태극기.

없는 대원들을 깨울 심산으로 관타나모[1] 노래를 틀었다. 취침등 불빛에 시계를 들여다보니 세시 반이다. 스피커 소음이 채 잦아들기도 전에 누군가 문을 활짝 열어젖혔다. 눈을 떠 봤더니 관리인이다. 그는 메이데이 퍼레이드를 관람하려면 서둘러야 한다고 고함을 질렀다. 해 뜰 무렵 시작되는 퍼레이드에 미리 입장해야한다는 그의 목소리에는 엄숙함마저 깃들어 있다. 두 시 넘어서 도미토리에 돌아왔던 대원들도 잠을 깼다. 번잡함을 피하려고 화장실로 갔더니 먼저 온 사람들이 길게 줄을 서 있었다. 물 사정이 좋지 않아 볼일 본 뒤처리를 못해 냄새가 코를 찔러댔다. 코를 막고서 볼일을 본 뒤 고양이 세수를 마쳤다. 룸메이트가 레스토랑에 간단한 식사를 준비해 뒀다고 전했지만 뒷일이 걱정스러워 망설였다. 마른 빵과 바나나 두 개를 가방에 넣어 배고플 걸 대비했다. 속이 거북하긴 해도 비상식량 챙기는 건 본능에 가까우니까.

1) 미국과 쿠바의 불평등조약에 따라 무단 점령하고 있는 미군 기지.

주차장으로 나서서 올라 탄 버스 여덟 대가 순서 없이 출발했다. 경찰 오토바이 두 대의 에스코트를 받으며 혁명광장으로 달리는 버스 안은 쥐 죽은 듯 고요했다. 모두들 부족한 잠을 보충하고 있었지만 나 혼자 무거운 눈꺼풀을 껌벅거렸다. 한 동안 달리던 버스가 갓길에 멈춰 서고, 인솔자가 '바모스' 라며 모두 내리라고 했다. 잠에 취한 대원들은 버스가 고장 난 건지 목적지에 다 온 건지조차 묻지도 않고 좀비처럼 인솔자를 뒤쫓았다. 맨 뒤에 앉은 나도 그들을 따라 차에서 내렸다. 얇은 티셔츠를 입은 탓에 찬 공기와 맞닥뜨린 배가 꾸르륵거리기 시작했다. 통증이야 견디면 되지만 화장실에 가야한다면 큰일이다. 주머니를 뒤져 휴지가 있나 확인한 뒤 바뇨[2]를 찾으려고 두리번거렸다. 시가지는 어둠살이 걷히지 않아서 간판 글씨를 읽을 수 없었다. 긴장이 더해지니 횡경막이며 복근이 합세해서 창자를 쥐어짰다. 일행과 떨어지면 곤란한 일이 많겠지만, 배탈 난 경우에는 그런 걱정 따윈 사치다. 나는 인적 드문 어두운 골목을 찾아 눈에 불을 켰다.

2) 쿠바의 화장실.

한 동안 골목을 더듬던 눈에 육십 년 훌쩍 넘긴 화물차가 보였다. 적재함 뒤편으로 돌아가서 어둠을 가리개 삼아 고비를 아슬아슬 넘겼다. 발등의 불을 끄고 나니 수만 군중 속에 낀 일행을 찾을 일이 막막했다. 아이디카드 하나만 믿고서 오 미터 간격으로 줄지어선 군인들 사이로 태연하게 걸어갔다. 무궁화 계급장을 단 군인이 앞을 가로 막았다. 그 걸로는 여기를 통과할 수 없다는 것이다. 그는 도로가 꺾이는 곳에 외따로 선 군인을 가리키며 그 쪽으로 가라고 알려줬다. 한참 걸어가서 견장에 별 두 개가 그려진 군인의 안내를 받았다. 그가 손으로 가리킨 군인은 별이 세 개인 중장이다. 혹시나 짝퉁일까 싶어 모자와 견장을 몇 번이나 살폈고, 그래도 믿기지 않아 고개를 갸웃거렸다. 그의 안내에 따라 다가간 혁명의 탑. 일행들은 스탠드 가까이 모여 있었다. 그들을 보고서 긴장을 풀었지만 혹시나 해서 간이 화장실 곁에 자리를 잡았다.

곧이어 팡파르가 요란하게 울려 퍼지고, 라울 카스트로며 국가 지도자들을 소개했다. 행사 진행이 더뎌지기라도 할까봐 그들은 내빈들에게 짧은 인사로 답례를 했다. 뒤이어 학생들의 깃발 퍼포먼스에 맞춰 퍼레이드 인파가 무빙 워커 탄 듯 밀려들었다. 미어터지는 인파 속에 태극기를 선보이고 사진도 찍어야 하는데 복근이 창자를 옥죄어 왔다. 혹시나 싶어 간이 화장실에 왼발을 걸치고서 퍼레이드를 지켜봤다. 내 앞엔 별 세 개를 단 군인이 떡 하니 버티고 서 있었다. 염치가 없었지만 그에게 자리를 맡아달라고 부탁하고, 아슬아슬한 순간을 넘겨가며 유니언 잭[3)] 아래 태극기를 매달았다. 쿠바 혁명광장에 태극기가 처음 걸렸을 거라 생각하니 가슴이 뭉클했다. 길 건너 체 게바라 모습을 배경 삼아 사진 몇 컷을 찍고 어깨를 쭉 편 채 되돌아왔다. 내가 급하다는 걸 안 별 세 개짜리 군인이 미소를 지으며 얼른 볼일부터 보라고 등을 떠밀었다. 나만큼 급해 보였던 그였지만 배려를 잊지 않는 마음 씀씀이가 돋보였다. 혁명의 탑 아래 호세 마르티 동상이 그의 성숙한 자세를 지켜보며 근엄한 미소를 짓고 있었다.

브리가다 캠프 도미토리에 걸린 태극기.

3) 영국 국기.

혁명 광장에 휘날리는 태극기.

거짓 모르는 피노키오

세라믹 아르떼[1] 전시장 레알 뚜에로사[2]에 들렀을 때다. 로비에선 연필 두 자루를 꺾어 피노키오의 팔과 다리를 만든 조형물이 반겼다. 거짓말의 상징으로 쓰이는 피노키오에게 안내를 맡기다니. 퍼즐처럼 조각을 낸 타일 그림을 서로 엇갈리게 붙여 헷갈리게 한 작품도 있었다. 자세히 살펴 본 뒤에야 그걸 완성시키면 암탉이 된다는 걸 알았다. 황토기와의 물결을 미니어처로 만든 조형물을 지나 점토로 만들어진 사람 머리 여러 개를 철망 속에 가둔 것을 살피는 동안 제복 차림의 흑인 여자가 내게 다가와 물었다, 안내를 해 드려도 되겠느냐고. 그는 입구에 들어설 때부터 한쪽 구석 낡은 책상 앞에서 잡담 나누던 **도슨트** 중 한 명이다. 나는 필요한 게 없다고 미소 띤 얼굴로 대답했지만 분명히 뭔가 도움 될 게 있을 거라는 듯 뒤를 졸졸 따라 다녔다. 1층을 죄다 둘러봤다는 걸 눈치 챈 그는 손가락으로 2층을 가리켰다. 내 걸음이 비틀거리기 시작한 게 그때부터다. 2층 회랑을 거쳐 전시장에 들어섰을 땐

1) 도자기로 만든 예술품.

2) 도자기 예술품 전시장 이름.

아르떼 전시장에서 안내 역할을 맡은 피노키오.

이마며 등에 식은땀이 맺혔다. 그는 진작 눈치를 챘다는 듯 내게 바짝 달라붙었다. 도자기 가게에서 5년산 럼주를 마신 것과 내가 빈속이었다는 것까지 그는 꿰뚫고 있었나 보다.

오비스뽀 거리에서 한 블록 건넌 오레일리 거리[3], 가게에 전시해 둔 도자기는 바깥에서 봐도 탐스러웠다. 공산품이 귀한 곳에 그토록 눈부신 장식품이 진열되어 있다는 게 놀라웠다. 머뭇거리다가 문을 열고 안으로 들어섰지만 뜬금없이 썰렁한 기운이 느껴졌고, 진열된 도자기는 구매 욕구를 꺾어버릴 만큼 비쌌다. 카페를 겸하긴 했지만 가게 운영하려면 유지비가 만만찮을 텐데 스페인에서 수입한 도자기가 팔리기나 할까. 걱정스러웠지만 에스프레소 한 잔 주문한 게 내 능력의 한계였다. 악마 이빨 갈아대는 소리를 들어가며 구수한 향기를 맡는 동안 한국 관광객들에게 널리 알리겠다면서 그들을 안심시켰다. 답례로 잔에 깔릴 정도의 럼주를 맛보게 되었다. 양이 얼마 되지 않아 안심하고 있었는데 빈속에 마신 럼주가 위를 뒤틀리게 한 것 같았다.

3) 아바나 관광 명소 오비스뽀 옆 골목.

진땀이 흐르는 걸 보면 얼굴도 창백해졌을 것 같았다. 도슨트는 내게 생긴 이상 징후를 알고 있었던 게 분명하지만 시치미를 뗐다. 그는 뭘로 작품의 모티프를 삼았는지 설명해 나갔다. 그 무렵엔 정신이 아득해서 그의 얘기가 들리지도 않았다. 땀이 흐르는 면적이 차츰 넓어지고 창자가 꼬이는 느낌이 들었다. 위나 아래로 뭔가를 쏟아내야 시원해질 것 같았던 나는 배를 움켜쥐고 '바뇨'라고 말했다. 그때서야 도슨트는 그럴 줄 알았다

호세 마르티 국제공항 면세점 입구의 피노키오.

는 듯 아래층 구석 쪽을 가리켰다. 계단을 바삐 달려 내려간 나는 문짝 없는 화장실 변기에 얼굴을 들이댔다. 하지만 빈속이었던 탓에 배만 아플 뿐 아무 것도 나오려 하지 않았다. 이러다 나으려나 싶어 일어섰더니 명치가 결리는 데다 어지럽기까지 했다. 나는 정신을 가다듬은 뒤 몸을 꼿꼿하게 세운 채 전시장으로 되돌아갔다. 지켜보던 도슨트는 작품 설명을 이어가면서도 내 눈치를 살피곤 했다. 속이 뒤틀려 설명에 몰입할 수 없었던 나는 손을 내저으며 회랑에 놓인 벤치로 걸어가서 길게 누워 버렸다. 잠시 후면 나을 거라고, 고맙단 말과 함께 볼일을 보라며 그에게 손짓을 하고서 눈을 감았다.

얼마나 잤을까. 눈을 떴더니 그가 여태 걱정스런 얼굴로 나를 내려다보고 있었다. 미안스러운 마음에 몸을 일으켰지만 뒤틀린 속은 가라앉지 않은 상태였다. 나는 속이 메스꺼워서 화장실로 달려갔다. 입안에 손가락을 깊숙하게 넣어 속에 든 걸 토해냈고, 장에 든 것도 마저 비워냈다. 속이 말끔히 비워지고 난 뒤에야 어지러움은 가라앉았다. 일어서서 변기 레버를 눌렀더니 손에 아무런 힘이 가해지지 않았다. 그 순간의 황당함이라니, 그 무렵 도슨트가 태연하게 다가왔다. 그는 걱정 말라는 듯 웃어 보이며 손과 입을 씻으라고 청소용 수도꼭지를 틀었다. 그러는 동안 그는 양동이로 변기 청소를 한 것 같았다. 나는 모른 척 세수를 하고 몸을 추스렸지만 부끄럽고 미안한 마음을 감출 수 없었다. 더 이상 머물 염치가 없어서 고개를 깊숙하게 숙여 보인 뒤 전시장을 빠져나왔다.

다음 날, 도슨트에게 줄 작은 선물을 챙겨서 레알 뚜에로사로 향했다. 로비를 한참 동안 살폈더니 음영 깊숙한 곳에서 관객 안내에 몰입하고 있는 그가 보였다. 방해하지 않으려고 그를 십 분 가량 지켜보고 서 있었다. 설명을 이어가던 그가 나를 발견했는지 로비로 돌아왔다. 나는 그에게 다가가 손을 잡았다. 그의 표정에서 나를 염려하는 마음이 고스란히 드러났다. 다정한 목소리로 지금은 괜찮으냐고 묻는 표정은 아기를 대하는 엄마 모습이랑 똑같았다. 나는 인사치레로 가방에서 꺼낸 초코파이 몇 개를 그에게 쥐어줬다. 그는 임무를 다했을 뿐인데 이런 걸 받아서는 안 된다는 듯 손사래를 쳤다. 대신 전시장 운영을 위해 기부를 해주면 좋겠다는 뜻을 내비쳤다. 나는 흔쾌히 주머니를 뒤져 지폐 몇 장을 꺼냈고, 그걸 그의 손바닥에 얹어줬다. 그는 환해진 얼굴로 그걸 받아들고서 기부금 서랍에 넣었다. 그걸 본 도슨트들이 탄성을 내지르며 손뼉까지 쳤다.

나는 한결 밝아진 표정으로 그와 함께 회랑이며 전시장을 둘러봤다. 얼핏 봤던 작품들을 꼼꼼하게 살폈더니 놀랄 만한 휴머니티가 세라믹 속에 녹아있었다. 그들의 따뜻한 마음이 모여 작품 하나하나가 태어났을 거라 생각하니 쿠바 아르떼의 가치가 새삼 돋보였다. 가슴 두근거리며 계단을 내려온 뒤 로비에 세워둔 피노키오 조형물을 꼼꼼하게 뜯어봤다. 피노키오의 상징인 코는 눈에 띄지 않을 만큼 작게 붙어 있었다. 아르떼는 있는 그대로를 드러내는 게 옳다고, 피노키오라곤 하지만 상징 따윈 소용이 없다고 소리 없이 외치고 있었다.

피노키오 닮은 노숙자 동상. 발을 밟고서 수염을 만지면 행운이 따른다고 함.

라틴 아메리카 마사헤 킴

노숙자 합숙소 분위기인 브리가다 캠프, 칠레 남자 움베르또[1]의 리더십 덕분에 힘들다는 걸 느낄 틈이 없다. 그는 숱한 사람들을 이끌고 다니며 구호를 선창하고 분위기를 띄운다. 그가 움직이면 주위는 시끌벅적해진다. 그가 보이지 않을 때면 칠레 대원들 전부가 어깨를 축 늘어뜨리고 있다. 그가 칠칠칠, 레레레 라고 외치면 무리들이 칠레, 칠레, 칠레 라고 후렴을 넣는다. 그럴 때마다 낡고 열악한 캠프가 살아나는 느낌이

1) 칠레 대원들을 이끄는 남자 이름.

브리가다 캠프 내부의 혁명 구호.

든다. 그 뒤부터 단합, 하면 떠오르는 나라가 칠레로 굳어졌다. 해가 지고나면 그들은 야외무대 아래에 모여 앉아 술을 마셔가며 웃고 떠들기 시작한다. 뭔 얘기가 그리 많은지, 날마다 퍼 올려도 이야기 샘은 마를 줄 모른다. 누가 공급을 해 주는지 테이블 위에는 술이 줄어들지 않는다. 모르긴 해도 움베르또의 술을 받아 마신 사람이 럼주를 채워두는 모양이다.

그들 곁을 지나치던 내가 움베르또에게 붙잡혔다. 시끌벅적한 게 왠지 싫어 피하곤 했는데 잡히고 나니 어쩔 수가 없었다. 억지로나마 그들과 합석을 했고 최면에 빠진 듯 술잔을 받아 들었다. 한 잔 두 잔 마신 술이 어깨를 짓누를 거란 생각은 못한 채. 술을 마시다가 말없이 자리를 뜰까 생각도 해봤다. 움베로또에게 무례한 사람으로 찍힐 것만 같았다. 나는 뭔가 보답할 게 없을까 궁리했다. 재주라곤 손에 익은 마사지 실력뿐이었다. 힘든 노동에 시달린 그들에게 더없이 좋은 선물일 것 같았다. 그들 중 나이 지긋한 움베르또가 젤 만만했다. 마당발인 그와 가까워진다면

브리가다 캠프 안토니오 메야 기념비.

캠프 생활이 훨씬 수월할 거란 계산도 했다. 그에게 다가가서 등이며 다리를 차례로 주물렀다. 잉카문명 후손이라면서 그의 뼈대는 의외로 약했다. 그는 손끝에 힘을 줄 때마다 아파 죽겠다고 비명을 질렀다. 곁에서 지켜보던 여자가 술잔을 엎질러가며 자지러질 듯 웃어젖혔다. 움베로토가 마사지를 끝내고 자리에서 일어섰다. 조금 전 웃어젖히던 여자를 끌고 와 내 앞에 앉혔다. 고통이 얼마나 큰지 한 번 당해보란 뜻이다. 여자에게 움베로토와 비슷한 강도로 주물렀다. 그녀는 개운한 듯 '부에노'[2] 라고 말하며 엄지를 치켜 올렸다. 그걸 지켜보던 건너편 페루 여자도 내게 다가와 줄을 섰다. 칠레 팀과 페루 팀이 어울린 모습에서 내가 잉카문명 속으로 깊숙하게 스며든 것만 같았다. 손가락이 저려오고 팔이 빠지려 할 무렵에야 공중도시 마추픽추며 세계의 배꼽인 쿠스코를 거니는 환상에서 가까스로 벗어났다.

나랑 늘 함께 움직이던 일본인들은 움베르또를 칠레 노인이라 불렀다. 그는 호칭과 달리 몸을 아끼지 않고 무슨 일에나 몸소 뛰어들었다. 그를 노인이라 불러선 안 될 것만 같았다. 그러고도 피로를 이기지 못한 그는 서툰 마사지에 몸을 맡기곤 했다. 그 대가로 술자리가 벌어질 때마다 나를 불러 앉혔다. 노예들이 고된 하루를 잊으려고 마셨던 럼주를 잔에 따라 건넸다. 사탕수수 찌꺼기를 발효시켜 만든 럼주를 차마 사양할 수가 없었다. 그는 국수 다발처럼 생긴 초콜릿에다 올리브 절임을 안주라며 내밀었다. 그는 지나치는 사람들에게 술을 권하며 내 소개를 빠뜨리지 않았다. 공짜 술을 마시기 미안했던 나는 매점으로 가서 올리브 피클을 사다 테이블 위에 올려두고 자리를 떴다.

두 번째 브리가다 캠프에 참가했을 때다. 저번보다 살이 쏙 빠진 움베르토는 어딘가 탈이 난 듯 보인다. 그런 몸으로 지나칠 때마다 '마사헤[3] 킴' 이라며 속삭이곤 한다. 그가 억지로 미소를 지어보이면 섬뜩한 기분

2) 좋다는 뜻의 스페인어.

3) 마사지의 스페인어.

이 든다. 찡그리고 다니다가도 나를 보면 힘이 나는 모양이다. 움베르토가 나를 치켜세운 탓인지 마사지 잘 하는 사람이 한국에서 왔다는 소문이 캠프에 쫙 깔렸다. 나랑 마주치는 사람마다 어깨며 목에 손을 갖다 댄 채 찡그리곤 한다. 나는 손을 내저으며 달아나곤 했지만 심한 사람은 외면하기 어렵다. 신통치 않은 실력으로나마 정성을 다해 십 분 정도 마사지를 하면 이마며 등이 흠뻑 젖는다. 환자는 개운하다면서도 내 이마를 본 뒤엔 미안함을 감추지 못한다. 서툰 안마에 뭉쳤던 근육이 얼마나 풀렸을지 모르지만.

브리가나 캠프에서 마련한 생일 케이크.

저녁 식사 시간에 움베르토를 만났다. 그는 나에게 아홉 시에 야외무대로 꼭 나오라고 꼬드겼다. 무슨 일일까 싶어 룸으로 돌아와 씻고 빨래까지 마친 뒤 바깥으로 나갔다. 그들 앞에는 술상이 차려져 있고 생일 케이크며 여태 본 적이 없는 안주도 얹혀 있었다. 나는 움베로토에게 누구 생일이냐고 물었다. 그는 웃으며 건너편 여자를 가리켰다. 희미한

불빛 속에서 살펴봤더니 농사일 끝내고서 어깨를 주물러줬던 여자다. 내가 등장하자마자 움베르토가 일어나 주위를 둘러봤다. 술 마시던 사람 모두가 그를 따라 일어섰다. 움베르토의 지휘로 시작된 생일 축가가 울려 퍼졌다. 가사를 몰랐던 나는 손뼉을 치며 입을 우물거리기만 했다. 그런 뒤엔 축하한다며 그녀에게 악수를 청했다. 여자는 얼굴을 붉히며 내게 빰을 내밀었다. 그들 습성에 길들여지지 않은 나는 순간 멈칫했다. 대신 그녀의 뒤로 돌아가 선물 대신 정성을 담아 마사지를 했다. 내가 땀을 흘리는 걸 본 움베르토가 '무이 비엔[4], 마사헤 킴' 이라며 소리치고, 둘러선 사람들이 축가처럼 후렴을 넣었다. 혁명 전사들이 모인 곳에서 잉카문명 후예들의 피로를 풀어줬으니 라틴 아메리카를 주무른 마사지사로 공인을 받은 것 같아 어깨가 으쓱 올라갔다.

4) 괜찮아, 라는 뜻의 스페인어.

아내 바보 디에고 비센떼

1) '나의 사랑'이라는 뜻.

브리가다 캠프에선 눈요기할 게 없어 디에고 비센떼와 파트리샤 부부를 초청했나 보다. 그들 나이는 예순 전후지만 젊은이 못지않게 정이 넘친다. 디에고는 파트리샤가 잠시라도 보이지 않으면 눈을 희번덕거리다가 고함을 질러댄다.

"파트리샤! 파트리샤!"

여기저기 두리번거리다가 파트리샤가 나타나면 '아모레 미오!'[1] 라고 외치며 그녀에게 달려간다. 방금 전의 표정은 온데간데없이 파트리샤를 부둥켜안는다. 자기 아내가 보고 싶어 찾는데 나무랄 사람이 있을 리 없다. 아직 술 마실 시간이 되지 않아 맨 정신이니 눈빛은 자못 진지하다. 밤이 이슥해지고 술로 목구멍을 적시고 나면 그는 희극배우로 변신한다. 반짝이는 머리에다 불그스레한 얼굴이며 넘실거리는 미소에는 가슴이 넓다는 메타포가 어른거리기도 한다. 표정 연기의 달인인 디에고를 지켜보면 헐리우드에서 오래 연기 수업을 받은 사람 같다. 배를 쥐고 웃도록 한 뒤 시치미 뚝 떼는 거나 어떤 일과 맞닥뜨려도 화내지 않는 걸 봐도 그의 내공은 예사롭지 않다. 아내만 곁에 있으면 화내는 법이 없고 아무리 힘든 일을 시켜도 투덜거리지 않는다. 아내가 잠깐 자리를 떴다가 나타나면 디에고는 그녀를 얼싸안고 입을 맞춰댄다. 잠시라도 떨어져 지내는 건 부부가 아니란 듯, 식사를 하고 오면서도 그는 아내에게 입을 갖다 댄다. 그럴 때마다 파트리샤는 인지를 들어 올려 좌우로 흔든다. 머쓱해진 디에고는 벌렸던 팔을 거둬들인 뒤 서둘러 양치질을 하기 위해 세면장으로 간다. 양치를 하자마자 세면장을 나서며 칫솔을 든 채 아내를 불러댄다. 기다렸다는 듯 디에고에게 다가와 품에 안겨드는 파트리샤. 디에고는 부부 간의 예의를 지켰다는 듯 어깨를 으쓱한 뒤 방에 들어선다. 다음 순서로 해먹 모양의 침대에 몸을 눕히는 걸 보면 시에스타를 그냥 흘려보내지 않겠다는 뜻이다.

디에고의 역할은 더위에 늘어진 대원들의 기운을 북돋우는 일이다. 그가 있는 한 룸메이트들이 심심할 틈이 없다. 인떼르나쇼나르르르르르~[2] 라고 소리를 지르면 복도 끝머리의 방에서도 자지러지는 웃음이 터져난다. 라틴 아메리카 특유의 디에고 발음에 가장 민감하게 반응하는 팀은 일본인들이다. 그들은 R 발음을 못하는 탓에 디에고가 R 발음을 내지를 때마다 배꼽을 잡곤 한다. 그리스인 룸메이트 둘도 일본인과 마찬가지로 웃음을 참지 못한다. 키 큰 아르바니스타[3]는 한 뼘 길이 구레나룻을 떨어가며 발을 굴리기도 한다. 그는 배를 움켜쥐고 웃다가도 디에고에게 한 번만 더 해 보라고 침을 튀겨가며 부추긴다. 신이 난 디에고는 꼬멘사르르르르르르~, 마차르르르르르르~라는 소리를 연이어 내뱉는다. 다닥다닥 붙은 방마다 터져 나온 웃음소리가 캠프를 환하게 밝힌다. 모든 게 불편하기만 한 캠프 생활. 디에고의 웃음은 어떤 음식이나 유별난 프로그램보다 감칠맛을 냈다.

정겨운 부부 디에고 비센떼와 파트리샤.

2) 인터내셔널의 스페인어.

3) 그리스인 대원의 이름.

대머리인 디에고는 전기면도기를 들고 살다시피 한다. 여자 이기는 남자 없다더니, 구레나룻에다 몇 가닥뿐인 머리카락이 돋아난 걸 파트리샤가 싫어하나 보다. 아내 사랑에 필요한 에너지는 그뿐 아니다. 어둠살이 드리우면 디에고 얼굴에 화색이 돈다. 그에 화답하려는 듯 파트리샤 눈빛도 반짝거린다. 식사를 끝낸 디에고가 노천카페로 가서 캔 맥주를 산다. 그런 뒤 시에스타[4] 의자에 앉은 아내에게 다가가 어깨에 살짝 올린다. 후텁지근한 캠프에서 냉장고 속의 맥주는 마른 논을 적실 소나기나 다름없다. 그들 주위로 콜롬비아 사람들이 럼주를 들고 모여든다. 주물로 만든 테이블이 언제 옮겨온 건지, 그 위의 안주를 누가 차린 건지 누구도 신경 쓰지 않는다. 그때부터 조용하던 캠프가 시끌벅적해진다. 콜롬비아인 특유의 사교성이 오가는 사람들을 붙들어 앉힌다. 술을 한두 잔 얻어 마시면 한 병을 사서 되갚는 게 라틴 아메리카 술 문화다.

열악한 캠프의 도미토리[5]지만 남녀 구분은 확실하다. 그 땜에 디에고 부부가 술자리 끝내는 걸 싫어하는 걸까. 각방 쓸 각오를 하고 왔겠지만 인간다운 삶을 추구하는 쿠바에서 부부를 떨어져 지내게 한다는 건 지나치다. 파트리샤도 갈증이 났던지 틈만 나면 남편을 찾는다. 디에고를 찾다가 대답이 없으면 우리 방부터 기웃거린다. 디에고가 보이면 남 시선 따윈 무시하고 침대에다 우람한 엉덩이를 걸친다. 누워 있는 디에고의 배를 쿠션 삼아 책을 읽는 척 기운을 주고받기도 한다. 디에고도 아내에게 은근한 시선을 건넨다. 쿵쾅거리는 심장 소리 때문에 책이 읽어지기나 할까. 이층 침대에서 애틋한 모습을 지켜보려니 애가 탄다. 캠프 요원들도 둘의 사정을 알지만 어쩔 도리가 없어 보인다. 그러고도 보름을 너끈히 견뎌내는 그들 인내심이 우러러 보인다. 혁명 박물관 갔을 때 그들 부부가 어디론가 사라지는 걸 봤다. 따라가도 되느냐고 했더니 황급히 손사래를 쳤다. 얼마 후 돌아온 그들 얼굴이 열에 들떠 있었다.

4) 라틴 문화권의 낮잠 풍습.

5) 한 방에 여러 명을 수용한 숙소.

디에고 부부와 그리스인 아르바니스타가 함께한 시간.

디에고 부부가 캠프에 참가한 조건 따윈 알 수 없지만 그들 덕분에 열악한 캠프 생활이 지겹지 않았으니 브리가다 프로그램에 10점 만점을 준다.

캠프가 맺어준 인연

작은 힘을 모아 거대 세력과 맞서자는 브리가다(연대) 세미나, 오래 이어진 컨벤션 센터의 열기에 기운을 죄다 뺏겼다. 행사가 끝나기 전인데도 어디선가 스며든 음식 냄새가 허기를 부추겼다. 나는 세미나가 끝나기만 기다렸다가 레스토랑으로 달려갔다. 거기엔 나보다 배가 더 고픈 젊은 커플이 먼저 와서 자리를 차지하고 있었다. 웨이터는 커플 곁에 앉으라며 내게 손짓했다. 의자가 내 엉덩이를 당기는 동안 정겹게 얘기를 나누는 커플을 자세히 살펴봤다. 캠프에 참가한 일행이 분명할 텐데 어쩐지 낯설었다. 나를 힐끗 바라 본 그들은 얘기가 끊어지면 안 된다는 듯 잽싸게 고개를 돌려 대화에 몰입했다. 웨이터가 느릿느릿 다가와서 그들에게 뭘 먹을 거냐고 물었지만 대꾸도 없었다. 웨이터가 남자 어깨를 건드린 순간 고개를 돌린 그들이 주머니에서 카드를 꺼내 보여줬다. 웨이터는 그런 카드를 본 게 처음이 아니라는 듯 입을 찢어 보이고서 주방 쪽으로 걸어갔다. 잠시 후 그는 채소가 그득 담긴 접시 두 개를 커플 앞에 내려놨다. 내게도 채소를 가져오겠거니 하고 기대조차 안 했는데 TV에서 봤던 랍스터가 담긴 접시를 테이블에 내려놨다. 처음 맛보는 랍스터는 분홍색 속살이 너무 탱글탱글해서 나이프로 자르는데 애를 먹었다. 껍질에 붙은 살을 포크와 나이프로 해부하는 동안 웨이터가 동

캠프 프로그램 중 토론 시간.

그란 통 세 개를 테이블에 놓고 갔다. 글씨를 읽지 않고 그림만 보더라도 아이스크림이란 걸 알 수 있었다. 나는 랍스터 접시를 밀쳐내고서 아이스크림 뚜껑을 열어 먹기 시작했다. 랍스터 후식으로 아이스크림이라니. 어느 곳에 가더라도 이보다 융숭한 대접을 받긴 어려울 것 같았다. 나와 달리 채소만으로 식사를 하고 있는 커플이 외계인 같아 보였다.

나는 궁금함을 참지 못해 그들에게 물어봤다. 이렇게 맛있는 랍스터를 놔두고 왜 채소로 식사를 하는지. 그들은 대답 대신 웨이터에게 보여줬던 카드를 내밀었다. 나는 두 사람의 국적이며 이름부터 확인했다. 남자는 독일 출신 라니, 여자는 스위스 출신 리나였다. 얼굴이 엇비슷한 데다 이름까지 닮아 인연을 맺게된 게 아닌가 싶었다. 게다가 둘 다 베지테리언[1]이었으니 더 이상 조건을 따질 필요가 없었다. 나는 맨 부커상 수상작 채식주의자를 읽은 걸 기억해 냈고, 얄팍한 지식을 동원해서 비건[2], 락토[3], 오보[4] 중 어떤 부류인지 물었다. 두 사람은 거의 동시에 반지가

1) 채식주의자의 총칭.–다음 백과 인용.

2) 완전한 채식주의자.

3) 식물성 음식과 유제품만 섭취하는 채식주의자.

4) 식물성 음식과 계란만 먹는 채식주의자.

끼워진 인지를 들어 보였다. 커플 반지냐고 물었더니 디자인을 자세히 보라고 말했다. 반지는 풀잎을 바탕으로 한 디자인이었고, 가운데 초록색 보석이 박혀 있었다. 둘 다 완전 채식하는 비건이라며 쳐다보는 얼굴에 핏기라곤 없어 보이는 게 맘 아팠다. 그 순간 의도하지 않게 내 입이 벌어지며 눈동자가 반짝거렸나 보다. 내 표정을 읽었는지 그들은 앞에 놓였던 아이스크림을 내게 밀쳤다. 랍스터 요리에다 아이스크림 세 통을 먹었으니 이보다 더한 호사는 없다. 청정 자연을 재료 삼은 요리에다 아이스크림을 곁들였으니 브리가다 캠프 참가비가 아깝단 생각이 들지 않았다.

종탑에 올라 선 베지테리언 커플.

그 뒤부터 라니와 리나를 유심히 살폈다. 어딜 가나 두 사람은 떨어지는 법이 없었다. 브리가다 캠프가 짝 지워준 그들을 알고부터 베지테리언들이 더러 보였다. 라니와 리나를 통해 베지테리언들의 식생활을 어렴풋이 알게 됐다. 그들 테이블을 살펴봤더니 양배추 샐러드, 토마토, 구아바, 오이를 주식으로 삼고 있었다. 가끔 망고나 감자튀김인 빠빠스프리다[5]가 보였지만 내가 먹는 양에 비해 절반에도 미치지 못했다. 망고주스를 리필하기 위해 줄을 섰더니 앞에 리나가 보였다. 나는 그에게 베지테리언이 몇 명이나 입소했느냐고 물어봤다. 전체 인원은 알 수 없지만 스무 명 이상은 될 거라고 말했다. 나는 리나 쪽을 쳐다보면서 라니에게 귓속말로 얘기했다. '베지테리언이 아니어도 사귀는 게 가능해요?' 그는 어색하게 웃으며 말을 아꼈다. 딱 부러지는 대답을 듣고 싶어 다그쳤더니 '아마도, 힘들지 않겠어요?' 라고 머쓱한 표정으로 대답했다. 나는 한창 썸을 타는 중인 라니와 리나가 프렌치 키스 하는 걸 상상해봤다. 먹는 게 서로 달랐다면 선뜻 키스할 마음이 내키지 않을 것 같았다. 둘의 생김새가 닮아 보이는 것도 식성이 같은 탓이 아닌가 싶었다. 그런 뒤부터 그들이 입고 있는 옷, 신발, 모자며 가방을 꼼꼼히 들여다봤다. 라니와 리나의 소지품 중 짐승 가죽으로 만든 건 아무 것도 없었다.

베지테리언은 모피며 가죽 제품을 지니지 않는 게 철칙이다. 꿀도 먹지 않고 서커스 관람조차 외면한다. 스위스에선 채식주의자들이 펼친 에코프렌들리(ECHO FRIENDLY) 정책으로 여러 가지 천연 화장품이 넘쳐난다. 라니가 사는 베를린 비건 거리 쉬벨바이너에는 그들만의 아이스크림, 애완견 사료, 화장지, 세제 파는 곳이 있다고 한다. 부자가 아니고선 베지테리언의 삶을 이어갈 수 없다는 얘기에 뜨악하다. 상류층이라야 채식주의자 전용 물품을 살 수 있을 테니까. 독일에는 비건이 백삼십만이고 락토며 오보, 락토 오보까지 합치면 팔백만 명이나 된다고 말한

5) 감자를 저며서 기름에 튀긴 요리.

6) 자유와 채식주의자의 합성어. 버려지는 음식 쓰레기를 줄여 환경 보호에 앞장서는 사람.

7) 고기를 절제하는 채식주의자.

스위스 출신 베지테리언 리나.

다. 그의 얘기에 독일의 애완견 숫자 팔백육십 만이 왜 떠올랐을까. 장난기 섞인 웃음을 지운 뒤 급히 인터넷을 검색해 봤다. 알고봤더니 우리나라 베지테리언도 백만이 넘는다고 한다. 연예인 중에서 이하늬, 이효리, 송일국, 박진영도 채식주의자란 얘기가 떠돈다. 먹거리로 쉬 장난칠 수 있는 한국에선 엄격한 채식이 어려울 것 같아 그들에게 말했다. 베지테리언을 실천하긴 어렵지만 음식을 좀처럼 남기지 않고, 유통 기한 지난 것도 잘 먹는다고. 내 얘길 들은 라니가 '그게, 프리건(FREEGAN)[6]이죠.' 라며 활짝 웃는다. 그들은 지구를 살리기 위해 육식을 절제하는 플렉시테리언[7]이나 프리건도 엄연한 베지테리언이라며 엄지를 치켜 올린다. 나는 그들로부터 프리건으로 인정받은 뒤 라니, 리나와 처음으로 동질감을 느꼈다.

아프리카인 룸메이트

인종 차별은 반대하지만 아프리카인을 보면 대략난감이다. 그들만 보면 표정이 굳어지면서 몸을 움츠리곤 한다. 내가 머무는 도미토리에도 그들이 섞여 여간 조심스럽지 않다. 단체였다면 같은 방을 함께 쓰도록 했을 텐데 혼자 참가했으니 잡어 취급을 당한 것이다. 버스를 배정하면서도 아프리카, 터키, 일본에다 엘살바도르인을 뒤섞어 놨다. 운지이는 인종 전시장이 체 게바라와 카스트로 형제가 피땀 흘린 전적지며 혁명 현장을 둘러본다. 흑인과 같이 앉게 되면 살이 닿기라도 할까봐 몸을 기울이곤 한다. 버스가 심하게 흔들릴 때는 마인드 컨트롤을 한다, 어디서 이들과 함께 생활해 볼 기회가 있겠느냐고. 자세히 봐서 예쁘지 않은 건 없다고 최면을 거는 동안 그들을 유심히 살펴본다. 그 중에서도 으뜸이라 여겨지는 건 책 읽는 광경이다. 새까만 귀에 하얀 이어폰을 꽂고서 체 게바라 전기를 읽는 모습에서 느껴지는 극명한 대비는 감탄을 자아낸다. 나는 자세히 보길 정말 잘했다며 맘속으로 박수를 쳤다. 자기 최면에 간신히 빠져들었을 무렵 남아공 출신 대원이 코를 후벼 판다. 새끼손가락으로 콧구멍을 쑤셨지만 아무 것도 딸려 나오지 않는다. 그는 도저히 못 참겠다는 듯 엄지손가락을 콧구멍에 넣고 돌린다. 자세히 보니 흑인 콧구멍 크기가 장난 아니다. 코가 크면 코딱지가 크다는 진리를 깨우칠

틈도 없이 고개를 돌려버렸다.

캠프 도미토리의 정원은 여덟이다. 그 중 아프리카인이 낄 확률은 절반에 가깝다. 그러다보니 인연을 맺게 된 사람이 가나 출신 오뽀꾸다. 그는 피부색 검기로 따져본다면 아프리카인 중 으뜸이다. 가나는 전체 인구의 99%가 흑인이라고 한다. 그걸로 그들의 순혈주의를 짐작할 만하다. 오뽀꾸의 침대는 나랑 대각선을 이루고 있다. 그 때문에 의도하지 않게 눈길이 서로 마주친다. 누운 채 독서를 하다가 책을 안대 삼아 잠에 빠져들 때도 있다. 아프리카인이 영어로 된 책을 읽는다는 사실이 묘하게 끌린다. 도미토리에 둘만 남겨졌을 때다. 나는 그에게 슬쩍 말을 걸어봤다. 책 읽는 모습이 아름다워 보인다면서. 내 얘길 듣고 빙그레 웃는다. 곧이어 악수를 나누고 이름을 물어 수첩에 옮겨 적는다. 외우기 쉬워서 굳이 적을 필요조차 없는 오뽀꾸, 옷을 벗는다는 뜻으로 기억하면 되니 룸에 들어설 때마다 장난처럼 오뽀꾸! 라고 불러댄다. 자세히 봐야 예쁜 것처럼 자주 부르다 보니 정이 든다. 그런 뒤부터 버스에 오르면 자연스

룸 메이트인 콜롬비아 부부 대원.

레 그의 옆자리에 앉아 정겹게 얘기를 나누는 사이로 발전한다.

가나의 특이한 풍습[1]이라면 사후에는 생전의 직업에 맞춰 관을 제작한다는 것이다. 나는 오뽀꾸에게 물었다. 너는 죽어서 어떤 관 속에 들어가고 싶으냐고. 오뽀꾸는 벌어진 앞니를 환히 내보이며 대통령이 되는 게 목표니까 용이 그려진 관 속에 들어가게 될 거라고 어깨를 쫙 벌려 보인다. 제빵사는 식빵 모양, 대장장이는 말굽 모양, 재단사는 양복 모양의 관 속에 들어갈 것 같다. 체 게바라는 구급상자 모양의 관 속에 들어가는 게 맞다고 생각한 순간 웃음이 터져 나온다. 나는 보나마나 책 모양으로 짠 관 속에서 세익스피어의 4대 비극 중 햄릿의 메타포 강한 문장을 읊고 있을 것만 같다. 애쓴다고 해서 바꿔 끼울 수 없는 게 운명이란 부속품이니까.

1) 아프리카 가나에선 생전의 직업에 따라 관을 만들어 장례를 치른다.

2) 아프리카 가나의 민속 의상.

브리가디 캠프 해단하는 날, 오뽀꾸가 낯선 원피스를 꺼내 몸에 걸친다. 두꺼운 천에다 그들 전통 문양을 꼼꼼하게 수놓아 눈을 휘둥거리게 한다. 원피스를 어떻게 만들었는지 궁금했던 나는 아랫단을 들쳐서 속을 세심하게 뜯어본다. 화려한 바깥과 달리 안쪽은 바늘땀이 고스란히 드러나 있다. 아프리카에서 이렇게 공 들여 옷을 지어 입을 수 있다면 어떤 신분일까. 나는 궁금함을 참지 못해 옷의 이름이며 어떤 지위에 있어야 그걸 입을 수 있느냐고 물어본다. 오뽀꾸는 환하게 웃으며 '긴띠'[2] 라는 옷 이름만 얘기하고 입을 닫아버린다. 나는 답답함을 참지 못해 그를 다그친다. 오뽀꾸는 옷을 지어준 아내며 딸들까지 떠올렸는지 더 밝

가나의 민속 의상 긴띠를 걸친 오뽀꾸. 대통령을 꿈꾼다.

게 웃으며 대답을 줄줄 풀어낸다. 큰 딸은 곧 로스쿨을 졸업하고 작은 딸은 의대 3학년이라고, 폰을 켜서 가족 사진을 보여준다. 여남은 장을 넘기니 단란해 뵈는 가족들 곁에서 커다란 회전의자에 등을 기댄 그의 모습도 보인다. 그는 자랑 삼아 유엔본부에 가나 대표로 참석했었다고 얘기한다. 그가 유엔 마크를 배경 삼아 찍은 사진을 보여줄 땐 벌어진 앞니에 덧붙여 금빛 크라운을 입힌 어금니까지 드러난다.

오뽀꾸가 어깨를 으쓱하며 들려준 얘기에 왠지 속이 부글거린다. 다른 건 부러울 게 없지만 딸만 둘이라는 사실 때문이다. 부러우면 지는 건데, 다가가기조차 꺼려지던 그에게서 질투심이 느껴지다니. 캠프에서 또 한 명 천적을 만났다는 것 땜에 인상이 찌푸려지고, 반죽이 차지게 되어야 딸을 낳는다는 친구 얘기도 떠오른다. 나는 금슬이 좋은 것도 모자라 예쁜 딸까지 낳은 건 지나치다는 뜻으로 그를 째려본다. 사진 여러 장을 보여주며 자신을 가나 은행 중역이라고 소개한 오뽀꾸. 쉰 살에 높은 지위에 올랐으니 풍등에다 자신 있게 가나 대통령 되는 게 꿈이라고 적었겠지. 먼 길 가는 동안 찢어지진 않을까, 무사히 통관은 될까 조바심을 내며 가져간 풍등 덕분에 오뽀꾸 속마음을 들여다 본 게 속을 쓰리게 하다니. 천적 명단에 이름을 올리긴 했지만 풍등에 적었던 그의 소망만은 꼭, 이뤄지기를 빌었다.

더치페이 달인 야마나카

메이데이 퍼레이드는 브리가다 캠프의 가장 큰 이벤트다. 피델 카스트로며 신화로 남은 체 게바라를 지지하는 군중들 열기는 뜨거웠다. 정오의 햇살마저 혁명광장을 데우려고 뛰어들었다. 나는 들뜬 기분을 가라앉히지 못하고서 열기가 후끈한 공간으로 발을 들여놓았다. 태극기를 흔들어가며 혁명의 탑을 배경으로 사진을 찍는 사이 퍼레이드가 끝나버렸다. 백만 명이 넘는 행렬이 거쳐 간 왕복 10차선 도로가 예상외로 말끔했다. 쓰레기라곤 눈에 띄지 않았으니 퍼레이드를 벌였던 자리가 맞나 싶다. 혁명의 탑[1] 아래 근엄한 자세로 광장을 내려다보고 있는 호세 마르티 동상 덕분이 아닐까 싶었다. 그 순간 저만치서 트럭 몇 대가 작업복 입은 남자들을 싣고 달려왔다. 차에서 내린 그들은 빗자루를 들고서 군중이 흘리곤 간 혁명 정신을 소중하게 쓸어 모았다. 그들에게 뒷일을 맡긴 경찰과 군인들은 그늘에 앉아 담소를 나누고 있었다.

나를 태우고 왔던 버스는 오후 다섯 시에 캠프 본부로 모이라고 하고선 떠난 뒤였다. 광장 주변이 죄다 주차 금지구역으로 정해져 탈것이라곤 보이지 않았다. 골목 구석에 차를 숨기고 호객 행위를 하는 사람들이 더러 있었지만 타려는 사람들이 많아 포기하고 말았다. 오랫동안 물 한 방울 마시지 못한 탓에 갈증이 나고 허기가 져서 정신이 혼미했다.

1) 쿠바 아바나의 혁명 광장에 세워진 탑. 단면이 별 모양인 게 특징이다.

하지만 노동절 연휴여서 가게며 음식점이 죄다 문을 닫아걸었다. 식사를 하려면 호텔을 찾는 수밖에 없었다. 일본인 야마나카가 호객꾼에게 다가가서 물었다. 나시오날 호텔까지 얼마면 갈 수 있느냐고. 요금이 터무니없이 비쌌던지 그가 고개를 절레절레 저었다. 야마나카는 택시 말고 자전거를 타는 게 싸겠다고 일행을 꼬드겼다. 자전거에 2인승 안장을 얹은 비씨 택시 요금도 장난 아니었다. 야마나카 아내 도모짱은 운전기사가 5쿡이라고 한 말을 듣고서 성큼 내 옆자리에 앉았다. 멀쩡한 남편을 두고서 내 옆에 바짝 붙어 앉은 그녀 모습은 뜬금없었다.

가벼운 두 사람을 태운 채 완만한 경사를 올라가면서도 운전기사는 땀을 뻘뻘 흘렸다. 그건 상관할 바 아니라는 듯 도모짱이 고개 너머에 삐쭉 솟은 건물을 가리켰다. 거기엔 나시오날 호텔이라고 큼지막이 적혀 있었다. 조금만 더 가면 카리브해의 탁 트인 경치를 덤으로 볼 수 있을 것 같았다. 고개를 넘어선 순간 속도를 내던 비씨 택시가 브레이크를 밟았다. 힘든 구간은 지났으면서 도모짱이 가리킨 곳보다 한참 못 미쳐

일본 · 쿠바 교류협회 소속 도모 짱.

세운 것이다. 도모짱이 왜 호텔까지 못 가느냐고 따졌지만 헛일이었다. 무슨 말인가를 중얼거린 그가 나와 도모짱에게 무작정 내리라고 명령했다. 도모짱은 표정이 달라지지 않은 채 지갑을 열어 돈을 꺼냈다. 그녀가 5쿡을 운전기사에게 내민 순간 10쿡을 내야한다고 눈을 부라렸다. 타기 전에 틀림없이 5쿡으로 요금을 정했는데도 막무가내였다. 페달 밟는 건 뒷전이고 바가지 씌우는 걸 본분으로 삼는 듯했다. 절약이 몸에 밴 도모짱이지만 따지기 싫었던지 말없이 10쿡을 그에게 건넸다. 속에서 불길이 치솟았지만 돈을 내지도 않은 주제에 따지기가 뭣해서 입을 닫고 있었다. 신세진 걸 언젠가는 갚아야겠다며 그녀를 뒤따랐다.

식사 시간이 지난 레스토랑은 한산했다. 일행들은 가운데 놓인 원탁에 자리를 잡았고, 메뉴판을 보고서 각자 먹고 싶은 요리를 골랐다. 학생들은 햄버거를 주문했고, 어른들은 죄다 파스타가 좋겠다고 입을 모았다. 요리가 나오길 기다리는 동안 실내를 찬찬히 둘러봤다. 백 년 가까이 썼던 테이블과 의자며 웨이터의 유니폼에는 세월의 더께가 묵직하게 내려앉아 있었다. 큰돈을 들여 호텔을 지은 미국 마피아가 본전을 뽑기도 전에 쿠바 정부에 뺏겨 버렸으니 억울해서 잠을 제대로 자기나 했을까. 주문한 요리는 삼십 분이 지나서야 수레에 실려 왔다. 내가 주문했던 파스타보다 햄버거가 훨씬 크고 맛있어 보인 건 배가 고프단 증거다. 나는 웨이터가 내려놓은 파스타를 포크로 허겁지겁 건져 올렸다. 가슴 높이까지 따라오던 면발은 접시에 도로 떨어지며 수프가 사방으로 튀었다. 옆 사람에겐 피해가 없는지 살펴가며 냅킨으로 닦았다. 그들은 괜찮다면서, 어서 식사하라고 말했지만 진심인지 아닌지 확인할 순 없다. 내가 주문한 고르곤졸라 파스타는 콩국수에 가까웠다. 나는 테이블 매너에 어긋난다는 걸 알면서도 접시를 기울여 면을 빨아들였다. 간이 입에 맞지 않아 몇 번 들이켜지 않았는데도 위에 거부감이 느껴졌다. 유기농 요리가 맛깔나기까지 했다면 얼마나 좋았을까. 콜라를 곁들이지 않았더라면 비싼 요리를 절반도 못 먹을 뻔했다.

대충 식사를 끝내고 식비와 택시비라며 10쿡을 도모짱 테이블에 얹었다. 그걸 본 도모짱은 영수증이 필요했던지 웨이터를 손짓해서 불렀고, 제각각의 계산서를 따로 달라고 부탁했다. 후줄근한 유니폼 차림의 웨이터는 싫은 기색 없이 개개인에게 식비를 받아 영수증을 끊어 오는 일을 되풀이했다. 프런트와 테이블을 여덟 번씩 오가면서도 언짢은 기색이라곤 찾아볼 수 없었다. 그 중 특이한 건 야마나카 내외의 계산 방식이었다. 그들은 제각각 주머니를 열어 자신이 먹은 것만 테이블 위에 올려놓았다. 부부라면서 식대마저 각자 계산하는 모습에는 어이가 없었다. 캠프에 돌아가서도 그들의 경비 지불 방식을 유심히 살펴봤다. 그들의 더치페이 습관은 고질병에 가까웠다. 야마나카가 맥주를 한 번 사면 그 다음엔 도모짱이 사는 원칙을 지켰다. 어떤 일에도 얼굴 붉히는 법이 없어 스펀지라 이름 지었던 야마나카, 부부 생활에 드는 돈은 어떤 계산 방식으로 부담하는지 궁금하다. 이불 속에서 이루어질 그들 덧셈과 뺄셈을 지레짐작해 보면서 혼자 웃음을 흘렸다. 스펀지 같은 성격의 야마나카지만 부부 간에 드는 돈마저 각자 계산하는 걸 지켜보면서 일본인의 특이한 문화를 발견해 낸다.

풍등으로 밝힌 캠프

브리가다 캠프의 장기자랑 시간이었다. 세계 각국에서 모여든 참가자들의 춤과 노래에 혼을 빼앗겼다. 두 번째 참가하면서 뭘로 그들을 즐겁게 해 줄까 고민했다. 어둠침침한 캠프를 환하게 밝혀주면 좋겠다는 생각이 이르렀다. 캐리어를 꾸리면서 인터넷으로 풍등을 검색하고 폰뱅킹으로 돈을 부쳤다. 며칠 뒤 도착한 택배 상자를 열어봤다. 여러 가지 색깔의 풍등 다섯 개와 불을 붙이기 위한 파라핀 뭉치가 걸려 있었다. 설명서를 읽었더니 파라핀 뭉치의 역할은 착화탄이나 다름없었다. 폭발물에 가까운 걸 들고 무사히 검색대를 통과할 수 있을까 걱정스러웠다. 문제가 된다면 버리기로 작정하고 포장에 신경을 썼다. 철사에 붙여둔 습자지가 찢어지기라도 할까 봐 맞닿는 부분마다 옷가지며 휴지로 보호막을 쳤다. 캐리어를 수없이 열고 닫는 동안 얼마나 조심스러웠는지. 공항에 도착해서도 긴장을 놓지 않았다. 검색대를 지나칠 때는 테러범처럼 표정이 굳었을 것 같았다. 다행스레 검색대를 무사히 통과했고, 캠프에 도착하자마자 캐리어를 열어 풍등부터 살폈다. 염려와 달리 찢어진 곳 하나 없이 멀쩡했다. 그 중 한 개를 꺼내 일본팀 리더 테루요[1]에게 선물했다. 그녀가 지난번 캠프 생활에 서툰 나를 하나하나 가르쳐 준 보답이었다.

1) 일본 · 쿠바 교류협회 간사.

소망이 담긴 풍등을 날리는 그리스 여자 대원.

캠프 폐막식 때 날리기로 맘먹은 풍등을 좁은 도미토리에 보관하려니 꽤나 조심스러웠다. 게다가 메이데이 연휴 기간엔 중부 지방으로 캠프를 옮긴다는 소식이 들렸다. 캐리어를 이곳저곳으로 옮기는 동안 신경이 쓰여 빼어난 경치를 보는 것조차 등한시했다. 연휴가 끝나 캠프로 돌아와서 캐리어를 열어봤다. 걱정과 달리 풍등은 멀쩡해서 가슴을 쓸어내렸다. 브리가다 캠프 폐막식 날, 눈인사를 건네곤 하던 사람들을 도미토리로 불러들였다. 호기심 어린 눈을 반짝이며 몰려든 그들에게 풍등을 보여줬다. 라틴 아메리카에선 풍등이 흔치 않은지 다들 눈을 크게 뜨고 입을 한껏 벌렸다. 나는 어둔한 스페인어로 풍등을 펴서 날리는 요령을 가르쳤고, 매직을 쥐어주며 각자 소원을 빈 칸에 적으라고 말했다. 요령을 모르는 그들은 나더러 시범을 보이라고 얘기했다. 나는 노란 바탕에다 한글로 소망을 적어 넣었다. 그걸 본 대원들은 세계 평화나 대통령이 되게 해 달라거나 핵 없는 세상 또는 병이나 전쟁 땜에 죽는 일이 없게 해 달라고 써 넣었다. 그걸 보고서 별안간 가슴이 뭉클해졌고, 가져오길 정말 잘했다고 생각했다.

보름 동안의 캠프 생활이 끝났다는 팡파르가 울렸다. 나는 기다렸다는 듯 풍등을 꺼내 들었다. 내 신호만 기다리던 대원들이 일제히 환호성을 질렀고, 풍등 대열은 무대 가까이로 달려 나갔다. 대원들은 제각각 맡은 역할에 따라 준비물을 챙겼다. 잠비아 대원은 점화 장치에 불을 붙이려고 대기하고, 그리스 여자 둘은 마주 서서 풍등이 허공에 떠오르도록 잡을 준비를 했다. 콜롬비아 대원은 풍등의 길을 안내하려고 무대 위에 올라섰다. 뒤풀이를 위해 대원들 사이로 술잔이 어지럽게 오가고, 그들 기분을 맞추려고 음악이 쿵쾅거렸다. 아껴뒀던 각 나라의 술이며 올리브 절임에다 여러 가지 초콜릿이 죄다 쏟아져 나왔다. 무대 가까이서 벌이는 풍등 이벤트엔 아무도 신경을 쓰지 않는 듯했다. 도미토리에서 연습

대원들의 여러 가지 소망을 적은 풍등.

했던 대로 잠비아 대원이 풍등에 불을 붙이고 부력이 생기길 기다리는 동안 그리스 여자가 마주 잡고 섰다. 무대 위의 콜롬비아 대원은 팽팽해져 오는 풍등을 지켜보며 저절로 떠오르기만 기다렸다. 어둡던 무대가 서서히 밝아졌다. 술을 마셔가며 웃고 떠들던 사람들이 무대 쪽을 힐끗거렸다. 나는 실패하면 망신을 당한다는 생각에 풍등에 온 신경을 곤두세웠다. 각도가 약간만 틀어져도 습자지에 불이 옮겨 붙는 걸 더러 봤던 탓이다. 걱정했던 것과 달리 파라핀 열기가 습자지를 부풀렸고, 대원들이 쓴 글귀가 정체를 드러냈다. 세계 평화며 자잘한 소망이 빼곡히 적힌 걸 보고 가슴 뭉클했던 게 나뿐이었을까.

풍등이 대원들 손을 벗어나려고 몸피를 부풀렸다. 술에 취해 춤을 추거나 의자에 앉았던 사람들 시선이 죄다 노랗게 불이 켜진 풍등에 쏠렸다. 그 무렵 부력이 생긴 풍등이 팽팽해졌고, 그리스 여자 두 명에게 놔도 좋다는 신호를 보냈다. 아래로 처질 듯하던 풍등은 부력을 이기지 못해 어두운 하늘로 서서히 떠올랐다. 뜻을 하나로 모으기 위해 열렸던 브리가다 캠프 행사 중 가장 빛나는 순간이었다. 노란 바탕에 검은 글씨는 멀리서도 쉬 눈에 띄어 소망을 알리기엔 그저 그만이었다. 별빛 반짝이는 캠프의 창공을 향해 날아오르던 풍등이 대왕야자[2] 나무 가지를 살짝 스쳤다. 지켜보던 사람들은 혹시라도 나뭇가지에 걸리기라도 할까봐 함성과 박수로 풍등의 길을 인도했다. 대원들 모두의 염력 덕분에 풍등은 쿠바 하늘 높이 떠서 또 하나 별이 되었다. 풍등 크기가 별 만큼이나 작아졌을 때 그리스 여자가 물었다. 풍등의 노란 색깔에는 무슨 뜻을 담았느냐고. 나는 별빛으로부터 전해 받은 시선으로 그녀를 그윽하게 바라봤다. 풍등에 적은 소망만큼 중요한 게 어디 있겠느냐며 눈을 찡긋했다. 명도가 높아서 그걸 골랐다는 말은 꿀꺽 삼킨 채.

2) 키가 작은 대추야자와 대별되는 키 큰 야자나무.

먹고 비우고 씻기

쿠바 정부가 주관하는 브리가다 캠프는 값싼 패키지 관광이나 마찬가지다. 경비가 적게 드는 대신 손수 캠프장 청소며 페인트칠을 해야 한다. 거기다가 농사일 거드는 것도 버젓이 일정에 잡혀 있다. 예기하지 않게 캠프 대원들은 오십 년 된 트랙터에 실려 농장에 들어선다. 입이 무거운 관리인의 손짓이 잡초를 뽑는 일에 대원들을 내몬다. 남는 인원이 있으면 저녁 찬거리에 쓸 채소 수확을 맡긴다. 일정표에는 그럴싸한 이름이 적혔지만 실상은 허드렛일이다. 말이 농촌 체험이지 닷새를 그렇게 흘려보내고 나니 진이 빠진다. 쇼핑센터 끌려 다닌 듯 짜증이 날 무렵 싱그러운 유기농 채소가 튀어나오려는 말을 순화시켜 준다, 그런 걸 보면 캠프의 일정은 꽤나 과학적으로 짜였다.

쿠바에선 먹고 죽으려 해도 비료나 농약이 없다. 유기농 채소보다 성장 촉진제나 농약 친 게 훨씬 비싸다. 원조해 주던 소련이 발을 떼고부터 왕따 신세가 된 탓이다. 게다가 미국의 무역 제제로 농약이며 비료를 구하는 게 어려워지고 말았다. 어려움을 이겨내자고 특별시기[1]라 정한 뒤 전 세계의 유기농 재배법을 받아들였다. 허브를 이용하거나 지렁이 농법으로 병충해를 줄이면서 지력을 높였다. 비료에 길들여졌던 땅은 천 가지가 넘는 지렁이와 허브 덕분에 땅 힘을 되찾았다. 그 일로 유기농

1) 소련 붕괴 후 지원이 끊겨 궁핍을 이겨내야 했던 시기.

브리가다 캠프의 정찬.

법에나 도시농업이 더해진 오르가노포니코[2)]가 정착되었다. 쿠바의 3대 특산품인 시가, 설탕, 커피가 유명해진 건 농사를 편하게 해 주는 화학비료 따위를 멀리한 결과다. 쿠바의 특산품은 특별시기를 거치는 동안 순도를 더 높여서 국민들 건강 증진에 큰 역할을 해냈다. 거동이 가능하면서도 장수하는 국민이 늘어 신장수국가라 불리게 됐으니 성과는 눈물겹다.

2) 유기농법으로 작물을 재배하는 텃밭.

유기농으로 기른 순무, 당근, 고구마, 토마토는 더없이 깨끗한데 비해 레스토랑의 청결 상태는 부끄러울 지경이다. 요구르트 병마개 부분을 잘라내고 무한 재활용 하는 건 애교에 속한다. 낡은 식탁에 비닐 커버를 씌웠지만 파리가 득시글거리고, 오렌지나 구아바 주스가 담긴 주황색 통이 새까맣게 보일 지경이다. 식사 시간에 조금 늦을 경우에는 망고며 구아바 주스가 보이지 않는다. 수북 쌓아뒀던 걸 파리가 다 먹어치운 것 같다. 수박, 당근, 채 썬 양배추에 새까맣게 앉은 걸 봐도 그게 증명된

브리가다 캠프의 화장실.

다. 위생 상태도 별론데 포크나 수저가 없을 때도 있다. 설거지를 조금 빨리 하면 그럴 일이 없을 텐데도 주방 직원들 손놀림은 더없이 굼뜨기만 하다. 그런데도 서비스 나쁘다고 투덜거리는 사람을 본 적이 없다. 대원들은 주스가 떨어지면 카페에서 콜라나 맥주를 사서 목을 축인다.

때가 되면 먹어야 하는 게 본능이니까 누구나 하루 세 번 레스토랑을 들른다. 먹을 때는 모르는데 화장실 갈 생각을 하면 눈앞이 캄캄해진다. 적게 먹으려고 다짐했던 걸 실천하지 못한 게 후회되기 시작한다. 어쩔 수 없이 화장실에 들어서고, 볼일 본 뒤 휴지로 닦으려면 문짝이 머리에 부딪친다. 그럴 때면 문을 빠끔히 열고 머리로 문을 밀어야 한다. 그런 과정을 통과하고 물을 내리려면 변기 레버가 고장 나 있다. 남이 볼 새라 페인트 통에 물을 받아와서 뒤처리를 하는 동안 얼굴이 화끈거린다. 샤워를 하러 가더라도 사정은 별다르지 않다. 샤워꼭지에서 떨어지는 물은 아기 오줌줄기나 마찬가지다. 그걸 지켜보고 서 있으면 왜 이런 고생을 사서 하나 싫어 한숨부터 난다. 웃통을 벗어 젖인 채 샤워장을 빠져나와 세면장으로 간다. 거기서는 빨래하는 여자 대원들 눈총이 따갑다. '두차!'[3] '두차!' 라며 샤워장을 향해 손가락질을 하는 걸 보면 왜 여기서 이러느냐는 항변이다. 하지만 날마다 되풀이되는 뒷일 걱정이 레스토랑에 들어서면 까마득 잊히는 게 신기하기만 하다. 시퍼런 물이 뚝뚝 떨어지는 유기농 채소를 보고서 식욕을 억누른다는 게 쉬운 일인가. 거기다 곁들이는 유기농 돼지고기, 닭고기가 폭풍 흡입 신호를 보낸다. 며칠 동안 꾸역꾸역 먹었더니 배가 임신 오 개월 쯤으로 보인다. 유기농의 보이지 않는 힘이 근거 없는 자신감으로 옷을 바꿔 입는 순간이다.

3) 샤워를 뜻하는 스페인어.

전 세계 30여 나라 사람들을 불러들인 메이데이가 하루 앞으로 다가왔다. 부실하면서도 불결하기까지 한 레스토랑 직원들이 가방을 꾸린다. 연휴를 맞았으니 출근하는 직원이 있을 턱이 없다. 다음 날 아침 식사 시간에 맞춰 레스토랑에 갔더니 몇 가지 과일과 푸석한 빵만 놓여 있다. 모르긴 해도 캠프 운영자들이 식당 직원 대신 아침을 준비했나 보다. 부실한 식사를 마친 대원들은 버스를 타고 캠프를 옮겨간다. 내리쬐는 땡볕과 허기와의 싸움을 피하기에 그 이상의 수단은 없다. 옮겨온 곳은 혁명전적지가 가까운 호텔이다. 호텔에서는 환영 행사의 하나로 어린 돼지 바비큐를 준비해 놨다. 여러 가지 술이며 스페인 전통 바비큐를 맛보고 나니 보너스 탄 듯 쾌감이 밀려든다. 배를 불린 뒤 화장실에 들어섰더니 대략 난감이다. 호텔인데도 물 사정이 캠프나 별반 다르지 않아서다. 수도꼭지를 틀었지만 물줄기가 낙숫물 수준이다. 목을 길게 빼고 물을 받는 동안 서글픈 생각이 앞섰다.

BTS에 열광하는 쿠바노

올드 아바나의 랜드 마크인 성 프란시스코 광장에 들어선다. 오벨리스크가 없을 뿐 바티칸의 성 베드로 대성당 광장과 흡사하다. 유람선이 부려 놓은 관광객 그림자가 땡볕을 지우고, 그걸 쫓는 경찰들 눈초리에 졸음이 묵직하다. 눈꺼풀이 게슴츠레한 경찰에게 우체국이 어디냐고 물어본다. 눈을 번쩍 뜬 그가 건너편 건물을 가리킨다. 손가락 끝에 사자머리 모양 우체통이 흐릿하게 보인다. 나는 난전에 진열해 둔 엽서를 골라 우체국에 들어선다. 남자 직원은 대뜸 어디서 왔느냐는 질문부터 던진다. 생긴 모습이며 옷차림이 쿠바노와 달라서 동양인이란 걸 금세 알아본 모양이다. 꼬레아란 대답을 건성으로 건넨 순간 노르? 수르?[1] 라며 되묻는다. 쿠바인 누구에게나 듣는 질문인데 남북을 호명하는 순서도 같다. 수르라는 대답을 들은 직원은 일을 할 생각을 접은 채 나를 향해 턱을 괸다. 나는 귀찮은 상대를 만났다는 듯 딴전을 피운다. 남과 북을 두고 사이 나쁜 이복형제를 떠올리진 않을까해서다.

엽서를 보내야 하는 절박함 때문에 돌리고 있던 고개를 창구로 향한다. 직원은 우표 팔 생각을 잊은 채 관심조차 없는 얘기를 꺼낸다. '나도 강남 스타일, 할 줄 알아요.' 라며 주먹을 내밀어 휘돌린다. 그의 서툰 제스처가 정감을 풀무질한다. 머뭇거리던 나는 그에게 보여줄 게 없을까

1) 북한이냐, 남한이냐고 묻는 스페인어.

BTS 손목밴드를 받아 감격하는 소녀들.

하고 머리를 굴려본다. 그 순간 쿠바 오기 전 국립국악원 공연 본 게 떠오른다. 폰을 재빨리 켜서 갤러리를 훑어 나간다. 곧이어 찾아낸 영상을 터치한 순간 요란한 소리가 오방색 춤사위와 어우러진다. 상모를 돌려가며 장구, 꽹과리, 북을 치는 판놀이다. 그걸 내밀자마자 직원 눈에서 레이저가 뿜어져 나온다. 화면에 붙박이 된 시선은 동화 속 세상을 헤매는 듯 보인다. 그 모습이 기특해서 백팩을 열고 태블릿을 꺼낸다.

태블릿 불빛 덕분에 컴컴하던 우체국이 환해진다. 시스타며 레드 벨벳 노래와 영상이 건물 전체를 휘어잡는다. 동화 속 세상을 거니는 듯 보이던 직원 눈동자가 초롱초롱하게 바뀌고, 검은 얼굴을 태블릿 속으로 밀어 넣을 기세로 바짝 달라붙는다. 노래며 율동에 빠진 그의 표정에서 오랜 가난의 흔적이 지워진다. 한 곡이 끝나고 다음 곡 전주가 들려온 순간이다. '이걸 동영상으로 찍어도 돼요?' 나는 그게 뭐 대수냐는 듯 고개를 끄덕여 보인다. 직원은 상기된 표정으로 잽싸게 폰을 꺼내 태블릿

시험 공부를 하면서 BTS 얘기를 빠뜨리지 않는 여고생들.

화면을 겨눈다. 그럴 땐 개구쟁이 시절로 돌아간 듯 티 하나 없어 보인다. 그가 색감이며 촬영기법이 탁월한 뮤직 비디오에 몰입한다. 마흔 전후 남자가 아이돌 가수 뮤직 비디오에 정신을 빼앗기는 나라. 닫힌 사회에서 노래와 춤 없이 산다는 건 지옥이나 다름없다는 뜻인 것 같다.

직원이 동영상을 찍는 동안 우체국을 둘러본다. 우리의 70년대랑 견주면 될 인테리어다. 내 시선은 기념우표 모아둔 액자로 옮겨간다. 쿠바 스탬프가 찍혔으니 꽤나 소장 가치가 있을 법하다. 노래가 끝났을 무렵 그에게 물어본다. 기념우표를 낱개로도 파느냐고. 여태 웃음을 지우지 못하던 직원 표정이 난감하게 바뀐다. 액자에 든 걸 몽땅 사야한다는 거다. 그의 말에 주머니를 뒤지던 손이 멈칫한다. 간당간당한 여비로 그걸 살 형편이 못 되기 때문이다. 머쓱한 순간을 모면하려는 질문이 그에게 날아간다. 부친 엽서가 왜 석 달 뒤에 도착하는지. 그가 비행기며 배가 그려진 서류를 보이며 대답한다. 쿠바에선 엽서를 배로 보낼 수밖에 없어서 그렇다고. 그의 손가락은 답답하다는 듯 몇 번이나 배를 가리킨다. 느린 삶에 익숙해진 그의 눈동자에 박자 빠른 방탄소년단의 태블릿 영상이 현격한 대비를 이루며 비춰지고 있다.

골목길 팬터마임

아바나 골목에 들어서니 온통 팬터마임 분위기다. 나는 흥청거리는 사람들 틈으로 물 흐르듯 스며든다. 들이 쉰 숨 몇 번에 해피 벌룬[1]을 흡입한 듯 몽롱해진다. 분절된 언어가 허공을 떠돌고, 배웠던 스페인어가 오랑우탄 말처럼 귓바퀴에 맴돈다. 상술 어눌한 난전이 오픈게임처럼 열리는 곳, 체 게바라 베레모 쓴 강아지가 관객을 희롱하고, 갸우뚱한 판자에 기댔던 책이 무료한 무릎을 빌려 눅눅한 활자를 말린다. 까치발

1) 마약 풍선: 속에 든 이산화질소를 들이켜면 절로 웃음이 나고 행복을 느낀다.

아바나 거리 수채화.

치켜드는 조명 땜에 음영 속으로 몸을 감추면, 뜨겁고 습한 바람이 관객을 뒤쫓는다. 모퉁이를 돌아 간신히 숨을 고른 순간 어디선가 날카로운 조명이 날아든다. 빛을 쏘아대는 곳이 어딘가 손 가리개하고 살필 무렵 고소한 냄새가 몰입을 방해한다. 조명은 무대 위 스테인리스 손수레와 위생복, 모자로 몸을 가린 남자 배우에게 모아진다.

남자가 허리를 숙여 창고 문을 연다. 곧바로 손수레 아래쪽이 환해진다. 그는 들통을 들어 올려 압출기에다 기울인다. 겔 상태의 팬터마임 소품이 불빛에 훤히 드러난다. 압출기를 가득 채운 들통을 제 자리로 옮긴 남자의 오른손 힘줄이 불거지며 레버가 서서히 움직인다. 아래쪽 노즐에서 빠져 나온 겔 상태 소품이 보글거리는 기름 속으로 미끄러지듯 떨어진다. 달궈진 솥에 별 무늬 단면의 원료가 빠져든 순간 기름에서 거품이 보글거린다. 갈고리로 걸쭉한 반죽을 타래 짓는 건 살사 동작이랑 비슷하다. 잠시 후 그는 타래를 건져 올려 유심히 살펴본다. 노릇노릇해진 추러스가 갈고리에 매달려 기름을 뚝뚝 흘리고 있다. 떨어지는 기름이 멎은 걸 본 남자가 가위로 추러스를 숭벙숭벙 자른다. 종이 고깔에 추러스를 담고서 설탕을 흩뿌리는 남자. 몸놀림으로 살사를 마무리 짓는다.

남자의 진지한 표정에 숙련도가 오롯이 드러난다. 동작 하나하나가 알파고의 바둑처럼 빈틈이 없다. 고소한 냄새 풀풀거리는 어깨너머, 긴장 풀린 손이 주머니를 뒤진다. 유기농 아닌

호객을 위한 키다리 행진.

해적으로 분장한 남자가 행인의 목에 체인을 감는 퍼포먼스.

재료가 귀한 곳이니 성분은 따질 게 없다. 줄이 차츰 줄어들고 종이 고깔에 추러스 담는 광경이 클로즈업 된다. 앞에 섰던 여자가 흐뭇한 표정으로 쥐고 있던 동전과 봉지를 맞바꾼다. 추러스를 맛보는 여자 얼굴에 함박꽃이 핀다. 기름이 맑은 것만 봐도 입안에 침이 고인다. 좁은 손수레 위 팬터마임은 수없이 반복된다. 연습 때 흘렸던 땀방울이 마스터피스[2)]를 연이어 찍어낸다.

바싹하고 고소하고 달콤하지만 뭔가 빠진 것 같다. 아쉬운 마음에 좁은 골목을 휘둘러본다, 손수레를 비추던 조명이 내 시선을 서서히 따라온다. 오래된 건물의 구멍 뚫린 나무 문짝에서 멈춘다. 간판을 살펴보니 초콜릿 박물관이다. 비스듬히 걸쳐진 메뉴판에는 깔리엔떼 초코라떼[3)] 단일 품목이 적혀 있다. 나는 구멍에다 입을 갖다 대고 따끈한 액상 초콜릿을 주문한다. 잠시 후 구멍을 통해 파스텔톤 브라운 색 액체가 담긴 유리잔이 삐져나온다. 받아든 잔이 너무 뜨거워 떨어뜨릴 것만 같다. 가까이에 있던 철제 테이블에 그걸 급히 내려놓고, 습관처럼 손을 귀에 갖다 댄다.

2) 마이스터로 인정 받기 위한 단 하나의 걸작.

3) 따끈하게 데워진 액상 초콜릿.

의자에 앉아 빨대로 초코라떼를 빨아들인다. 입 안에 무직한 열기가 차오른다. 굳었던 어깨 근육이 이완되며 긴장이 풀어진다. 포만감이 느껴진 순간 마당놀이 객석이 한 눈에 들어온다. 퍼포먼스를 펼칠 단역을 제각각 맡은 관객들이 오락가락한다. 각양각색의 분장과 표정으로 어슬

아바나 골목의 즉석 추러스. 단면이 별 모양이다.

렁거려 누가 단역을 맡은 건지 종잡을 수 없다. 무언극이 식상할 무렵 기타 소리가 경쾌하게 들려온다. 단체 관광객 한 무리가 지나가며 시가 연기를 피워낸다. 조명은 시가 연기를 오브제 삼아 기하 무늬를 수없이 찍어낸다. 남자와 손수레를 주인공으로 한 팬터마임은 눈요기로 모자람이 없다. 순간, 숨겨져 있던 본능이 꿈틀거린다. 폰을 재빨리 켜서 추러스 생산 공정을 동영상으로 남긴다.

요반나 도미토리 스케치

요반나 도미토리[1]는 국립극장과 까삐똘리오[2] 사이의 낡은 떼아뜨르[3] 글씨를 이정표 삼는다. 골목을 접어들기 바쁘게 요반나 까사 글씨가 발목을 붙든다. 유리창을 두드린 순간 기다렸다는 듯 철커덕 소리를 내며 여행자를 끌어당긴다. 도미토리에 들어서니 허리짬이 푹 꺼진 침대 3개와 낡은 소파, 원탁에다 의자 몇 개가 품을 벌려준다. 쉰 살 요반나가

1) 아바나의 이름난 여행자 합숙소.

2) 쿠바 국회의사당.

3) '극장'의 스페인어.

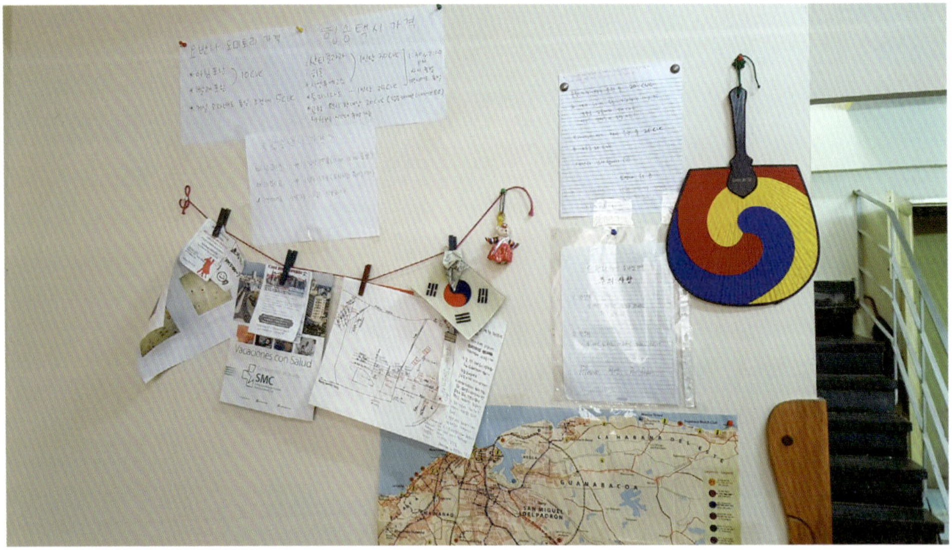

요반나 도미토리 실내 전경.

보이지 않는 건 꾀죄죄한 여행자를 배려한 것 같다. 주인이 자리 비운 틈을 얼굴 뽀얀 며느리가 메우고 있다. 그녀는 청소며 빨래에다 식사 준비에 바빠 손님 따윈 관심도 없다. 구레나룻 텁수룩한 중년 남자가 터줏대감처럼 앞으로 나선다. 그는 여행자에게 폰부터 꺼내서 지도 앱을 켜라고 명령한다. 펼쳐진 지도를 확대하라고 한 뒤, 뒤편 블록을 뭉툭한 손끝으로 가리킨다.

"배고플 거 아니냐고, 그럼 여길 먼저 가야겠지? 오비스뽀 거리보다 질은 떨어지지만 가성비 최고라구!"

길치인 여행자가 폰의 지시를 받아 좀비처럼 뒷골목으로 향한다. 그가 빠져나간 도미토리, 수면 안대 낀 여행자는 잠을 청하고 나머진 책과 씨름을 벌인다. 이십 여분 뒤, 자신감 넘치는 노크 소리가 도미토리를 뒤흔든다. 창가에 자리잡았던 여행자가 부스스 일어나 문을 연다. 사람보다 먼저 모습을 보이는 건 피자며 음료수와 맥주다. 초보 여행자는 입 꼬리를 한껏 치켜 올리고서 손에 들린 먹거리를 테이블에 올린다. 먹을 걸 두고도 여행자는 선뜻 입에 넣질 못하고 머뭇거린다. 한국인

요반나 도미토리 옥상에서 바라 본 일출 광경.

특유의 인정이 그의 손놀림을 막아선 탓이다. 그때 터줏대감의 굵직한 목소리가 쩌렁쩌렁 울린다.

"눈치 볼 필요 없다니까! 배불리 먹고 나서, 쓰레기통에 넣고, 테이블 닦아놓기만 하면 돼!"

그때서야 초보 여행자는 눈을 힐끔거려가며 허기를 채워나간다. 자리에 누운 사람은 연극 모드로 돌아가고, 소파에 기댄 터줏대감은 잡지를 뒤져가며 내일 일정을 짜기 바쁘다. 생각에 빠져 있던 그의 혼잣말이 도미토리를 유령처럼 떠돈다.

"작년에, 눈동자가 허공에 붙박이 된 사람을 둘씩이나 봤거든. 귀국해서 작업하다보니 그 모습이 자꾸 선명해 지는 거야. 어떻게 여길 다시 안 올 수 있겠어?"

예술가의 무한궤도 여행은 그렇게 꾸려지나 보다. 무모하게 발들인 곳에서 걸작이 태어난다는 걸 암시한 그. 낯선 풍경 찍으려면 아이들에게 줄 자그마한 선물이 필요하다고 웅얼거린다. 남자 아이에겐 풍선, 여자에겐 머리핀이 제격이라면서.

도미토리 벽엔 여행자를 위한 메모가, 탁자 위엔 여행 후기 노트 몇 권이 얹혀 있다. 간혹 일본인이 적어둔 글도 있지만 그림이 곁들여진 탓에 별로 어렵지 않게 정보를 습득한다. 한글이며 일어를 모르는 요반나도 그걸 펼쳐 설명하는 걸 보면 그림책이나 다름없는 듯하다. 무관심한 척 손님의 가려운 곳을 알아내는 요반나. 쿠바나가 틀림없지만 세심한 그녀에게서 한국 아줌마가 언뜻 연상된다. 입가에 미소를 머금은 요반나가 전화기를 집어 든다. 내일 오기로 한 마끼나 택시 기사에게 땍땍거리며 전화를 건다. 톤을 일부러 높이는 걸 보면 실수하지 말라고 겁주려는 게 확실하다. 그런 뒤 더 필요한 게 없는지 손님들을 휘둘러본다. 식사하던 초보 여행자의 오물거리던 입이 딱 멈춘다. 그녀가 주인이란

도미토리 여주인 요반나와 며느리.

걸 눈치채고서 배낭을 열어 뭔가를 꺼낸다. 한국에서 가져온 라면과 봉지 커피 몇 개다. 돋보기를 낀 그녀가 봉지를 당겨 포장지 도안을 살핀다. 그림만으로 속에 든 걸 꿰뚫어 보는 탁월한 능력을 지닌 듯하다. 그녀는 귀한 선물이라 판단했는지 그라시아스! 하며 서랍장 속에 감춘다.

쿠바의 첫날 밤, 왠지 두근거려 잠이 오지 않는다. 까사 전용 엘리베이터를 타고 10층으로 올라간다. 국립극장이며 까삐똘리오를 수놓는 별빛이 샹드리에처럼 반짝거리며 유토피아라는 걸 알린다. 발레 공연이 열린다는 국립극장이 간접 조명을 받아 은은하게 자태를 드러낸 모습에 오소소 떨린다. 웅장한 바로크식 건물에 입혀진 빛의 실루엣, 그걸 보고도 온전히 잠을 이룬다면 인간이 아니다. 그 땜에 사진작가가 요반나 도미토리를 베이스캠프로 정했겠지. 요반나가 방을 둘러보고 나서 불편한 건 없는지 묻는다. 부처님 손바닥 위 손오공처럼 아바나에선 푸근한 그녀 치마폭을 벗어나지 못하겠다.

함정에 빠지다

한국에 널리 알려진 뜨리니다드, 전용 해변을 가진 호텔의 올 인크루시브[1] 서비스가 궁금했다. 캐나다 관광객이 즐겨 찾는다는 말에 혹했고, 싼 값으로 무제한 서비스를 받는다는 말에 끌렸다. 합승 택시를 불러달라 부탁한 뒤 여행사에 전화를 걸어 호텔 예약을 마쳤다. 까사 주인에게 쿠바 뚜르[2] 주소와 전화번호를 보여주고 찾아가는 길을 물었다. 그녀가 창밖으로 손을 내밀어 한참 동안 설명했지만 아바나 골목은 미로나

1) 숙박비에 식사비 술, 음료, 공연까지 포함 된 호텔 서비스.

2) 쿠바의 국영 여행사.

구멍을 통해 내다 본 아바나 골목 풍경.

다름없었다. 일단 까사를 나섰다. 골목이 꺾어지는 곳마다 경찰이 보였다. 그들에게 물었지만 별로 크지 않은 도시인 데도 제대로 알려주는 사람은 없었다. 같은 길을 서너 번 왕복한 끝에 여행사가 입주한 건물을 찾아냈다. 그게 늘 지나치던 광장에 붙어있다는 게 어이없다. 건물에 들어선 뒤 사무실을 찾는데도 한참이나 걸렸다. 담당을 만나 예약 내용을 확인하고 돈을 건넸다. 바우처를 받아든 뒤에도 머릿속엔 앙꼰 호텔[3]의 무한 서비스가 머릿속을 채우고 있다.

합승 택시를 타고 여섯 시간 만에 뜨리니다드에 도착했다. 길에 박힌 울퉁불퉁한 몽돌 때문에 택시는 살사 춤을 췄다. 택시기사는 차의 율동에 맞춰 두 박자 노래의 볼륨을 높였다. 곧이어 좌우로 바다 풍광이 펼쳐진 도로로 접어들었다. 토끼 꼬리 모양의 도로를 달리는 동안 저무는 해가 카리브 해를 붉게 물들였다. 마지막 정염을 품은 노을도 아스팔트에 내려앉고 있었다. 택시는 좁아져 오는 육지를 따라 지그재그로 달려 나갔다. 왜 그러는지 지켜봤더니 아기 주먹 크기의 생명체가 떼

3) 뜨리니다드 해변의 전용 백사장을 갖춘 호텔.

앙꼰 호텔 입구의 가정집 수영장.

지어 도로를 가로지르는 게 아닌가. 길을 빼곡하게 메운 놈들을 피하느라 차가 춤을 췄다. 저게 뭔지 물었더니 '뻐라'[4] 라고 택시 기사가 대답했다. 그들이 차바퀴에 깔리는 소리가 빠드득거렸다. 아스팔트는 이미 벌겋게 물들어 게판[5]이었지만 하찮은 목숨이나마 존중해야한다는 택시 기사의 정신력은 본받을 만했다. 곡예 운전으로 해안도로를 빠져 나가는 실력은 카 레이서 못지않았다. 바다에 접한 호텔은 높지 않아 자연과 하나가 되겠다는 다짐을 하고 있다. 어깨를 으쓱하며 호텔 입구에 들어선 택시 기사가 캐리어를 내려줬다. 그는 프런트를 가리키며 저기서 체크인을 하라고 손짓했다.

택시를 떠나보낸 나는 설레는 마음으로 프런트로 걸어갔다. 후텁지근한 바닷바람이 불쾌지수를 높였다. 조금만 참으면 샤워를 하고 에어컨 바람을 쐴 수 있을 거란 생각에 버텨냈다. 빈티지 풍[6]의 로비에는 선풍기만 힘없이 돌아가고 있었다. 둘러선 관광객들 사이로 팔을 뻗어 바우처를 내밀었다. 직원은 그걸 쳐다 볼 생각조차 하지 않고 말다툼을 하느라 바빴다. 상대는 스페인 여권을 쥔 할머니였다. 스페인어의 떽떽거리는 발음으로 다투는 소리에 호텔 로비가 들썩거렸다. 주위 사람들은 땀을 흘려가면서도 말릴 생각은 없어 보였다. 다툰 원인은 서비스가 예약과 달라서다.

말다툼은 삼십 분을 넘겨서야 마무리됐다. 내 차례가 되어 여권과 바우처를 건네고 룸을 배정받았다. 직원이 손목에 팔찌 모양 올 인크루시브 표식을 걸어줬다. 그가 어떤 서비스를 받을 수 있는지 설명했지만 말이 빨라 알아들을 수 없었다. 그가 내민 서비스 목록을 폰으로 찍고서 프런트를 벗어났다. 난생 처음 받아보는 서비스에 대한 기대는 컸다. 과연 어떤 것까지 공짜로 누리게 될까 싶어서다.

4) 붉은 바닷게 이름.

5) 도로를 가로 지르는 게떼가 판을 친다는 의미.

6) 소외된 것에 미적 가치를 부여하는 흐름으로 현대 물질주의에 대한 반항의 표현.

뜨리니다드의 앙꼰 호텔 전용 비치 전경.

올 인크루시브 호텔 전용 해변을 걷는 모녀.

캐리어를 끌고 룸을 찾아가서 키를 꽂았다. 신세계가 펼쳐질 거란 상상을 하며 문을 열었다. 시야에 잡힌 건 낡아 빠진 실내 전경뿐이었다. 현관의 가구며 욕실 커튼에다 샤워기가 죄다 고물상에서 주워온 것 같았다. 샤워기는 덜렁거리는 행거에 간신히 매달린 채였다. 목이 말라 물을 찾았더니 미니바가 보이지 않았다. 없어도 불편할 게 없는 모기와 습기만 방을 온통 점령하고 있었다. 베란다 유리 너머로 호텔 전용 백사장이 보였다. 그건 필시 홀로 여행 온 사람들 약을 올리려고 갖춘 듯했다. 발들이자마자 산산이 깨진 올 인크루시브의 환상이라니. 사흘을 커플들 몰려드는 속에서 고독과 사색에 몸부림쳤다. 덕분에 소화불량에다 배탈까지 겹쳤다. 소화제를 먹었지만 낫지 않아 세끼 식사도 제대로 챙겨 먹지 못했다. 그 뒤 카리브 해의 푸른 바다며 금빛 모래만 쳐다봐도 치가 떨렸다.

캐나다, 아르헨티나, 스페인에서 온 여행자들은 앙꼰 호텔 서비스가 최고라며 엄지를 치켜세운다. 하지만 혼자라면 지옥이나 마찬가지라고 얘기한 사람은 아무도 없다. 나는 커플들이 모인 곳을 피해 다니기 바빴다. 쇼를 관람하거나 맘껏 먹고 마실 수 있는 올 인크루시브의 이점을 죄다 날려버렸다. 그보다 귀한 풍경인 '쁘라'의 떼죽음이며 스페인어로 다투는 광경만 머릿속에 각인되었다. 습기와 모기가 점령한 객실에 빌붙어 지내는 시간이 그토록 길 줄은 미처 몰랐다. 고장 난 샤워기는 치솟는 열기를 식혀주는 소품이었다. 올 인크루시브의 색다른 묘미를 느끼게 해 준 앙꼰 해변이 잊힐 리 없다.

못다 쓴 이야기

쿠바에 다시 들렀을 땐 코로나가 들불처럼 번질 무렵이었다. 비아술 버스로 스무 시간 걸려 도착한 바라꼬아에선 이방인에 대한 반목과 질시가 장난 아니었다. 천혜의 자연 경관을 자랑하는 곳마저 코로나 경계경보가 발령된 것이다. 외국인이라곤 거의 없었으니 내가 그들의 표적이 되었고, 나만 보이면 꼬로나 비루~ 라며 놀려대기 바빴다. 어떤 사람은 자기가 기침을 하고선 나더러 손가락질을 했다.

산티아고 데 쿠바며 까마구에이에서도 사태는 진정될 기미가 없었다. 한적한 뒷골목에서 마주친 아이들도 나를 보고서 치노~ 라고 외치며 달아났다. 저만치 떨어져서는 폴라 티를 끌어 올려 입을 가리기도 했다. 주민들도 동양인을 보면 경계의 눈초리를 번득였다.

올긴에 들렀을 때는 착한 심성의 주민들이 가게 앞에 몰려들어 싸움판을 벌이고 있었다. 누군가 새치기를 한 바람에 벌어진 소동이었다. 경찰들 십여 명이 서 있었지만 손을 쓸 수 없는 지경이었다. 가게를 나서는 사람에게 다가가 뭘 사서 나오는지 확인해 봤다. 쇼핑 백 속에 든 것은 냉동 닭다리 한 봉지였다. 이제 시작일 뿐인데 코로나가 선량한 사람들을 싸움판으로 내몬다는 생각에 참담한 심정이었다.

전국을 돌아 아바나에 재입성 했을 때는 코로나 팬데믹이란 말이 떠돌

동쪽 끝 휴양지 바라꼬아 해변의 레스토랑 마르코 폴로.

았다. 은행이며 약국, 휴대폰 가게, 우체국, 상점 입구마다 알코올 통을 든 경비원이 지키고 서 있다. 귀국길의 호세 마르티 공항은 마스크 없이 출입이 어려웠다. 화장실 입구에 여직원이 지키고 서 있다가 볼일을 본 뒤 손을 씻지 않고 나가는 사람을 치노! 라며 불러 세웠다. 그녀는 험상궂은 얼굴을 한 채 손가락으로 세면기를 가리켰고, 깨끗이 씻고 나오면 휴지를 떼서 쥐어주곤 했다. 쿠바에서도 청결에 무신경한 중국인을 낮춰보는 듯했다. 물자가 부족하지만 공중위생에 쏟는 그들 정성은 눈물겨웠다. 관광 수입으로 나라 살림의 절반을 메우는데 코로나 때문에 국경을 닫아버리기라도 하면 어쩌나 싶었다.

공항 구내를 오가는 사람들은 두 부류로 나뉘었다. 마스크와 장갑을 낀 사람은 공무원이고, 별 대비 없이 활보하는 사람은 관광업 종사자였다. 같은 공간에 있으면서도 코로나를 대하는 자세가 극명하게 갈린다는 게 아이러니였다. 앞날을 예견한 탓인지 달러 부족이 심각해졌다. 어떤 가게에서는 외국인용 화폐 대신 달러로 지불하면 물건 값을 깎아주기도 했다. 외신을 통해 베트남이 쌀 수출을 중단한다는 소식도 들렸다. 쿠바 국민들이 먹는 쌀 대부분이 베트남 산인데 보통 심각한 일이 아니었다. 달러가 고갈되었을 때 쿠바가 겪을 궁핍은 보나마나였다. 애써 쌓아왔던 긍정의 이미지가 코로나에 매몰될 것만 같았다.

나는 마음을 고쳐먹기로 작정했다. 구석구석을 돌아다니며 봤던 진귀한 풍경을 떠올려 어두운 생각을 지워 나갔다. 바라꼬아에서 카카오 열매를 가공하여 만든 자연 그대로의 초콜릿을 맛 본 기억이나 유뮤리 강을 거슬러 오르며 본 산양의 출산 장면을 복기했다. 진갈색 산양은 검정색 새끼를 낳은 뒤 덮어쓰고 있는 양막을 입으로 벗겼다. 새끼는 겅중거리며 뛰어다니다가 배가 고픈지 젖을 찾았다. 어미는 새끼에 이어 나온 태반을 씹어 먹는 중이었는데.

유뮤리 강은 그다지 넓지 않고 물도 흐렸지만 톡톡 터뜨린 포말로 비염에 걸린 코를 뻥 뚫어줬다. 화음을 맞추려고 들려오던 숲 속의 새소리는 얼마나 청아하던지. 오직 초록으로 직조된 나뭇잎에 붙어있는 색동 달팽이는 컴퓨터 그래픽이 아니고선 꾸며낼 수 없을 만치 아름다웠다. 혼탁해진 눈에 들어찬 원시 그대로의 자연은 두고 오기 아까울 정도였다.

산티아고 데 쿠바 항구에 들렀을 때다. 속옷 차림의 너덧 살 여자아이 눈빛은 묘했다. 두려움과 호기심이 뒤섞인 무구한 시선에 홀딱 빠져들 정도였으니까. 가져간 기념품을 죄다 털어 줬지만 모델료에는 턱없이 모자랄 것 같았다. 발길을 돌리며 살펴 본 아이의 집은 초라하기 그지없었지만 엄마의 따스함이 마당을 데우고 있어 후끈한 기운이 넘쳐났다. 빈부를 떠나 어린이는 나라의 미래라는 의식을 일깨워준 계기였다.

비날레스의 멋쟁이 마부를 만난 기억은 신선했다. 그는 석회암이 녹아 평지로 바뀐 모꼬떼의 절경을 보여줬다. 소 두 마리가 겨리질로 밭을 갈아엎는 동안 지렁이가 드러났다. 그걸 모이 삼으려고 소를 따라다니는 닭의 모습이 정겨웠다. 닭똥은 밭에 자양분을 더해서 유기농 환경의 선순환을 이어간다. 하늘에 새까맣게 날고 있는 맹금류는 청소부 역할을 맡는다. 기억에서 지워질 수 없는 제각각의 사물들은 아련한 꿈을 오래도록 채색하고 있다.

비냘레스 국립공원 선사시대 모사 벽화.

천혜의 유기농 음식은 소스가 없이도 싱그럽고 맛깔났다. 까사의 요리는 해로운 것들이 축적된 몸을 되살릴 듯 상큼해서 얼마나 흡족했던지. 원목 인테리어가 돋보이는 카페 갈레리아의 초코라떼는 어릴 때 먹어본 조청 맛 그대로였다. 깊은 맛을 내려면 느리게 삭여야 한다는 걸 액상 초콜릿으로 증명해 보였다.

병아리를 몰고 다니던 암탉이 사라진 걸 보고 저녁상에 뽀요 요리가 올라올 걸 직감하는 쿠바의 식문화. 장가 들어서도 맛보지 못한 씨암탉 요리가 쿠바에는 널려 있었다. 시골 마을 빌라또의 아마라레스 베네스가 다친 팔로 만든 피자는 눈물 없이 먹기 힘들 정도였다. 트랙터 짐칸에 실려 가는 동안 두 손을 모아 내미는 청년이 보였다. 그건 혁명에 앞서

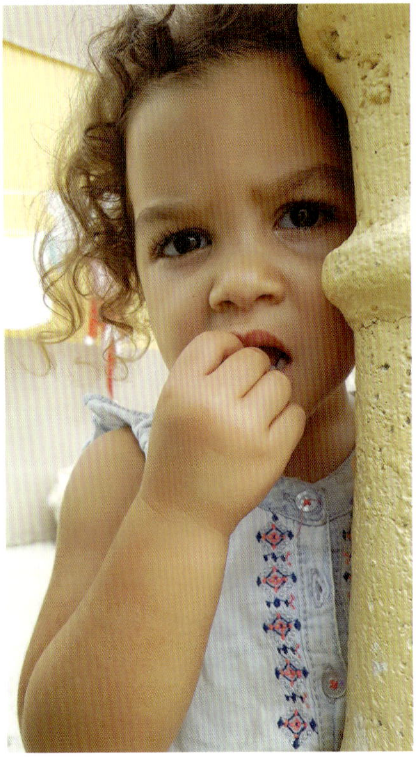
쿠바의 미래를 내다보는 아기의 오묘한 시선.

국민들의 배고픔부터 해결해 달라는 무언의 시위로 읽혀졌다.

시에고 데 아빌라에서 만난 에스빠뇰 강사 유리아, 낡아빠진 집의 틈새에서 빛바랜 책을 팔고 있던 여류시인 까르멘 에르난데스 빼냐. 취재 차 떠돈다는 얘길 들은 뒤 와락 달려들어 키스 세례를 퍼붓는 까사 여주인. 바로크 풍 건물을 배경 삼아 원색 의상을 갖춰 입고 작품 사진을 찍는 모델들. 글러브 없이 야구공을 던지고 받는 스포츠클럽 유소년들. 아빠의 53번 째 생일을 축하해 주려고 먼 곳에서 산 케이크를 알루미늄 쟁반으로 받쳐 들고 가는 자매. 그 중에서도 엄마가 경영하는 약국을 빗자루로 청소하는 다섯 살 여자아이는 얼마나 갸륵하던지.

그래도 아쉬워서 덧붙이는 얘기가 있다. 올긴에서 까마구에이에 가려면 버스를 오래 기다려야 했다. 정오가 되어가는 시간, 내가 타면 곧장 출발한다는 호객꾼의 말은 견디기 힘든 유혹이었다. 좁은 차에 이미 네 사람이 타고 있었다. 호객꾼 말대로 택시는 곧바로 출발했다. 비포장이나 다름없는 고속도로를 거침없이 달려 나가는 모습은 왠지 불안했다. 택시는 처음 만난 휴게소에서 멈추었고, 간식을 먹고 화장실에 다녀오자마자 출발했다. 동승자들과 간단한 인사를 나눈 뒤 눈을 감았다.

덜덜거리는 진동에 눈을 떴다. 속도를 줄인 택시가 갓길로 접어들고 있었다. 운전기사가 문을 열고 내렸다. 눈치로 봐서 타이어에 문제가 생긴 듯했다. 일행들이 죄다 내려서 상황을 파악했다. 뒷바퀴가 바람이 빠져서 주저앉아 있었다. 운전기사가 트렁크를 열어 스페어타이어를 꺼냈고, 곧이어 한숨을 푹 내쉬었다. 그것마저도 바람이 빠진 상태다. 바퀴를 살폈더니 너트 모양이 제각각 달랐다. 물자 부족이 심하니 바퀴에 끼워지기만 하면 조립을 했던 모양이다. 그는 일행들에게 미안하단 말 한 마디 없이 타이어를 어디론가 굴려갔다.

동쪽 끝 휴양지 바라꼬아 풍경.

정오를 막 지난 카리브 햇살 땜에 손 가리개를 하고서 고속도로 진행 방향을 살폈다. 아지랑이가 가물거리는 곳에 나무 한 그루가 보였다. 거기라면 땡볕을 피할 수 있겠다 싶었다. 백팩을 버려둔 채 이백 미터 거리를 걷기 시작했다. 사막의 더위가 그 정도일까. 불화살 송곳으로 찔러대는 머리가 따가워서 진저리를 치던 중 구세주를 찾아냈다. 그건

코로나19에 대비하는 호세 마르티 국제공항의 공무원들.

새끼손가락 굵기의 전선 그림자였다. 지푸라기를 쥔 심정으로 가느다란 그림자를 따라 고속도로를 걸었다.

기껏 찾아든 나무는 이파리를 죄다 떨군 뒤였다. 오로지 나무 등걸에 의지하는 수밖에 없었다. 심호흡에다 마인드 컨트롤을 하고서 책을 펼쳤다. 어딘가에 푹 빠져들지 않고선 숨이 막혀 죽을 것만 같았으니까. 그때 읽은 책이 페터 한트케의 페널티킥 앞에 선 골키퍼의 불안이다. 불볕 송곳의 예각이 무뎌졌을 무렵 택시기사가 나타나 타이어를 갈아 끼웠다. 시계를 보니 두 시간이 훌쩍 지나 있었다. 그나마도 응급 처치를 한 거였으니 택시를 타고서도 얼마나 가슴을 졸였는지 모른다.

지칠 때까지 걸으며 살펴 본 쿠바. 신기를 넘어 신비스럽다고 표현하는 게 옳다. 어릴 적 기억에서 오염이란 단어를 쏙 빼면 쿠바의 현재 모습과 흡사하다. 눈 시린 풍경화에 넋을 놓고 있다 보면 어느 순간 장면이 바뀌고, 붙들어 두려고 다가가면 휙 스쳐가 버리는 몽환 속의 풍경. 둘의 괴리가 만든 공간에 야속함이 밀려든 게 한두 번 아니다. 들춰볼 수 없는 건 안타까움 속에 묻어두어야 한다. 선뜻 다가갈 수 없고 내킨다고 쉬 발들이기 힘든 일상이 되돌아가기 어려운 날들을 보듬고 있어서다.

사이드 카를 본 딴 자전거 택시

돌아보는 지난 몇 해, 오직 쿠바만 드나들면서 신독(愼獨)을 잊지 않았다. 최소한의 물품을 지닌 채 떠나서 그들 식습관에 길을 들였고, 까미용이며 염소 마차를 타고서 그들과 체온을 나누었다. 환경을 오염시켜선 안 된다는 철칙을 잊지 않은 채 꾸밈없는 그들 삶의 모습을 카메라에 담으려 애썼다. 어떤 날은 1달러로 하루를 버텨내느라 주린 배를 움켜쥐고 땡볕 아래 개처럼 혀를 빼 물고 걸었던 적도 있다. 여행자가 지불해야 할 돈은 아끼지 않았지만 유흥에 쓴 적은 한 번도 없다. 이제는 주위에다 쿠바의 삶, 진솔하면서도 인간답게 살아가는 모습을 알리는 일만 남았다. 가난한 선진국 쿠바 경제에 도움이 될 진 알 수 없지만 쥐었던 것을 내려놓는 마음이 홀가분하다.

카리브의 누에, 쿠바

1판 1쇄·2020년 11월 30일

지은이·김득진
펴낸이·서정원
펴낸곳·도서출판 전망
주　소·부산광역시 중구 해관로 55(중앙동3가) 우편번호·48931
전　화·051-466-2006
팩　스·051-441-4445
출판 등록 제1992-000005호

값 25,000원

ISBN 978-89-7973-537-6
w441@chol.com

* 저자와의 협의에 의해 인지를 생략합니다.

이 도서의 국립중앙도서관 출판예정도서목록(CIP)은 서지정보유통지원시스템 홈페이지(http://seoji.nl.go.kr)와 국가자료종합목록 구축시스템(http://kolis-net.nl.go.kr)에서 이용하실 수 있습니다. (CIP제어번호 : CIP2020049590)